绿色金融支持企业创新研究

| 郭江山 等⊙著

清华大学出版社

北 京

内 容 简 介

本书主要探讨了绿色金融支持企业绿色创新的理论与应用。全书分为五部分内容：第一部分，分析金融错配、环境规制与企业创新的内在关系。第二部分，在环境规制与碳排放权交易市场分析的基础上，探讨碳排放强度与企业研发产出的关系以及碳排放权交易政策的企业绿色技术创新效应。第三部分，在阐述中国绿色信贷对制造业企业技术创新影响的基础上，实证检验绿色信贷政策对企业绿色技术创新的影响效果。第四部分，研究绿色基金发展影响企业科技创新的渠道机制与调节作用。第五部分，分析绿色债券对银行盈利影响的作用机理。

本书适合从事绿色金融与技术创新研究的工作者以及对绿色创新感兴趣的教师、研究生、本科生阅读，也可供经济领域与企业管理领域的从业人员和研究人员参考学习。

图书在版编目（CIP）数据

绿色金融支持企业创新研究/郭江山等著. —北京：清华大学出版社，2023.7
（清华汇智文库）
ISBN 978-7-302-64009-7

Ⅰ. ①绿…　Ⅱ. ①郭…　Ⅲ. ①企业创新－金融支持－研究　Ⅳ. ①F273.1

中国国家版本馆 CIP 数据核字(2023)第 118920 号

责任编辑：付潭娇
封面设计：汉风唐韵
责任校对：宋玉莲
责任印制：沈　露
出版发行：清华大学出版社
　　　　网　　址：http://www.tup.com.cn，http://www.wqbook.com
　　　　地　　址：北京清华大学学研大厦 A 座　　　　邮　　编：100084
　　　　社 总 机：010-83470000　　　　　　　　　　邮　　购：010-62786544
　　　　投稿与读者服务：010-62776969，c-service@tup.tsinghua.edu.cn
　　　　质 量 反 馈：010-62772015，zhiliang@tup.tsinghua.edu.cn
印 装 者：北京鑫海金澳胶印有限公司
经　　销：全国新华书店
开　　本：170mm×240mm　　　印张：16.25　　　字　　数：266 千字
版　　次：2023 年 7 月第 1 版　　　　　　　印　　次：2023 年 7 月第 1 次印刷
定　　价：129.00 元

产品编号：100440-01

前 言

PREFACE

党的十八大报告首次提出要建设"美丽中国";十九大报告提出,推进绿色发展,建立健全绿色低碳循环发展的经济体系;二十大提出"加快发展方式绿色转型,实施全面节约战略,发展绿色低碳产业,倡导绿色消费,推动形成绿色低碳的生产方式和生活方式"。习近平总书记多次强调"绿水青山就是金山银山"。加快生态文明建设与推进绿色发展,需要充分发挥绿色资金导向作用。通过资金"绿化"助推企业绿色创新发展,修正金融领域发展的不平衡,实现绿色金融发展、经济发展及环境保护的良性循环。

本书以习近平总书记关于"生态文明发展"问题的重要论述为理论基础,借鉴西方关于环境规制及社会责任的相关观点,系统梳理绿色金融支持企业绿色技术创新的理论发展脉络。在分析传统金融体系绿色转型的必要性、可行性与重要意义基础上,重点研究企业绿色创新效应与环境规制及金融市场绿色资金有效配置之间关系。进一步梳理绿色金融市场的相关政策,针对碳金融、绿色信贷、绿色基金以及绿色债券在企业创新中的具体影响效应及作用机制,进行理论研究与实证检验。具体包括以下五部分内容:

第一,金融错配、环境规制与企业创新。从理论的角度分析金融错配、环境规制与企业创新的内在联系,并实证检验了金融错配和环境规制对企业创新的影响效应,以及环境规制在两者之间起到的调节作用。

第二,碳金融与企业创新。在环境规制与碳排放权交易市场分析的基础上,探讨碳排放强度与企业研发产出的关系以及碳排放权交易政策的企业绿色技术创新效应。

第三,绿色信贷与企业创新。在阐述我国绿色信贷对制造业企业技术创新影响的基础上,运用多重差分和中介效应方法,检验绿色信贷政策对企业绿色技术创新的影响效果。

第四,绿色基金与企业创新。重点研究绿色基金发展影响企业科技创新的渠道机制与调节作用。

第五，绿色债券与企业创新。首先对绿色债券的内容进行简要概述，然后分析绿色债券对于银行盈利的作用机理。

本书的主要价值包括学术价值与应用价值两个方面。

（1）学术价值方面，首先针对金融市场绿色资金优化配置问题进行系统理论研究，是有关"建立健全绿色低碳循环发展的经济体系"和"金融支持实体经济发展"战略的一种学理阐释。其次，借助金融资源配置理论、区域创新理论、环境经济理论、公共利益理论的学科知识交叉，丰富与发展"绿色金融学""产业生态学""环境规制学"的理论内容。

（2）应用价值方面，首先，本研究是"绿色金融与企业绿色创新"建设发展中的先锋尝试，使其兼顾"经济效益""生态效益"与"社会效益"；既解决金融机构与企业绿色创新合作发展的迫切需求，又带动相关产业绿色转型高质量发展。其次，依据企业、政府与金融机构三个不同市场的行为主体、绿色金融产品、绿色创新发展特征及外部环境，制定与绿色资金有效配置相适应的差异化金融政策，对绿色金融市场与企业绿色创新的可持续发展具有重要的实践价值。最后，为各级政府在"双碳"目标下制定与完善"绿色金融政策""建立健全绿色低碳循环发展的经济体系"提供理论依据，供政府有关部门决策参考。

本书得到河北省社会科学基金项目"金融资源配置视角下环境规制驱动企业绿色创新的机理与政策研究"（项目编号：HB21YJ018）的支持。

目录

CONTENTS

第一章

金融错配、环境规制与企业创新

本章在总结国内外学者有关金融错配、环境规制与制造业企业技术创新研究的基础上，从资源配置理论、"波特假说"以及熊彼特的创新理论的角度出发，分析金融错配、环境规制与企业创新的内在联系。选用 2010—2020 年制造业上市公司的面板数据，采用固定效应模型和 Tobit 模型进行实证检验，分析金融错配和环境规制对企业创新的影响效应，以及环境规制在两者之间的调节作用，并基于企业所有制、所在地区以及技术创新类型做进一步的异质性分析。

第一节 引 言

随着经济的高速发展，我国制造业取得了巨大的进步，已然稳居世界第一制造大国的位置。但是，我国经济要想高质量发展必须解决创新不足和资源限制两个"卡脖子"的关键问题，始终坚持"创新驱动""绿色发展"，促进制造业的技术创新。完善的金融体系能够提高企业的融资效率、高效地获取信息、有效地配置资源，为企业的技术创新提供必要的资本条件和市场运行条件。近年来，经济的发展极大地促进了我国金融市场的发展，但由于经济增长的非均衡性，各地的金融发展水平呈现出不同的发展状态，企业自身面临的金融错配程度也大不相同。面对全球资源短缺和环境问题的双重压力，发展生态经济成为世界各国的首要选择。目前，我国正处于现代工业化、城镇化以及国际化进程的关键时期，人口众多，环境承载压力大，面临的资源环境问题尤为突出。有效的环境规制政策和合理的环境规制强度，应该在减少污染过程中，尽量保障企业的经济利益，从而达到经济效益和环境保护的双赢，这就要求格外关注我国企业的技术创新，并准确把握环境规制与技术创新之间的关系。

一、目的、背景与意义

（一）目的

在生态环境改善及经济发展模式转变背景下，优化金融结构以及协调好金融资源配置与制造业企业技术创新之间的关系，是我国经济发展的重要课题。我国金融体系发展尚不完善，表现在基于所有权性质、规模、行业以及区域皆存在严重的金融资源错配问题，而这项问题又与企业技术创新密切相关。为此，本书从我国国情出发，深入分析我国金融错配和环境规制的内涵及其对制造业企业创新的影响，探讨环境规制在金融错配和制造业企业创新之间发挥的调节作用，并进一步揭示环境规制影响金融错配与制造业企业创新关系的传导机制。

（二）背景

我国过去主要依靠劳动、土地、货币等生产要素的投放推动经济增长，这种生产要素投放的模式已经无法持续。因此，我国经济的发展方向亟须由要素投入向创新驱动模式转变。2022年《政府工作报告》指出，为促进内循环，激发市场活力，政府需进一步鼓励科技创新和企业家精神。随着我国制造向我国智造的升级，整个行业正在经历从自动化到数字化再到智能化的三级跃进，制造业进入转型升级的关键时期。

制造业企业技术创新活动具有资金成本高、回报不确定以及周期较长的特点，因此，金融支持不可或缺。金融作为现代经济的核心，承担着为企业研发创新提供大量资金支持的责任，其有效合理的配置是我国经济可持续发展的重要内容和前提。然而我国金融体系的发展还不够完善，政府金融资源干预、所有制偏好以及政策倾向等因素，导致存在严重的金融资源错配问题（李青原等，2013；靳来群，2015；钱雪松等，2018）。金融错配的概念产生于资源配置效率理论，金融资源错配使各项生产要素与金融资源并未达到最优配置，导致那些具有科技创新意愿的企业难以获得足够的研发资金（康志勇，2014），严重阻碍了我国企业科技创新产出。

我国在2012年将生态文明建设纳入"五位一体"总体布局；在十九大报告中，进一步提出"坚持人与自然和谐共生"的理念；在党的二十大报告中，强调中国式现代化是人与自然和谐共生的现代化。我国正处于工业化发展后期，自然资源是制造业发展的瓶颈。

当前已有文献大多从宏观的视角分析了金融错配和环境规制对企业技术

创新的影响，但从微观企业视角出发的研究较少，鲜有文献考虑到环境规制与金融错配的关系以及环境规制对金融错配的调节效应。金融错配是否显著降低了制造业企业技术创新水平？环境规制对制造业企业的金融错配程度以及创新能力的影响是怎样的？环境规制能否有效缓解金融错配对企业技术创新的影响？基于此，利用 2010—2020 年我国沪深 A 股制造业上市企业的面板数据实证检验金融错配、环境规制与制造业企业创新三者之间的关系以及作用机制。

（三）意义

1. 理论意义

大多数学者是从宏观层面研究金融错配和环境规制，很少有人从微观层面入手，而从微观角度研究金融错配以及环境规制对企业创新的文献更是寥寥无几。本书以我国 A 股制造业上市公司为研究对象，对金融错配、环境规制和制造业企业创新这三个变量之间的关系进行深入的理论分析和实证检验，在金融错配和环境规制对企业创新的影响研究基础上，深入分析环境规制在金融错配对企业创新影响中是否发挥调节作用以及具体的传导机制，丰富了金融错配对制造业企业技术创新影响的相关理论研究内容。

2. 现实意义

从现实角度来看，我国现在正处于迈向社会主义强国的重要阶段，制造业的创新进步不仅是助力我国成为创新型强国的重要引擎，也是在国际竞争我国家硬实力的重要体现。为了避免在技术创新上被"卡脖子"，我国应该尽量提高制造业企业的创新能力。金融资源错配可能就是抑制企业创新的"绊脚石"。因此，本书基于微观视角，探究金融错配、环境规制与企业技术创新的影响效应与机制，为政府针对制造业创新激励提供实践指导，合理推动企业创新发展。

二、文献综述

（一）关于金融错配的相关研究

1. 金融错配的度量方法

已有研究从不同维度给出了可供参考的指标用于度量金融资源错配。金融错配主要表现为大部分金融资源被分配到生产效率低下甚至无生产效率的企业，即金融资源的投入产出效率与金融错配程度的关系呈现负相关性，因此，可以通过测算金融资源投入产出效率来反映金融错配程度，主要方法有随机前沿函数法（SFA 方法）、数据包络分析法（DEA 方法）和 Wurgler（2000）提出的资本配置效率估算方法。由于我国国有银行的贷款投向以国有企业为主，因此，可以选用四大国有银行信贷总额与银行信贷总额之比及国有银行的存贷款比这两个指标来衡量金融错配程度（鲁晓东，2008）。根据"生产要素价格在市场均衡条件下出现扭曲时，则各类生产要素没有按照效率原则有效配置到各个企业"这一定义，对金融错配的测算可以采用资金成本偏离法、全要素生产率分解法以及资本要素生产率与资本要素成本偏离法三种方法（符瑞武，2020）。从资金成本偏离法方面，邵挺（2010）使用每个企业的资金使用成本偏离行业平均使用资金成本的程度来衡量金融错配，偏离程度越大，则其面临的金融错配程度就越高。在全要素生产率分解法方面，用生产率损失程度代表金融资源错配程度（Brandt 等，2013）。在资本要素生产率与资本要素成本偏离法方面，用资本的边际生产率和资本的成本价格两者的比值与 1 的差值来反映金融错配程度，差值越大说明金融错配程度越高，反之，则越低（Aoki，2012；陈永伟和胡伟民，2011）。其中，资金成本偏离法是从微观的角度进行测度，除此之外，信贷资金配置模型也是从微观的角度对金融错配进行度量的一种方法，其借助 Blinder-Oaxaca 回归分解法，将信贷资金配置差异分解成两部分。其中与企业禀赋相关的合理部分反映信贷资金配置的有效程度，而禀赋外因素导致的不合理部分则用来衡量错配程度（白俊和连立帅，2012；邓路等，2016）。

2. 金融错配的影响效应

金融错配源自资源配置理论，只有将金融资源按生产效率进行配置，才能实现帕累托最优状态（Ozbas，2005；Eisfeldt 等，2008）。从我国来看，金融体系在很大程度上仍然是以政府为主导，并为国有企业提供主要支持和背书，意味着金融改革要滞后于企业改革，因此导致部分金融资源流向了低效率的国有企业，而数量庞大且发展速度较快的民营企业却经常面临信贷不足的局面，以致影响了企业的整体效率（鲁晓东，2008）。Hsieh 和 Klenow（2009）通过对我国、美国和印度三个国家的工业面板数据进行分析，发现我国和印度这两国存在金融资源错配现象是导致其全要素生产率显著低于美国的主要原因。王欣、曹慧平（2019）以 1999—2013 年制造业行业面板数据为样本，发现金融错配对制造业全要素生产率具有显著的抑制作用，并且这种抑制效应具有一定的滞后性。其中，国有企业金融错配对全要素生产率的抑制作用更强。不仅如此，金融资源错配会带来一系列的宏观问题，比如金融风险聚集、结构性融资难、产业结构升级难及货币政策两难困境等（鞠市委，2016），甚至会导致宏观经济下行风险程度上升（曹源芳，2020）。从企业微观层面，金融错配能够通过引致融资成本上升和扭曲价格信号两种渠道降低企业绩效（成立为，2015），引致企业非效率投资、投资过度和投资不足显著增加（张庆军、李萌萌，2018），降低企业实体投资水平（韩珣、李建军，2020）。

3. 金融错配与企业创新

随着经济水平的不断发展，国内外也越来越重视金融错配和企业创新的关系研究。不完善的信贷和金融市场会减少对创新的激励（Brunnschweiler，2010）。Gorodnichenko、Schnitzer（2013）以发展我国家作为研究样本，基于技术的选择和吸收两个维度来分析金融配置结构对创新效率的影响，结果显示金融错配对企业创新水平具有显著的抑制作用。戴静、张建华（2013）从所有制歧视的角度出发，发现金融错配阻碍了国有经济部分的自主创新发展。从微观的企业角度，金融错配直接或间接增加了企业的创新成本并降低相对收益，进而抑制了企业的研发活动（康志勇，2014），并且会削弱政府干预（财政补贴、税收优惠等）对企业创新的影响（张建华、杨小豪，2018）。进一步有学者发现，金融错配会通过政策扭曲和金融摩擦这两条路径抑制企业创新（同小歌等，2021），并且民营企业与政府之间建立政治关联可以弱化金融错配对企业创新的负向影响（冉茂盛、同小歌，2020）。还有学者基于所有权性质差异视角，发现政府补贴能有效缓解金融错配对民营企业技术创新产出的负面作用（刘斌斌、左勇华，2022）。

（二）关于环境规制的相关研究

1. 环境规制的影响效应

从宏观的角度来看，环境规制对经济增长可持续性的直接、间接和总效应均呈现先促进后抑制的趋势（尚秀丽，2022）。宋雯彦、韩卫辉（2021）研究指出，环境规制的实施有助于促进产业结构的优化和升级，其中非正式环境规制的推动效果更加显著（秦炳涛等，2021）。郭然、原毅军（2020）以政策耦合效应为切入点，研究发现环境规制对产业结构升级的影响呈先下降后上升的"U"形趋势，且存在显著的地区异质性与环境规制工具类型异质性。杨岚、周亚虹（2022）从城市制造业产业结构绿色转型和企业技术创新升级这两个角度出发，研究发现环境规制的实施是推动制造业转型升级的重要因素。简而言之，环境规制有助于提升绿色经济高质量发展水平（王旭霞等，2022），是实现产业结构升级和绿色转型的重要政策手段（Du 等，2021）。

从微观角度来看，已有从环境规制对企业经营绩效、融资效率以及绿色创新等方面的相关研究。史永东等（2022）以新《环保法》实施作为准自然实验，发现其显著缓解了重污染企业的融资约束。魏佳慧、耿成轩（2022）以 2009—2020 年我国 188 家重污染行业与清洁能源行业 A 股上市公司为样本，证实了环境规制与融资效率之间存在先下降后上升的"U"形关系。自愿型环境规制可以通过提升企业环境绩效和提高企业信息透明度来缓解企业融资约束（于连超等，2021）。何凌云、祁晓凤（2022）认为，环境规制强度对企业绿色全要素生产率呈现"倒 U"形影响，环境规制主要通过成本效应、创新补偿效应以及能源配置效应等渠道影响企业的绿色全要素生产率。同样，游达明、李琳娜（2022）也认为，环境规制强度与企业绿色技术创新之间呈"倒 U"形关系。

2. 环境规制对企业创新的影响

传统的新古典经济理论认为环境规制会抑制企业技术创新。具体来看，政府实施强制性的环境规制措施，会迫使企业污染治理成本增加，挤占企业研发创新活动所需资金，即其抑制了企业创新水平的提升（Ramanathan 等，2010；Kneller 等，2012；张根文等，2018；余得生、李星，2021）。到了 20 世纪 90 年代，Porter 等（1995）否定了企业抑制技术创新的观点，他们认为合理的环境规制政策反而会在很大程度上激励企业进行技术创新。环境规制的确会导致企业生产成本增加，但这可以促使企业改进现有生产技术或生产过程，也就是倒逼企业进行技术创新，而技术创新的成果能够部分或全部抵消环境规制带来的成本增加，这就是"创新补偿效应"。上述观点就是通常所说的"波特假说"。Lanjouw 等（1996）、Jaffe 等（1997）、Berman 等（2001）、Hamamoto（2006）等国外学者通过实证分析，验证了"波特假说"。近几年，国内学者也从不同视角做了大量研究，发现环境规制对企业技术创新有显著的正面影响（何兴邦，2017；熊航等，2020；谢桥昕，2021；王分棉等，2021）。除此之外，还有观点认为环境规制对企业技术创新的影响是不确定的。有学者认为环境规制对企业创新的影响呈"U"形或"倒 U"形（袁丽静、郑晓凡，2017；冯宗宪、贾楠亭，2021；王芋朴、陈宇学，2022）。还有学者认为环境规制对企业创新的影响因地区而异，对于经济发展水平较高的地区，"波特假说"是成立的，而对于发展水平较落后的地区是不成立的（王国印、王动，2011；沈能、刘凤朝，2012），甚至抑制了企业的研发投入（李雨梦、周兵，2022）。

（三）环境规制与金融资源配置

李荣锦、杨阳（2020）利用 2000—2015 年的我国省际面板数据进展研究，发现环境规制的加强会促使金融资源向第二产业配置，从而降低了整体绿色发展效率。从这个角度来说，环境规制的加强使制造业企业接收到了更多的金融资源，用于企业的绿色转型以及产业升级。然而，李斌（2021）则认为一系列的环境保护政策会迫使大量的信贷资源流向第三产业，减少了第一产业和第二产业的信贷流入并抑制其规模的扩张。张月芳（2022）认为，基于政府颁布的环境规制政策、严格的政府执行力度，可以提高资源利用率，为企业提供完善的市场化资源配置机制。还有学者认为环境规制会激励生产方式创新、投资思路的转变，从而提高生产及投资效率，有效地避免金融资源的错配问题（甘雨琳，2020）。肖涵月等（2022）研究发现，两控区政策提高了低生产率企业的市场退出概率，促进了劳动、资本和补贴收入向高生产率企业再配置，提高了企业间资源配置效率。

（四）金融错配、环境规制与企业创新

关于金融错配、环境规制与企业创新的研究较为丰富，但对三者之间关系的综合研究则相对较少。我国的过去几十年的高速发展离不开制造业企业的支撑，传统的制造业企业的生产活动会造成环境污染外部性，环境规制作为一种制度安排，有助于减少环境负外部性，同时也对企业创新投资、资源配置以及金融资源配置与企业技术创新产生一定的影响。已有部分学者从宏观层面做了相关研究。比如，李凯风等（2021）利用 2000—2017 年我国 30 个省份的面板数据研究，发现金融错配对工业绿色全要素生产率产生了显著的抑制作用，而环境规制则对工业绿色全要素生产率产生了明显的促进作用，此外，提高环境规制水平可以有助于减少金融错配对全要素生产率所产生的负面影响。换句话说，环境规制可以弥补金融错配对工业绿色全要素生产率的不利影响。李秀珍等（2022）主要关注信贷错配、环境规制以及绿色技术创新三者之间的关系，通过对我国省级面板数据的研究，发现信贷错配程度对绿色技术创新的影响呈现先上升后下降的"倒 U"形趋势，并且这种影响效应会随环境规制强度的变化而变化。

（五）文献评述

综上所述，关于环境规制、金融错配与企业创新的现有研究内容比较丰富，但是对于金融错配、环境规制和企业技术创新三者关系的综合研究相对较少，

还存在以下两点不足：

一是关于金融错配所产生的影响。国内外学者更倾向于研究其对宏观经济的影响，主要探讨金融资源错配对经济增长的影响，即通过全要素生产率、产业结构以及产业创新等方面来探究的；而从微观角度探究金融错配对企业层面的影响，则主要集中于金融错配对企业技术创新的影响研究。

二是对于环境规制和企业技术创新的研究思路过于狭窄。大多数文献都局限于探讨环境规制作为核心解释变量，研究其对企业技术创新产生的直接影响及其影响方式，并且研究结果基于不同地区、不同规制类型以及不同度量方法存在很大差异。此外，很少学者将环境规制作为调节变量，用来检验其是否在其他解释变量与企业技术创新之间存在调节作用。

基于此，本书以 2010—2020 年我国制造业上市公司为研究对象，采用面板固定效应模型和 Tobit 模型进行实证检验，分析金融错配和环境规制对企业创新的影响效应，以及环境规制在金融错配与企业创新之间起到的调节作用，并基于技术创新类型、企业所有制以及所在地区做进一步的异质性分析。

三、内容与方法

（一）内容

本章将金融错配、环境规制和制造业企业创新三者的关系作为研究主题，共分为六部分内容。

第一部分为引言。首先介绍研究目的、研究背景与研究意义；其次是文献综述，收集整理国内外相关文献，从理论层面探究金融错配的度量方法、金融错配和环境规制的影响效应以及对企业创新的影响，为后文的实证研究提供理论依据；最后介绍本文的研究内容与思路、研究框架以及研究方法，并阐述本研究可能存在的创新点以及不足。

第二部分为相关概念与理论基础。首先，对金融错配、环境规制与制造业企业创新的相关概念做出界定，然后对金融错配、环境规制与企业创新的相关理论进行阐述。

第三部分为金融错配和环境规制的现状与测度。首先，总结我国金融资源配置的现状与问题；其次，针对本文的研究内容与角度选择资金成本法和信贷资金配置法对金融错配进行测度；最后，阐述我国环境规制的现状，并在已有研究的基础上加以创新，构建本文所需的环境规制综合指标。

第四部分为理论分析与研究假设。首先，深入分析金融错配与企业创新两者之间的关系，找到金融错配影响企业创新的具体原因；其次，探讨环境规制与企业创新两者之间的关系，并具体分析其影响途径；再次，对金融错配、环境规制和企业创新三者的关系进行理论分析，探讨环境规制在金融错配影响企业创新中是否发挥调节作用，同时探索并分析环境规制调节效应的传导机制；最后，基于以上的理论分析提出本文的四个研究假设。

　　第五部分为金融错配、环境规制与企业创新的实证分析。首先，以 2010—2020 年沪深 A 股制造业上市公司为研究对象，采用面板固定效应模型和 Tobit 模型的方法，构建计量模型，实证研究金融错配对企业创新的影响、环境规制对企业创新的影响；其次，在模型中加入金融错配与环境规制的交互项，构建调节机制模型，检验环境规制在金融错配和企业创新二者所起的作用及其传导机制；最后，对实证结果进行稳健性检验，并做进一步的异质性分析。

　　第六部分为结论与建议。总结基于宏观层面的现状研究以及基于微观层面的实证研究结论，并根据相关的研究结论提出如何缓解金融错配程度、合理利用环境规制手段以及提升制造业创新能力等方面的政策建议。

　　研究框架如图 1-1 所示。

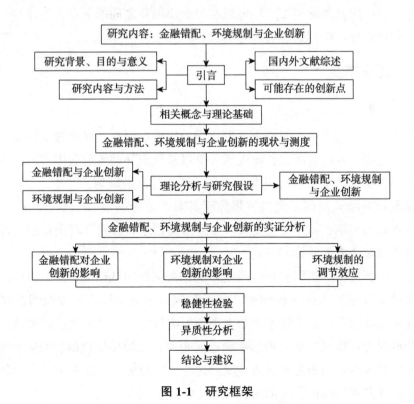

图 1-1　研究框架

（二）方法

1. 文献分析法

首先，基于不同角度整理和归纳相关的文献结论，分析有研究的思路和方法，为研究奠定基础；其次，根据已有研究的结论，对金融错配、环境规制和制造业技术创新的内涵、相关理论基础以及发展现状进行阐述；最后，从已有研究中总结分析本文所需的理论依据，在此基础上提炼出创新点。

2. 规范性分析法

首先收集并整理有关金融资源错配、环境规制强度的相关数据进行量化分析。为了更好更直观地了解金融错配和环境规制的特点和趋势，对整理好的数据指标进行可视化，然后根据图表分析金融错配和环境规制的发展现状，最后对现状进行归纳总结。

3. 实证分析法

选取 2010—2020 年沪深 A 股制造业上市企业，测度金融错配指标和环境规制指标。对已有文献总结分析的基础上，提出研究假说，并构建计量模型进行回归分析，探究金融错配、环境规制与企业创新之间的关系，并针对一系列基准回归结果进行稳健性检验及异质性分析。

四、创新与不足

（一）创新

（1）在已有文献中，探究企业创新行为的影响因素，提出的解释变量多集中于数字经济、绿色金融、税收优惠政策以及政府补贴等有利因素。而少有文献关注外部金融环境等不利因素对于企业创新行为的影响。另外，已有的关于金融错配和环境规制的研究主要聚焦于其对产业结构以及全要素生产率等宏观经济指标的影响，而本文主要关注企业层面因素，研究其对企业创新投入以及创新产出两个方面的影响。

（2）在研究金融错配和环境规制影响企业创新的基础上，将金融错配与环境规制的交互项纳入研究框架中，分析和探讨金融错配与环境规制的联动关系，研究其对制造业企业技术创新水平的影响效应以及异质效应，并进一步探究金融错配与环境规制交互项影响制造业企业创新的传导机制。主要考察融资效率和代理成本这两条途径是否成立，这为金融错配、环境规制强度和制造业企业创新研究领域提供了新的内容。

（3）借鉴现有研究的环境规制指标构建方法，基于综合性、科学性和数据可得性等多个方面的考量，从环境规制投入、环境规制监管和生态环境三个维度共选取十个指标数据，采用熵值法构建环境规制综合指标。

（二）不足

（1）基于静态面板模型分析技术创新的影响，未考虑其内部动态机制。后续研究可建立动态面板模型，探讨技术创新内在的联动效应。

（2）考虑到数据的可获得性以及准确性，核心指标环境规制的测算数据来自《我国统计年鉴》以及《我国环境统计年鉴》发布以来，完整数据仅更新至2020年，因此数据略显陈旧。制造业上市公司财务指标数据主要来自万德和国泰安，存在个别数据缺失，限制了实证研究的有效进行。

第二节　金融错配、环境规制与企业创新内涵

金融错配、环境规制和企业技术创新均具有其各自的理论发展体系。很多国内外学者对金融错配和环境规制与企业技术创新之间的关系进行探讨，但是很少有学者将环境规制作为调节机制纳入研究框架，分析在环境规制的条件下，金融错配对企业技术创新的影响。本节对金融错配、环境规制和制造业企业技术创新这三个核心概念以及相关理论基础进行系统的归纳。

一、相关概念界定

（一）金融错配概念

金融资源配置是社会资源配置的核心。通过金融资源的配置，可以将资金投向最需要的领域和项目，优化社会资源的分配，提高社会资源的利用效率。从社会角度来看，资源错配是指资源配置偏离了有效配置状态，即无法达到有限资源的最大化产出效率。如果资源的配置不能达到最优状态，就会出现资源错配。金融资源错配就是偏离金融资源配置的最优状态，即没有达到帕累托最优。金融资源配置的最优状态包括两个方面的均衡，一方面是金融资源的供给总量与金融资源的需求总量相均衡；另一方面是金融资源供给与金融资源需求在结构上相均衡。

金融资源配置没有达到最优状态时的情况包括正向错配和负向错配。正向金融错配是指金融资源供给大于金融资源需求的状态。正向金融错配表现为金

融资源过度集中投资于某一种金融业务。一方面，这会导致其他金融业务的投资不足，减缓了它们的增长；另一方面，金融资源正向错配会引发经济泡沫的破灭，从而对经济造成重大的损失。例如，将信贷资源补贴给特定用途和用户的做法会限制具有潜在高回报的项目的发展，限制了市场的自由竞争和效率，同时导致各种信贷机构的急剧增加等。信贷补贴让许多低效率甚至无效率的企业得以继续运营，而具有潜在能力的高效率企业的发展却因此受到了阻碍。负向金融资源错配是指金融资源的供给无法满足金融资源的需求的状态。从微观角度来看，则表现为生产效率高的企业所获得的金融资源难以支撑生产需求。此时，负向金融错配可能会导致企业生产量下降、员工裁员、产品价格上涨、债务风险增加和资源流失等问题，这可能会对企业的盈利能力、市场份额和竞争力产生负面影响。

将金融资源错配定义为在金融市场中，现有的金融资源未按照效率原则在企业间进行分配，没有达到帕累托最优的一种状态。这种错配可能会导致利率上升、融资难度加大、投资机会减少、企业生产效率下降等问题，从而对经济发展产生负面影响。

（二）环境规制概念

环境是人类生存必需的外部物质世界，在经济社会发展中发挥着重要作用。环境污染具有负外部性，对除污染源以外的经济主体造成了负面影响，但这些受害者并没有得到相应的补偿。这意味着环境污染的成本由全社会承担，而不是由污染者承担，从而导致社会效率的降低和资源的浪费。因此，政府需通过环境规制政策，让污染源直接承担外部成本的方式来激励他们减少环境污染的程度，从而降低环境污染带来的社会成本，实现社会利益最大化。环境规制是为了克服经济活动中由环境使用不当而造成的市场失灵，是政府进行环境治理的重要手段，也是政府干预经济活动的一种方式。现在对环境规制效应的研究已经逐渐避免了只考虑绝对结果的方式，而是认识到了环境规制的影响效应受到很多条件的限制，这些条件包括所采用的环境规制政策工具以及环境规制的强度等。

环境规制工具主要包括行政命令型环境规制、市场激励型环境规制以及自愿参与型环境规制。命令型环境规制是政府通过强制性的法律、法规和行政命令等手段对企业和个人的环境行为进行约束和管理的方式，具有规则明确、执行强制、惩罚力度大、控制范围广的特点。命令控制型环境规制是我国进行环境治理的一种主要手段，同时也是最为成熟的手段。市场激励型环境规制，是指借助市场机制激励企业减少其对环境的污染或其他负面影响。市场激励型环境规制在一定程度上放宽了传统的行政管理手段，让企业自主决策，并通过价格机制、税收政策等方式，鼓励企业自发采取环保措施。相较于命令型环境规制，市场激励型环境规制能够激发企业的环保自觉性和积极性，降低政府的管理成本，减轻政府管理环境的负担，但是，也可能会导致环境问题向价格较低的地区转移，或者造成企业在环境治理上的短视行为等。自愿参与型环境规制是指企业资源采取环境保护措施，而非依靠强制性的法规或者行政命令，通常采用企业自我承诺、自我监管和自我报告的方式，通过自我约束来达到环境保护的目的。相比于市场激励型环境规制，自愿型环境规制具有自主性、灵活性、透明性等特点，能够更好地适应企业的个性化需求和环境变化，但其约束力较弱，监管难度较大。自愿性环境规制的应用逐年增加，其出发点可能是企业内部的成本节约和效率提高的需求，也可能是企业面临的外部市场压力所导致的。

　　这里主要涉及环境规制强度。环境规制强度指政府对环境问题进行监管、管理和控制的程度和力度。包括环境规制政策的内容和范围，以及政府实施环境规制政策的力度和力度的强度。通常来说，环境规制强度越大，政府对环境问题的控制越紧密，要求企业更加严格地遵守环境规定，从而减少环境污染和生态破坏的发生。环境规制强度的高低也取决于环境问题的性质和严重程度、环境法律法规的制定和实施情况、社会和经济发展水平以及公众对环境保护的重视程度等多种因素。

（三）制造业企业创新

　　在国内外学术界，创新是一个备受关注的研究领域。企业进行创新活动需要涉及资金、人力、物力等多个方面的资源投入，而企业的创新成果对企业的竞争优势和未来发展战略至关重要。因此，创新是影响企业生存发展的关键因素。除此之外，随着技术的不断进步，传统制造业面临着转型升级的压力，制造业企业可以通过技术创新等手段加速产业升级，提高产业附加值，促进产业转型升级，驱动经济高质量发展。

　　制造业技术创新是指制造企业通过引入新的技术、改进生产流程、提高产品质量和性能、降低成本等方式，推动制造业的发展和进步。制造业技术创新的核心在于产品和生产过程的改进，这涉及多个领域的技术，如材料科学、机械工程、电子工程、计算机科学等。制造业技术创新不仅可以提高企业的竞争力和效益，也有助于推动制造业的转型升级，促进制造业的可持续发展。

制造业企业技术创新包括创新投入和创新产出两个方面。企业技术创新投入是指制造业企业为实现技术创新而投入的资金。技术创新投入的大小和比例因企业而异，取决于企业的规模、行业、战略目标等因素。然而，技术创新投入通常是企业的一个重要成本，也是实现长期竞争优势和可持续发展的必要条件。技术创新产出包括以下几种类别：一是产品或服务的创新，是指通过改进或者创造新的产品或服务，来满足市场或用户需求，提高市场竞争力；二是工艺或生产流程的创新，是指通过改进或创造新的工艺或生产流程，来提高生产效率、降低成本、改善产品质量等，从而提高市场竞争力；三是技术或知识的创新，是指通过研发新的技术或知识，来实现更好的产品或服务，或解决现有问题，从而提高市场竞争力。简而言之，技术创新是指在现有技术的基础上，通过引入新的思路、方法或技术手段，来创造更具竞争力的成果，从而为企业或社会带来更多的价值。

二、理论基础

（一）资源配置效率理论

资源配置理论指研究在特定的经济制度下，经济活动中各种资源的分配方式，从而实现最大化社会福利的理论。这一理论最初由古典经济学家提出，是经济学的重要分支之一。资源配置效率是衡量经济活动效率的关键指标，资源配置效率高低直接影响到经济增长和社会福利的提高。资源配置效率包括宏观和微观两个层面。宏观层面的资源配置效率是指社会资源的配置效率，是通过整个社会的经济制度安排而实现的；微观层面的资源配置效率可以称为资源使用率，指生产部门内部的生产效率，可以通过提高生产技术和内部管理来实现。在资源配置过程中，金融资源起到关键的作用，金融市场是金融资源配置的主要渠道。金融资源首先通过资本市场进入企业或行业，然后带动其他资源流入企业，进而促进企业和行业的发展。因此，优化金融资源的配置，提高金融市场的效率和透明度，是实现资源配置效率的重要途径。

资源配置效率理论认为，资本市场中的资源应当按照效率最高的原则进行配置，以达到最大的产出效率。在这个理论框架下，效率更高的生产部门应该获得更多的金融资源支持，从而提高其产出效率。同时，获得更多金融资源的生产部门应当创造最大的产出效率，以确保资源的最大利用率。因此，金融资源在生产部门的配置情况以及各生产部门的资金使用效率是资源配置效率的两个重要方面。帕累托最优是衡量资源配置效率的一个重要标准。当资源配置达到帕累托最优时，这意味着在不损害任何人利益的前提下，无法改善任何人的经济福利。然而，在实践中，由于各种因素的影响，如政策、技术和市场环境等，帕累托最优的实现并不容易。因此，研究如何提高资源配置效率，以实现最大的产出效率，是非常重要的。

（二）波特假说

波特假说（Porter hypothesis）是 Porter 与 Vender Linde 在 1995 年提出的经济学理论。该理论认为，环境保护和经济增长之间不一定存在矛盾关系；相反，环境规制可以促进企业创新和竞争力提升，从而实现经济效益和环境保护的双赢。波特假说的核心观点是指环境规制会倒逼企业采用更加清洁、节能、高效的技术和生产方式，在满足环境规制要求的同时，还能提高企业的生产效率，降低企业的环境成本和生产成本，让企业更具市场竞争力。此外，环境规制也会刺激企业投资环保技术的研发和创新，从而推动环保技术的进步和成熟。

然而，波特假说的提出引起了广泛的讨论和争议。一些学者认为环境规制会增加企业的成本和负担，从而降低其竞争力，进而影响经济增长。另外一些学者则认为环境规制不仅能推动企业的技术创新和提高生产效率，还能够创造新的市场机会和就业机会，从而促进经济增长和可持续发展。随着对波特假说的不断研究及验证，越来越多的学者认为环境规制对企业技术创新的影响是不确定的，波特假说是否成立会因区域、行业以及环境规制工具类型而存在差异性。总之，波特假说认为环境规制是一种机会和挑战，如果政府和企业能够充分发挥各自的作用，制定科学合理的环保政策和发展战略，就能够实现环境保护和经济增长的良性循环。

（三）熊彼特创新理论

1912 年熊彼特在《经济发展理论》中第一次提出创新理论。熊彼特认为经济增长不仅来自于资源和劳动力的投入，而更重要的是来自于创新。熊彼特的创新理论基本包括了四方面的内容：一是创新是经济增长和发展的主要驱动力。创新创造了新产品、新技术、新市场和新组织形式，从而增加了生产率和效率，提高了产品质量和服务水平，刺激了竞争和创造更多的就业机会。二是创新是经济周期的根源。他认为随着时间的推移，创新会被复制和推广，市场会变得饱和，利润率会下降，这会导致经济活动的放缓和经济衰退。三是创新的组织者是企业家。企业家是创新的主要主体，他们能够通过发现新的商业机会、组织资源和推广新产品和技术来实现创新，然后通过创新来获得市场份额和利润。四是创新是一种破坏性过程。创新并不是仅仅增加新产品或者新技术，而是一种创造新事物、新组织形式、新市场的过程，同时也是在旧有的结构上进行改造，从而推动社会和经济的变革。

简而言之，熊彼特认为经济发展是由创新引发的一种创造性变化，而实现创造性变化需要生产要素的重新组合。金融要素是生产要素的重要部分，如果金融市场存在摩擦，会妨碍金融要素的有效配置，进而抑制企业的创新活动，最终影响经济发展。

第三节　金融错配影响企业创新的理论分析

一、金融错配影响企业创新的传导机制

金融错配是指金融资源配置未实现帕累托最优，其在我国的金融市场中普遍存在。金融错配主要从三个方面影响我国的制造业企业的创新水平（图1-2）。

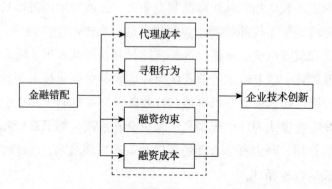

图 1-2　金融错配影响企业创新的传导机制

1. 金融错配会加剧企业的融资约束

负向金融错配指的是企业在获得融资时，所面临的资金使用成本高于同行业平均水平的情况。这表明企业无法充分获得金融资源，并且外部融资渠道受到限制，导致融资成本上升，进而面临严重的融资约束（陆格格，2019）。相较于其他生产活动，创新活动的生产周期和成果转化周期较长，因此进行技术创新的企业需要具备长期稳定的资金来源（Hall 等，2009；马光荣等，2014），

而外源融资是创新活动的重要资金来源（Czarnitzki 等，2011）。创新活动存在信息不对称的特征，这可能会引发潜在的道德风险，从而使企业面临更严峻的外部融资限制。除此之外，创新活动还具有高度的不确定性。具体来说，创新活动很容易出现项目研发失败或成果市场接受度低的情况，这会导致企业无法获得预期的收益，意味着进行创新活动的企业承担着相对较高的投资风险。在已知创新活动的特点和风险的前提下，金融错配会导致企业的资本成本上升和偿债压力增大，因此企业可能会更愿意将资金投入稳定和快速回报的日常生产活动中，而对于风险较高的创新活动则更加保守，从而影响了企业的技术创新水平。

2. 金融错配会引发企业的委托代理问题

通常企业的管理权和所有权是相分离的，这就导致了一些道德风险和代理成本的问题，这些问题会影响企业正确做出投资和融资决策。面临正向金融错配的企业意味着其拥有相对宽松的外部融资环境，虽然很少面临融资约束的问题，但是却也加剧了企业的委托代理问题（陆格格，2019。根据委托代理理论，企业管理者往往以个人利益为导向，更加重视企业短期的财务业绩和个人收入的影响，而不是以企业长期利益为目标。然而，研发投资对于企业的长期发展至关重要，但是其效益不容易在短期内体现，这使管理层在面临委托代理问题时会偏向于压缩研发投资，从而抑制企业的创新。简单来说，管理层的个人利益和企业长期发展之间的冲突是委托代理问题的一个例证，其存在会限制企业的创新。

3. 金融错配容易滋生信贷寻租现象

由于信贷资源的相对稀缺性和商业银行主导的金融体系的制约，银行在分配信贷资源方面拥有较大的权利，这导致不同所有制和规模的企业在融资成本上存在巨大差距，从而容易引发金融腐败和信贷寻租现象（谢平、陆磊，2003）。有些企业自身资质较差，难以获得信贷支持，往往只能依靠政治关联或者寻租等手段来获得信贷资源以支持其发展（谢家智等，2014）。一方面，面临正向金融错配的企业可以通过信贷寻租获得更加稳定、安全的寻租收益或超额利润，这会导致企业在研发创新等生产活动存在组织惰性（Zhou，2013），即信贷寻租现象会对企业研发创新产生强烈的挤出效应（Aghion 等，2012），投资决策更加缺乏长远的考虑。另一方面，面临负向金融错配的企业虽然可以通过信贷寻租获得信贷资源来支撑企业的日常生产活动和创新活动，但是如果考虑到租金成本，那么实际融资成本要比名义贷款利率高得多（谢平、陆磊，2003），而且更多的获得的是短期贷款（Fungáčová 等，2015），这不仅会减少企业的生产和创新利润，还会增加企业在研发方面面临的风险（Murphy 等，1993）。并且，信贷寻租行为会扭曲金融资源配置过程，从而加剧金融资源错配程度。因此，金融错配的存在导致信贷寻租行为，这会抑制企业的研发创新。综上所述，提出假说1。

假说1：其他条件不变的情况下，金融错配对制造业企业创新有显著的负向影响。

二、环境规制与企业创新

下面重点分析环境规制影响企业创新的传导机制（图1-3）。

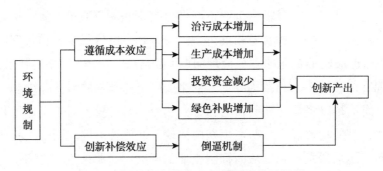

图 1-3　环境规制影响企业创新的传导机制

当政府实施环境规制政策时，企业为了遵守相关的法规、规章制度或行业标准，通常会产生一定的遵循成本。这些成本包括直接的治污成本，例如购买污染治理设备、采用更环保的生产工艺等，以及由于生产过程中部分资源转向环境治理而导致的机会成本，例如由于停产或生产减少而导致的收入损失（王芊朴、陈宇学，2022）。这意味着企业为了遵循环境规定而付出了更高的成本，从而降低生产和技术创新的效率（安彦文，2022），让企业在市场竞争中处于不利地位。但是，政府在环境规制实施过程中，有时会考虑到企业面临的遵循成本，会采取直接补贴、税收减免、贷款优惠、技术支持等形式对企业进行补贴，以降低企业实施环境保护所面临的成本。这些补贴可以鼓励企业加大环保投入、提高治污技术水平和降低治污成本，进而促进经济可持续发展和环境保护。

随着环境规制的逐步实施，企业为达到治污目标需要改进生产和治污技术。这种倒逼机制能够提升企业的创新水平。通过技术创新，企业能够优化资源配置，提高生产效率和盈利能力，进而抵消环境规制带来的生产成本和治污成本。这种抵消效应被称为创新补偿效应，同时能够提高企业的竞争力。因此，合理的环境规制虽然也会不可避免的增加企业的各种成本，但是对于技术创新的驱动作用是不容小觑的。

但是当政府环境规制强度的持续增加到一定程度时，将会产生两方面后果。首先，当环境规制强度超出了企业生产经营可以承受的范围时，企业被迫将更多的资金投入末端治理环节，以免遭受政府过重的惩罚或者声誉问题，这会严重挤占企业本来用于研发的资金；其次，较强的环境规制意味着企业面临着更高的治污成本和压力。如果此时技术创新成果无法抵消环境规制的"遵循成本"，那么企业可能会降低自身的创新水平，转而采取规避策略，例如转移污染或转变投资领域，来满足环境规制要求（游达明、李琳娜，2022）。综上所述，提出假说 2。

假说 2：其他条件不变的情况下，环境规制对制造业企业创新的影响呈"倒U"型趋势。

三、金融错配、环境规制与制造业企业创新

（1）环境规制作为政府引导手段，能够迫使低效率的企业退出市场，这样生产要素（如资本、劳动等）会自然地流向生产效率较高的企业（肖涵月等，2022），有效地推动金融资源配置（李凯风、夏勃勃，2020）。优化金融资源配置效率有利于提升企业技术创新能力，推动区域环境与经济的协调发展（宋晓薇，2016）。在对技术创新水平的影响上，环境规制与金融发展存在着协同效应（王锋等，2018）。然而学者研究发现金融发展并没有对制造业企业技术创新起到正向的促进作用（王芋朴、陈宇学，2022），这说明我国的金融体系存在着一些问题，一方面是由于存在政府干预、所有制以及规模偏好等问题，大量的金融资源流向了创新动力不足的低效率企业，而具有较强创新动机的高效率企业却面临较为严格的融资约束（Brandt 等，2003），即企业面临的金融错配问题仍然较为突出；另一方面是由于金融体系的结构尚不完善，企业股权融资比重较小。在环境规制约束下，可以通过金融资源配置规模、结构、效率及集聚程度等方面，将资金有效地投入传统产业的绿色改造和新兴环保产业的发展中，以促进企业进行技术创新，加快制造业的产业转型升级。

（2）环境规制能够为金融体系识别优势项目提供便利。为确保企业认真遵守政府制定的环境保护政策，环保部门将加强对企业环境绩效的监督。因此在

企业筹资时，无论是向银行部门还是金融市场，企业都需要披露其内部环境信息，以便金融体系评估投资风险（杨熠等，2011）。环境绩效较好的企业意味着其具有较低的环境风险和投资风险，使其能够吸引更多的机构投资者投资和债务融资，从而缓解企业的融资约束。在较强的环境规制水平下，企业需要在年度报告、环境责任报告和社会责任报告，甚至会通过第三方认证来证明其可靠性，这大大提高了企业的信息透明度，有效缓解企业信息不对称、融资成本高以及外部融资渠道不足的问题。总之，环境规制可以帮助金融体系更好地识别哪些项目和企业符合环境、社会和治理（ESG）标准，从而提供更精准的金融支持，从而降低投资风险，为企业研发创新活动提供充足的资金支持。

（3）环境规制能够精准引导外商直接投资。我国经济的快速发展给金融体系造成了较大的压力，而我国的大部分金融资源由政府掌控和支配，这就导致数量较多的民营企业和中小企业容易面临筹资困难的问题。此时外商直接投资（FDI）的流入能够弥补国内企业创新资金的不足，在环境规制的约束下，会迫使FDI改变其对高耗能、高污染但却具有高利润的工业企业的投资倾向，使其更加关注具有发展前景的绿色生产企业，为这些企业进行创新活动提供相应的资金支持。同时，这能够倒逼我国金融体系改革，提高资金配置效率，以缓解国内融资约束（邵长花，2021）。综上所述，提出假说3。

假说3：在其他条件不变的情况下，环境规制能够缓解金融错配对制造业企业创新的抑制作用。

四、环境规制调节效应的机理分析

环境规制调节效应的机理分析如图1-4所示。

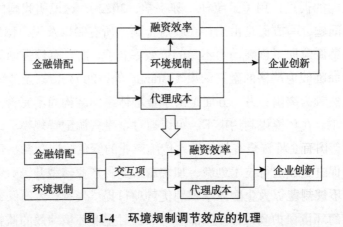

图1-4　环境规制调节效应的机理

负向金融错配表现为企业实际获得的金融资源规模低于理论预期规模。这意味着金融资源供给无法满足维持企业生产活动与研发活动，而且融资渠道有限、融资成本较高，企业由此面临严重融资约束。而在合理的环境规制强度下，面对激烈的市场竞争，企业希望通过改进生产技术来增强自身的竞争力，从而吸引更多的外部投资者，提高融资效率。较强的环境规制水平可以驱动污染行业加快研发和创新，以获取更清洁的生产线或更先进的污染控制技术，从而降低生产成本，并提高产品的竞争力（宋瑛等，2019）。另外，严格的环境规制提高了金融机构对企业的信任程度，因此企业在融资过程中能够减少融资成本、降低融资难度，从而提高融资效率（魏佳慧、耿成轩，2022）。

正向金融错配意味着企业面临的融资环境较为宽松，但在这种情况下，企业的代理问题会更加突出，代理成本也会相应更高（陆格格，2019）。环境规制政策属于外部法律环境，具有国家强制性的特征。企业的任何环境污染行为都会受到法律和政策的监管，因此公司管理者被动选择更加长远投资决策的行为更加符合股东目标，这能够抑制企业的代理成本。综上所述，提出假说 4。

假说 4：在金融错配与制造业企业创新的关系中，环境规制能够通过融资效率和委托代理发挥调节作用。

第四节　金融错配与环境规制的现状与测度

一、金融错配的现状及指标测度

（一）我国金融资源错配的现状

1. 金融资源所有制错配

随着我国经济的快速发展，金融资源的错配问题逐渐显现，其中一个重要的方面就是基于企业所有制结构的错配，不仅会影响金融资源的配置效率，也会影响我国经济的可持续发展。企业所有制是指企业的所有权归属情况，包括国有企业、私营企业、外资企业等不同类型。不同所有制的企业在经营和发展过程中需要的金融资源也不同，这就导致了金融资源的配置存在着不同的情况。在我国，国有企业占据着金融资源的主要份额，这与我国经济体制的特点有关。然而，由于过去一些历史原因和制度安排，国有企业存在产权结构不够清晰、管理不够规范以及生产效率较低等问题。相比之下，民营企业和外资企业则更具有市场竞争力和创新能力，但是由于它们的规模相对较小，规范程度不够高，缺乏足够的抵押品和信用记录，因此难以获得金融机构的支持。即使国有企业相对于民营企业的生产效率更低，但由于地方政府存在政策倾向，因此国有企业仍然能够获得较多的信贷配给（余明桂、潘红波，2008），并且民营企业大多依靠从国有企业的漏损来获取金融资源（卢峰、姚洋，2004）。在过去的十多年中，不到20%的银行贷款被授予给民营企业，而超过80%的银行贷款流向了国有企业。通过对沪深 A 股制造业上市公司数据分析可知（图 1-5、图 1-6），就平均资产收益率和托宾 Q 这两项效益指标而言，民营企业表现更好。因此，金融资源的所有制错配意味着金融资源的流向与资金使用效率存在基于所有制上的背离。在金融资源错配的情况下，国有企业所享有的宽松融资环境增大了银行信贷资产的风险性，同时非国有企业的融资渠道不畅也阻碍了整体经济的发展。

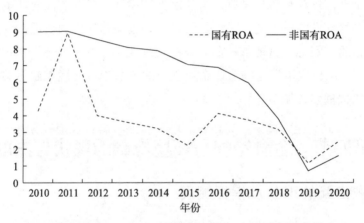

图 1-5　国有企业以及非国有企业的资产收益率变化

图 1-6　国有企业以及非国有企业的托宾 *Q* 值变化

2. 金融资源规模错配

随着我国经济的不断发展和经济结构的不断调整，中小企业在经济发展中所占的地位和作用也日益突出。根据国家统计局发布的数据，截至 2021 年底，中小企业总数达到 3469.8 万家，占企业总数的 99%左右，为国家提供了近 60%的 GDP、50%的税收、70%的城镇就业，占到企业发明专利申请总数的近 70%。虽然中小企业在中国经济的发展中起着至关重要的作用，但实际上金融机构对中小企业的支持仍然处于低水平状态。金融资源基于企业规模上的错配问题的原因主要是由于市场信息不对称、企业风险不同、金融机构的偏好以及监管政策的影响等多方面因素造成的。对于中小企业来说，其信息披露不够充分，而大型企业则拥有更多的信息披露渠道和更多的交易数据，这导致金融机构对于大型企业的了解程度更高，从而更容易获得融资。此外，中小企业通常面临着更大的风险，包括经营风险、信用风险和市场风险等，这也使金融机构更加谨慎地对待它们的融资需求。同时，监管政策也可能导致金融机构偏向于向大型企业提供融资，因为政策可能要求金融机构为更为安全的资产提供更多的资金支持。根据中国人民银行的数据，截至 2021 年末，我国商业银行各项贷款余额中，中小企业贷款余额占比约为 30%，而大型企业和其他企业贷款余额占比约为 70%。因此，在规模上，大企业对小企业的金融资源配置存在一定的挤出效应（邢志平、靳来群，2016）。

3. 金融资源行业错配

由于我国金融市场尚不发达，股票市场功能的扭曲使得商业银行长期贷款的选择依赖于抵押政策。在房地产业、采矿业以及建筑业等行业，虽然饱和度较高，但其抵押品优势使其仍然能够从商业银行获得贷款，资产荣誉容易产生过度投资和产能过剩；而在一些发展潜力较大的行业，比如高技术产业、现代农业以及轻资产产业，因其处于初创期，或因抵押品步入传统行业具有优势，往往得不到股权融资机会和银行信贷支持。资金匮乏导致这些行业受到阻碍，发展缓慢。国有企业所在行业多为资本密集型、人力资本密集型和能源行业。行业进入门槛高，行业内竞争不够，效率损失较大，国有企业密集度高的行业资本错配严重。此外，产业关联效应度高或资本密集度高的行业资本错配也较严重（张庆军等，2016）。

4. 金融资源区域错配

金融资源基于地区上的错配问题与中国的经济结构的不平衡有关。中国经济的发展存在地区之间经济结构不平衡的问题，东部地区的发展相对较快，而中西部地区的发展相对滞后，经济增长方式单一，制约了中西部地区的经济发展。因此，政府通过加大对中西部地区的支持，可以促进区域经济的协调发展，使中西部地区的经济更快地发展起来。另外，为了缩小东西部地区的经济差距，中国政府实施了西部大开发战略，以西部地区为重点，加大对其支持力度，包括增加财政投入、优惠税收政策等。同时，在我国政府推动"三去一降一补"、结构性去杠杆等政策背景下，中西部地区受到更多政策倾斜。例如，一些热点产业向中西部地区转移，中央政府对中西部地区的基础设施、产业等重点领域给予更多的支持和鼓励。但是中国的经济增长主要集中在东部沿海地区，而西部地区则因为交通不便、资源缺乏等原因而发展滞后，再加上其缺乏高端制造企业、高新技术企业等驱动经济发展的有效途径，导致其生产效率不高。从2010—2020 年我国东中地区上市公司的资产负债率和资产收益率对比分析来看（图 1-7、图 1-8），东部地区所获得的债务融资低于中西部地区，但东部

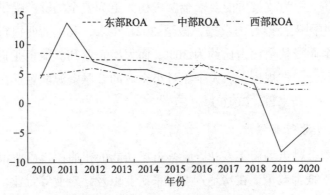

图 1-7　东、中、西三地区资产收益率变化

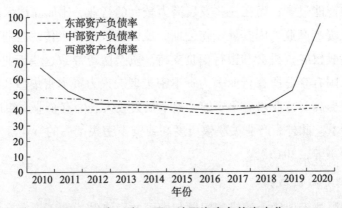

图 1-8　东、中、西三地区资产负债率变化

地区的资产收益率却远高于中西部地区。政府对中西部地区的扶持，较少考虑投资回报率的因素。虽然按照本文对金融错配的定义，金融资源基于地区存在一定的错配现象，但实际金融资源在配置过程中还会受到政策、文化、历史等因素的影响，否则加剧地区发展的不均衡。

（二）金融错配的指标测度

1. 资金使用成本法

基于微观角度研究金融错配以及金融错配与环境规制交互项对企业创新的影响，采用邵挺（2010）提出的资金成本法来测量企业所面临的金融资源错配程度。具体计算公式如下：

$$FM_{i,j} = \frac{r_{i,j}}{r_i} - 1$$

$$r_{i,j} = 利息支出/（负债 - 应付账款）$$

式中 $FM_{i,j}$ 表示金融错配指数，$r_{i,j}$ 表示制造业细分行业 i 中 j 企业的资金使用成本，r_i 表示制造业细分行业 i 的平均资金使用成本。

从计算公式中可以看出，当企业的资金使用成本高于行业平均水平时，指数为正数，表明企业面临着负向的金融错配；当企业的资金使用成本低于行业平均水平时，指数为负数，表明企业面临着正向的金融错配。无论指数是为正还是为负，其偏离 0 越大，则说明企业面临的金融错配程度越高。因此，为了衡量金融错配，需要对指数取绝对值。

2. 信贷资金配置模型

从我国目前的金融发展状况来看，企业的主要资金仍然源于银行贷款，因此可以用信贷资金错配作为金融错配的代理变量，做进一步的稳健性分析。信贷资金配置模型从信贷资金配置的影响因素出发，以信贷余额作为被解释变量。具体模型如下：

$$Credit = \alpha_1 Size + \alpha_2 Fixed + \alpha_3 Lev + \alpha_4 Profit + \alpha_5 CF + \alpha_6 Cash +$$
$$\alpha_7 Tobinq + \alpha_8 Turnover + \alpha_9 Liquid + \sum industry + \sum Year + \varepsilon$$

模型中，被解释变量 Credit 为实际获得的信贷资金总量，以取得的贷款与总资产的比值表示，解释变量包括企业规模（Size）、有形资产比例（Fixed）、资产负债率（Lev）、资产收益率（ROA）、自由现金流（CF）、托宾 Q 值（Tobinq）、现金持有量（Cash）和经营效率（Turnover）。此外，模型加入行业和时间控制变量，以控制其冲击和影响。变量定义如表 1-1 所示。

表 1-1　变量度量定义

变量类型	变量名称	符号	变量定义
被解释变量	实际信贷资金规模	Credit	实际取得借款/资产总额
解释变量	企业规模	Size	企业总资产的自然对数
解释变量	有形资产比率	Fixed	固定资产净额/资产总额
解释变量	资产负债率	Lev	负债总额/资产总额
解释变量	资产收益率	ROA	净利润/资产总额
解释变量	自由现金流	CF	经营活动现金净流量/资产总额
解释变量	现金持有量	Cash	货币资金/资产总额
解释变量	托宾 Q	Tobinq	（所有者权益市值+负债账面价值）/资产账面价值
解释变量	经营效率	Turnover	营业收入/资产总额
解释变量	流动比率	Liquid	流动负债/流动资产
控制变量	时间效应	Year	2010-2020 年
控制变量	行业效应	Industry	根据中国证监会 2012 年行业分类

首先，通过回归分析企业信贷资金的配置情况，将实际获得的信贷资金与回归拟合值（即预期获得的信贷资金）的差值作为残差。残差反映了企业信贷资源的实际配置与预期配置之间的偏离。当残差为正时，说明企业实际获得的信贷资源超过了预期获得的信贷资源，称之为正向错配；当残差为负时，说明企业实际获得的信贷资源低于预期获得的信贷资源，称之为负向错配。其次，将残差取绝对值，得到核心变量 Res。Res 表示企业信贷资金错配的程度，其数值越大，说明错配程度越严重；反之，则说明错配程度越轻微。

二、环境规制的现状及测度

（一）环境规制的现状

随着我国经济的高速发展，环境问题越来越引起人们的关注。环境污染对人类健康和生态环境都产生了严重的影响，为了保护环境，我国实行了一系列环境规制政策。我国环境规制政策的发展历程可以分为三个阶段：初期阶段（1973—1992 年）、中期阶段（1993—2014 年）和后期阶段（2015 年至今）。初期阶段，我国环境污染问题比较严重，政府主要依靠宣传教育和行政手段进行环境管理。1973 年，我国颁布了《环境保护条例》，开始正式立法环保。1989 年，国务院成立了环境保护部，形成了我国环境保护管理的初步体系。中期阶段，我国环保法规不断完善，环境监测、治理、执法等方面也得到了加强。1995年，《中华人民共和国环境保护法》颁布实施，这是我国环保法规的第一个基础法，对于环保工作的推进起到了积极的推动作用。2002年，环保部成立，我国的环保管理机构得到了进一步完善。后期阶段，我国进入了一个绿色发展的新时期，政府不断推出环保政策，推动绿色低碳发展。2013年，《大气污染防治行动计划》发布，标志着我国大气污染治理进入了全面加强阶段。2015年，我国发布了《关于推进生态文明建设的意见》，提出了绿色低碳、循环发展的新理念，为我国生态文明建设提供了指导思想。

目前，我国环保工作已经进入了一个全新的发展阶段。首先，环境规制力度不断加强。政府继续推出一系列环保政策和法规，以保护环境和生态系统，保障人民健康。例如，加大对污染企业的处罚力度，出台"最严排放标准"，大力发展清洁能源，积极推动节能减排等。其次，环境监管体系逐步完善。政府加大对环境监管的力度，加强环境监测、信息公开和环境统计工作。建立了全国性、区域性和地方性的环境监测网络，实现了对环境污染的实时监测和预警。加强环境信息公开，通过互联网等渠道公开环境监测数据、环境污染情况和企业环境信息等。最后，绿色发展逐渐成为企业发展的共识。政府推动绿色发展，鼓励企业加快技术创新和转型升级，加大对环保产业的支持力度，推进可持续发展。政府出台了多项鼓励政策，例如补贴清洁能源和新能源汽车，支持环保产业等。

虽然我国在环保方面取得了一些成绩，但仍然存在着一些问题和挑战。例如，部分地区环境污染治理存在短期行为，缺乏长远规划和系统性治理；环境污染防治工作尚未真正落地，环境监管和执法还存在一定的漏洞等。总之，生态建设仍然任重而道远，政府应继续加大环境规制力度，完善监管体系，加强公众环保意识，推动可持续发展，实现经济发展与环境保护的良性循环，以实现全面建设社会主义现代化强国的目标。

（二）环境规制综合指标的测度

熵值法是由美国经济学家 Eugene 在 20 世纪 60 年代提出的一种多准则决策分析方法。该方法的核心思想是将多个指标的权重计算转化为一个信息熵的最优问题。具体来说，该方法首先通过对各个指标的数据进行标准化，将其转化为无量纲的指标值，其次利用熵值法计算出各个指标的权重，最后根据这些权重进行综合评价。熵值法的优点在于可以考虑到各个指标间的相互关系，同时可以避免主观性和任意性对权重计算的影响。

本文使用的数据为面板数据，但考虑面板熵值法在进行测算时得到最大值、最小值对同时不同年份不同个体的系列数据来说并不具有可比性。因此，本文采用传统的熵值法，将面板数据依据年份切割成 11 个截面数据，分别测算每个年份 30 个省（市）的环境规制综合指数，最后合成面板数据（表 1-2）。借鉴郑晓舟等人（2021）的研究，具体计算过程如下。

表 1-2　环境规制强度度量变量定义

一级指标	二级指标	属性	单位	熵值	熵权系数	权重
环境规制投入	污染治理项目本年完成投资	+	万元	0.935	0.065	0.178
	治理工业废气完成投资	+	万元	0.917	0.083	0.228
	治理工业废水完成投资	+	万元	0.921	0.079	0.217
	排污费	+	万元	0.940	0.060	0.165
环境规制监管	工业二氧化硫排放量	−	万吨	0.992	0.008	0.023
	工业烟粉尘排放量	−	万吨	0.995	0.005	0.013
	工业废水排放量	−	万吨	0.990	0.010	0.026
生态环境	人均公园绿地面积	+	平方米/人	0.988	0.012	0.034
	建成区绿化覆盖率	+	%	0.995	0.005	0.012
	森林覆盖率	+	%	0.962	0.038	0.105

注：由于《中华人民共和国环境保护税法》2018 年开始实施排污费改为环保税，所以 2018 年之后的排污费由环保税替代。

第一步，数据标准化。假设 x_{ijt} 表示第 t 年省市 i 的第 j 个指标值，然后将各个指标的数据进行标准化，转化为无量纲的指标值：

$$z_{ijt} = \begin{cases} \dfrac{x_{ijt} - \min(x_{ijt})}{\max(x_{ijt}) - \min(x_{ijt})}, & x\text{为正指标} \\[4mm] \dfrac{\max(x_{ijt}) - x_{ijt}}{\max(x_{ijt}) - \min(x_{ijt})}, & x\text{为逆指标} \end{cases}$$

第二步，对数据进行整体平移，即 $z_{ijt} = z_{ijt} + \alpha$。因为处理后的数据存在零值，为了使后续的运算有意义，同时需要最大限度地保留原始数据，所以 α 的取值需要尽可能的小。本文计算中取 $\alpha=0.000001$。

第三步，对指标进行归一化处理得到 p_{ijt}：

$$p_{ijt} = \frac{z_{ijt}}{\sum\limits_{t=1}^{T}\sum\limits_{i=1}^{m} z_{ijt}}$$

第四步，计算熵值 e_j：

$$e_j = -\frac{1}{\ln T}\sum_{t=1}^{T}\sum_{i=1}^{m}p_{ijt}\ln(p_{ijt}), 0 \leqslant e_j \leqslant 1$$

第五步，计算熵权系数 g_j：

$$g_j = 1 - e_j$$

最后，利用标准化数据与权重相乘得到每年各个省（市）的环境规制强度：

$$w_j = \frac{g_j}{\sum\limits_{j=1}^{n}g_j}, j = 1, 2, \cdots, n$$

利用标准化数据与权重相乘得到每年各个省（市）的环境规制强度，公式如下：

$$ER_{it} = \sum_{j=1}^{n}w_j \times z_{ijt}$$

计算出的部分省（区、市）2010—2020 年的环境规制强度如表 1-3 所示。为了便于观察，绘制浙江省、河北省、宁夏回族自治区三个分别属于东部、中部和西部的省份从 2010—2020 年环境规制强度变化的折线图（图 1-9）。从图中可以看出，东部地区对环境的管制要高于中部地区和西部地区，在 2013—2015 年环境规制的强度最大，近两年环境规制的强度略有回降。

表 1-3　部分省（区、市）2010—2020 年的环境规制强度

省份	2010	2011	2012	2013	2014	2015	2016	2017	2018	2019	2020
上海	0.31	0.23	0.19	0.24	0.23	0.24	0.37	0.48	0.40	0.28	0.18
云南	0.39	0.33	0.37	0.30	0.33	0.30	0.23	0.21	0.21	0.26	0.28
内蒙古	0.34	0.45	0.35	0.45	0.43	0.45	0.39	0.45	0.39	0.39	0.30
北京	0.34	0.26	0.27	0.29	0.33	0.29	0.29	0.32	0.32	0.32	0.26
吉林	0.34	0.27	0.28	0.28	0.27	0.28	0.21	0.21	0.22	0.21	0.16
四川	0.31	0.36	0.29	0.30	0.31	0.30	0.25	0.27	0.28	0.26	0.30
天津	0.33	0.25	0.20	0.22	0.30	0.22	0.17	0.20	0.22	0.22	0.17
宁夏	0.27	0.21	0.23	0.29	0.27	0.29	0.29	0.24	0.24	0.23	0.20
安徽	0.29	0.27	0.30	0.27	0.31	0.27	0.38	0.32	0.29	0.30	0.31
山东	0.69	0.75	0.78	0.68	0.62	0.68	0.73	0.79	0.68	0.63	0.62
山西	0.49	0.45	0.39	0.30	0.32	0.30	0.29	0.38	0.39	0.40	0.38
广东	0.59	0.40	0.49	0.40	0.59	0.40	0.43	0.46	0.40	0.44	0.36

续表

省份	2010	2011	2012	2013	2014	2015	2016	2017	2018	2019	2020
广西	0.32	0.31	0.28	0.29	0.33	0.29	0.26	0.25	0.25	0.24	0.22
新疆	0.24	0.24	0.19	0.27	0.24	0.27	0.19	0.24	0.23	0.21	0.15
江苏	0.47	0.52	0.56	0.44	0.58	0.44	0.65	0.52	0.58	0.54	0.84
江西	0.40	0.34	0.33	0.34	0.41	0.34	0.31	0.34	0.30	0.36	0.30
河北	0.40	0.45	0.44	0.52	0.45	0.52	0.31	0.41	0.52	0.37	0.34
河南	0.31	0.36	0.27	0.36	0.33	0.36	0.41	0.32	0.36	0.35	0.27
浙江	0.46	0.44	0.49	0.59	0.62	0.59	0.54	0.47	0.43	0.47	0.47
海南	0.32	0.28	0.28	0.27	0.26	0.27	0.21	0.23	0.24	0.25	0.18
湖北	0.50	0.26	0.29	0.28	0.30	0.28	0.30	0.31	0.30	0.29	0.29
湖南	0.38	0.31	0.33	0.27	0.34	0.27	0.27	0.25	0.25	0.20	0.20
甘肃	0.33	0.22	0.23	0.20	0.17	0.20	0.19	0.17	0.16	0.20	0.15
福建	0.46	0.38	0.46	0.45	0.57	0.45	0.38	0.31	0.30	0.30	0.31
贵州	0.30	0.25	0.25	0.25	0.24	0.25	0.22	0.23	0.23	0.25	0.26
辽宁	0.44	0.36	0.32	0.36	0.31	0.36	0.26	0.24	0.18	0.20	0.21
重庆	0.36	0.28	0.28	0.25	0.31	0.25	0.23	0.25	0.25	0.26	0.22
陕西	0.58	0.43	0.43	0.33	0.36	0.33	0.28	0.30	0.28	0.28	0.26
青海	0.19	0.15	0.13	0.16	0.17	0.16	0.14	0.13	0.16	0.17	0.10
黑龙江	0.33	0.31	0.23	0.25	0.32	0.25	0.25	0.24	0.24	0.18	0.17

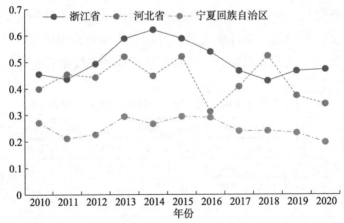

图1-9　浙江、河北和宁夏三省（区）份环境规制强度变化

第五节　金融错配、环境规制与企业创新的实证分析

一、模型选择

上面分析了金融错配与环境规制对企业创新的影响，以及环境规制与金融错

配的关系，并研究了环境规制在金融错配与企业技术创新之间起到的重要作用。根据上述理论分析与假说，借鉴王芋朴等（2022）的研究，构建计量模型如下：

$$\text{Patent} / \text{R\&D}_{i,t} = \alpha_0 + \alpha_1 \text{FM}_{i,t} + \sum \alpha_i x_{i,t} + \text{Industry} + \text{Year} + \varepsilon_{i,t} \tag{1-1}$$

$$\text{Patent} / \text{R\&D}_{i,t} = \beta_0 + \beta_1 \text{ER}_{i,t} + \beta_2 \text{ER}_{i,t}^2 + \sum \beta_i x_{i,t} + \text{Industry} + \text{Year} + \varepsilon_{i,t} \tag{1-2}$$

$$\text{FM}_{i,t} = \gamma_0 + \gamma_1 \text{ER}_{i,t} + \gamma_2 \text{ER}_{i,t}^2 + \sum \gamma_i x_{i,t} + \text{Industry} + \text{Year} + \varepsilon_{i,t} \tag{1-3}$$

$$\text{Patent} / R\&D_{i,t} = \varphi_0 + \varphi_1 \text{FM}_{i,t} + \varphi_2 \text{ER}_{i,t} + \varphi_3 \text{ER}_{i,t}^2 + \varphi_4 \text{FM}_{i,t} * \text{ER}_{i,t} +$$
$$\varphi_5 \text{FM}_{i,t} * \text{ER}_{\text{it}}^2 + \sum \varphi_i x_{i,t} + \text{Industry} + \text{Year} + \varepsilon_{i,t} \tag{1-4}$$

其中，R&D 表示企业技术创新投入，Patent 表示企业技术创新产出，FM 表示金融错配程度，ER 表示环境规制强度，$x_{i,t}$ 表示相应的控制变量，Industry 表示行业虚拟变量，Year 表示年份虚拟变量。式（1-1）、式（1-2）分别考察金融错配与环境规制对企业创新水平的影响，验证假说 1 与假说 2；式（1-3）引入金融错配与环境规制的交互项，用以考察环境规制在金融错配与企业技术创新中的调节作用，验证假说 3。式（1-2）、式（1-3）、式（1-4）用来验证环境规制通过影响企业融资效率和代理成本两个渠道影响金融错配与制造业企业创新的关系，即假说 4。

二、样本选取和数据来源

选取 2010—2020 年沪深 A 股制造业上市公司为研究样本，剔除财务状况异常的 ST 类上市公司、金融保险类上市公司以及数据缺失严重的样本。其中，本文研究所需要的环境规制强度数据来自《中国环境统计年鉴》和《中国环境年鉴》，公司财务数据来自万德数据库和国泰安数据库。

三、变量描述性统计

（一）变量定义

1. 被解释变量

企业创新水平。企业创新可以从创新投入和创新产出两个方面来衡量。研发投入（R&D）数据为创新活动提供了一个直接的衡量标准。然而，由于研发是一种投入，对研发努力的衡量并不能代表创新过程的结果。专利则提供了另一种衡量创新活动的方法，专利数量（Patent）不仅可以衡量创新产出成果，还可以反映创新活动本身的水平。但是专利数量也有缺点，大多数专利几乎没有商业价值，这表明大多数发明专利的采用并不普遍（Popp，2019）。此外，企业很有可能使用专利来保护新产品而不是新工艺（Levin 等，1987）。

创新投入的代理指标包括研发投入的自然对数、研发支出与营业收入的比值、研发支出与总资产的比值以及研发人员数量占比等。创新产出的代理指标主要以企业申请或获得的专利数量取自然对数为主。专利一般分为发明专利、实用新型专利与外观设计专利。发明专利代表实质性的创新产出；实用新型专利与外观设计专利代表一般性的创新产出。本文采用研发支出对数值（R&D1）来衡量企业创新投入，并选取研发支出与总资产的比值（R&D2）来做进一步的稳健性分析；采用企业申请专利总数取对数（Patent1）来衡量企业创新产出，并选取企业获得的专利总数取对数（Patent2）来做进一步的稳健性分析。

2. 解释变量

金融错配（FM）。根据前文对金融错配指标的测度方法，采用企业的资金使用成本与所在行业的平均资金使用成本的偏离度的绝对值来度量金融错配，偏离度绝对值越大，则企业面临的金融错配程度越大；偏离度绝对值接近 0，则意味着企业面临的金融错配程度越小。除此之外，采用信贷资金配置模型测算得到的残差绝对值作为金融错配程度的代理变量做进一步的稳健性分析。

3. 调节变量

环境规制强度（ER）。借鉴高志刚等（2021）、张婷玉（2021）的研究，选取多个指标对环境规制进行测算，最后得到一个综合指标来作为环境规制强度的代理变量。该指标值越大，表示地区所受到环境规制强度越大；反之则越小。

4. 中介变量

融资效率（Tes）。基于魏佳慧、耿成轩（2022）的研究，采用 DEA 方法来测算企业融资效率。DEA 方法可以评估不同企业在投入和产出方面的效率。首先，假设企业都追求融资效率最大化，因此会选择最优的投入产出组合；其次，通过构建一个包络曲线，来表示所有可能的最优组合，然后将实际的投入和产出与这个曲线进行比较，得到相对的效率值；最后，如果企业在这个曲线上，则说明它的融资是有效的，如果在这个曲线下，则说明是无效的，并且可以通过调整投入指标或产出指标来提高融资效率。本文测算过程中，投入指标选取资产负债率、营业成本率、流通股比例和总资产收益，产出指标选取销售净利率、总资产周转率和净资产收益率。

代理成本。在已有的文献中，度量代理成本的指标主要有两类：一是管理费用率，即管理费用与营业收入的比值；二是资产周转率，即营业收入与平均总资产的比值（翟光宇等，2022）。上市公司管理费用数据中包含的数据噪音比较多，与管理费用率相比，资产周转率能够更准确地反映企业资产周转水平，并衡量投资决策的合理性和有效性（Ang 等，2000）。本文选取资产周转率（Turnover）来度量代理成本，此指标为反向指标，即资产周转率越高，企业的代理成本越小；反之，则越大。

5. 控制变量

借鉴已有文献的相关研究，本文还选取企业规模（Size）、企业年龄（Age）、资产收益率（ROA）、董事会独立性（Dual）、独立董事占比（Indp）、有形资产比例（Fixed）、第一大股东持股比例（First）、资本密集度（Intensi）、资产负债率（Lev）、流动比例（Liquid）、现金持有量（Cash）、自由现金流（CF）以及托宾 Q 值作为控制变量，并控制行业固定效应（Industry）和时间固定效应（Year）。各变量具体定义见表 1-4。

表 1-4　变 量 定 义

变量名称	变量符号	变量定义
创新产出	Patent1	专利申请总量+1 取自然对数
创新投入	R&D1	研发支出取自然对数
金融错配	FM	（企业资金成本 - 行业平均资金成本）/行业平均资金成本
环境规制强度	ER	环境规制强度综合指数
融资效率	Tes	采用 DEA 方法测算得出
资产周转率	Turnover	营业收入/平均总资产
企业规模	Size	企业总资产取自然对数
企业年龄	Age	企业自成立年份至本期的年限取自然对数
资产收益率	ROA	净利润/资产总额
董事会独立性	Dual	虚拟变量，兼任为 1，不兼任为 0
独立董事占比	Indp	独立董事数量/董事总数
有形资产比例	Fixed	固定资产净额/资产总额
第一大股东持股比例	First	第一大股东股份/企业总股份
资产负债率	Lev	企业期末负债/期末总资产
资本密集度	Intensi	（固定资产净额/企业员工数目）取自然对数
流动比例	Liquid	流动资产/流动负债
现金持有量	Cash	货币资金/资产总额
自由现金流	CF	经营活动产生的资金流量净额/资产总额
托宾 Q 值	Tobinq	企业市值/净资产
行业固定效应	Industry	根据证监会行业分类
时间固定效应	Year	2010～2020 年

（二）变量描述性统计

表 1-5 列示了全样本主要变量的描述性统计结果。从表中可以看出，我国制造业上市公司的创新投入标准差分别为 1.368、2.275，平均专利申请数量为 61.244 件，平均专利获得数量为 47.617，标准差分别为 1.598、1.522，说明不同公司之间的创新投入力度和创新产出能力有较大的差异；金融错配的代理变量 FM 的均值为 0.573，最小值为 0.09，最大值为 0.47，意味着不同企业受金融错配影响的程度可能存在较大差异。另外，环境规制综合指数的均值为 0.43，标准差为 0.149，说明各个省份对制造业企业是否履行环境责任都较为重视；企业规模的均值为 7.568，最大值为 11.257，最小值为 4.603，说明样本中存在较多的中小制造业企业。资产收益率的均值为 6.388，最小值为 –22.431，

表 1-5　变量统计性描述

Variable	Obs	Mean	Std. Dev.	min	max
R&D1	19436	3.855	1.368	0	9.676
R&D2	23842	2.907	2.275	0.036	13.178
Patent1	17226	61.244	210.936	0	8484
Patent2	17226	47.617	147.102	0	4246
lnPatent1	17226	2.845	1.598	0	9.046
lnPatent2	17226	2.694	1.522	0	8.354
FM	20832	0.573	0.47	0.009	2.841
resabs	13575	6.302	6.158	0.088	33.27
ER	29458	0.43	0.149	0.103	0.836
er	29458	1.856	0.783	−2.453	4.704
Size	25082	7.568	1.351	4.603	11.257
Age	21543	2.777	0.394	1.386	3.526
ROA	24961	6.388	7.508	−22.431	29.3
First	20238	36.483	15.777	9.89	85.5
Indp	21636	0.352	0.099	0	1
Dual	29557	0.471	0.499	0	1
Fixed	19930	22.58	13.633	1.038	62.637
Intensi	19873	−1.326	0.927	−4.091	0.901
Lev	24951	40.643	19.731	5.512	93.177
Liquid	24951	2.605	2.583	0.408	16.721
Tobinq	16883	2.086	1.299	0.886	8.6
Cash	24746	18.521	13.161	1.52	64.59
CF	24741	6.621	8.265	−15.946	31.888

最大值为 29.3，标准误为 7.508，说明企业之间的盈利能力差异较大，个别企业亏损严重。第一大股东持股比例均值为 36.483，最小值为 9.89，最大值为 85.5，说明我国 A 股制造业企业的股权集中度较高。董事会独立性的均值为 0.471，说明多数企业董事长与总经理不兼任。独立董事比例均值为 0.352，说明多数企业独立董事占董事会人数的比例较低。资产负债率均值为 40.643，标准差为 19.731，说明企业间的偿债能力有较大差异。流动比率均值为 2.605，最小值为 0.408，最大值为 16.721，说明企业的短期偿债能力有较大的差异。托宾 Q 值的标准差为 1.299，说明制造业企业的成长性也大不相同。现金持有量均值为 18.521，大部分企业处于较低的水平，少数企业现金持有量过多。自由现金流的最小值为 –15.946，最大值为 31.888，标准差为 8.625，说明不同的企业经营状况有较大的区别。

（三）变量相关性分析

表 1-6 为相关系数矩阵，结果显示控制变量的相关系数均小于 0.4，由此排除多重共线性问题。

表 1-6　Spearman 相关系数矩阵

Variables	FM	ER	Size	Age	ROA	First	Dual	Indp	Fixed	Intensi	Lev	Liquid	Tobinq	Cash	CF
FM	1.000														
ER	−0.003	1.000													
Size	−0.093	−0.115	1.000												
Age	−0.002	−0.095	0.331	1.000											
ROA	−0.007	0.022	−0.028	−0.050	1.000										
First	−0.019	0.029	−0.028	−0.181	0.039	1.000									
Dual	0.000	−0.041	0.252	0.053	−0.027	−0.084	1.000								
Indp	−0.022	−0.101	0.368	0.288	−0.049	−0.097	0.038	1.000							
Fixed	−0.055	0.017	0.127	0.034	−0.022	0.039	−0.019	0.081	1.000						
Intensi	−0.037	−0.029	0.394	0.138	−0.002	−0.027	0.060	0.116	0.620	1.000					
Lev	−0.006	−0.011	0.008	0.022	−0.613	0.002	−0.003	0.016	0.026	−0.009	1.000				
Liquid	0.173	−0.028	−0.131	−0.052	0.026	−0.008	0.024	−0.037	−0.217	−0.125	−0.087	1.000			
Tobinq	0.047	−0.011	−0.268	0.042	−0.392	−0.063	0.012	−0.011	−0.056	−0.156	0.394	0.040	1.000		
Cash	0.102	−0.019	−0.109	−0.131	0.057	0.050	0.038	−0.039	−0.387	−0.304	−0.068	0.382	0.035	1.000	
CF	0.030	0.081	−0.144	−0.091	0.151	0.159	−0.060	−0.127	0.116	0.000	−0.025	0.012	0.057	0.176	1.000

四、实证结果分析

（一）金融错配、环境规制与企业创新的基本回归分析

1. 金融错配与企业创新

表1-7列示了金融错配与制造业企业创新之间关系的基准回归结果。模型（1）和模型（2）是金融错配对制造业企业创新投入的线性回归结果，模型（3）和模型（4）是金融错配对企业创新产出的回归结果。相对于模型（1）和模型（3），模型（2）和模型（4）控制了时间固定效应和行业固定效应，其结果更可靠。从模型（2）和模型（4）可以看出，金融错配的系数为分别为–0.022、–0.017，且分别在1%和5%的显著性水平下显著为负，说明无论从创新投入的角度还是从创新产出的角度，金融错配明显抑制企业技术创新行为，因此假设1得到验证。

表 1-7　金融错配与企业创新

Variable	(1) R&D1	(2) R&D2	(3) Patent1	(4) Patent1
FM	-0.016^{***}	-0.022^{***}	-0.014	-0.017^{**}
	(-3.17)	(-4.50)	(-1.59)	(-2.17)
Size	0.853^{***}	0.842^{***}	0.695^{***}	0.662^{***}
	(67.63)	(68.97)	(38.22)	(38.08)
Age	0.704^{***}	-0.311^{***}	-0.044	-0.214^{***}
	(19.01)	(-6.06)	(-0.82)	(-3.06)
ROA	0.001^{***}	0.001^{***}	0.001^{***}	0.001^{***}
	(4.80)	(6.02)	(3.77)	(4.35)
First	0.001	0.003^{***}	-0.001	0.000
	(1.23)	(3.65)	(-1.10)	(0.05)
Dual	0.068^{***}	0.047^{***}	0.060^{**}	0.032
	(4.01)	(2.97)	(2.25)	(1.29)
Indp	-0.071	-0.285^{**}	-0.170	-0.285
	(-0.51)	(-2.12)	(-0.75)	(-1.36)
Fixed	0.001	0.006^{***}	-0.002	0.004^{***}
	(1.62)	(6.60)	(-1.13)	(2.82)
Intensi	-0.101^{***}	-0.146^{***}	-0.201^{***}	-0.200^{***}
	(-7.11)	(-10.75)	(-9.74)	(-10.32)
Lev	-0.007^{***}	-0.005^{***}	-0.009^{***}	-0.007^{***}
	(-12.29)	(-10.11)	(-11.17)	(-8.28)

续表

Variable	(1) R&D1	(2) R&D2	(3) Patent1	(4) Patent1
Liquid	−0.005***	−0.004**	−0.012***	−0.009***
	(−3.19)	(−2.22)	(−4.59)	(−3.47)
Tobinq	0.016***	0.043***	0.044***	0.027***
	(2.95)	(7.46)	(6.08)	(3.66)
Cash	−0.001*	0.002***	−0.003***	0.000
	(−1.88)	(3.05)	(−3.61)	(0.10)
CF	0.006***	0.005***	−0.001	0.004***
	(6.67)	(6.03)	(−0.71)	(2.72)
Constant	−4.697***	−3.879***	−2.263***	−3.121***
	(−31.02)	(−18.67)	(−10.10)	(−10.97)
Observations	12,709	12,709	13,199	13,199
Number of code	1,902	1,902	1,915	1,915
Industry	NO	YES	NO	YES
Year	NO	YES	NO	YES
R-sq	0.470	0.619	0.245	0.414

注：*** $p < 0.01$，** $p < 0.05$，* $p < 0.1$，括号内代表 t 值。

2. 环境规制与企业创新

表1-8列示了环境规制强度对制造业企业创新影响的基准回归结果。从模型（2）和模型（4）可以看出，无论是对企业创新投入还是企业创新产出，环境规制的一次项ER的系数均显著为正，而环境规制平方项ER2的系数均显著为负，表明环境规制与制造业企业创新之间的关系呈先上升后下降的"倒U"形，验证了假说2。这说明，当环境规制强度增加时，制造业企业会增加技术创新的投入和产出，以适应规制要求和提高竞争力；但是，当环境规制达到一定程度时，企业的技术创新投入和产出就会减少，因为规制成本太高或创新空间太小；因此，环境规制对制造业企业技术创新的影响呈现先上升后下降的非线性趋势。对模型（2）进一步分析可得，"倒U"形曲线中，环境规制对创新投入的拐点值为0.540，而样本企业所面临的环境规制强度的均值为0.430，小于环境规制的拐点值，说明现阶段我国环境规制对企业创新水平的影响位于"倒U"形曲线左侧上升阶段，即环境规制的实施对企业技术创新起到一定的促进作用，并且现阶段我国环境规制强度处于合理区间。

表 1-8　环境规制与企业创新

Variable	(1) R&D1	(2) R&D1	(3) Patent1	(4) Patent1
ER	3.643***	2.444***	0.366	0.707*
	(11.73)	(8.83)	(0.83)	(1.70)
ER2	−3.501***	−2.263***	−0.184	−0.974**
	(−10.34)	(−7.49)	(−0.39)	(−2.17)
Size	0.933***	0.950***	0.663***	0.669***
	(106.96)	(119.14)	(41.66)	(44.54)
Age	−0.036	−0.252***	0.036	−0.294***
	(−1.35)	(−9.90)	(0.69)	(−4.25)
ROA	−0.006***	−0.005***	0.000	0.000
	(−9.96)	(−9.10)	(0.19)	(1.25)
First	−0.001**	0.002***	−0.001	0.000
	(−2.19)	(3.04)	(−1.02)	(0.24)
Dual	0.150	−0.348***	−0.234	−0.474**
	(1.06)	(−2.77)	(−1.10)	(−2.42)
Fixed	−0.005***	0.005***	−0.003**	0.003**
	(−6.17)	(6.52)	(−2.21)	(2.45)
Intensi	−0.193***	−0.230***	−0.174***	−0.174***
	(−15.61)	(−20.00)	(−9.09)	(−9.65)
Lev	−0.006***	−0.005***	0.000	0.000*
	(−11.26)	(−11.31)	(1.25)	(1.77)
Liquid	−0.009***	−0.006***	−0.000	−0.000
	(−4.39)	(−3.25)	(−0.11)	(−0.24)
Tobinq	0.034***	0.042***	−0.012**	0.000
	(6.01)	(7.83)	(−2.08)	(0.05)
Cash	−0.004***	0.001	−0.004***	0.000
	(−5.90)	(1.45)	(−5.15)	(0.36)
CF	0.017***	0.014***	0.000	−0.000
	(13.90)	(13.19)	(0.15)	(−0.14)
Constant	−4.191***	−5.273***	−2.582***	−3.219***
	(−29.65)	(−38.11)	(−10.85)	(−11.01)
Observations	14,595	14,595	15,181	15,181
R-squared	0.542	0.650	0.248	0.419
Industry	NO	YES	NO	YES
Year	NO	YES	NO	YES
Number of code	1,928	1,928	1,928	1,928

注：*** $p < 0.01$，** $p < 0.05$，* $p < 0.1$，括号内代表 t 值。

3. 环境规制与金融错配

表 1-9 列示了环境规制对制造业金融错配的回归结果。从表中可以看出，环境规制对金融错配的系数为−0.931，且在 5%的显著性水平下显著为正，而环境规制平方项系数为 0.911，且在 5%的显著性水平下显著为正，说明地区的环境规制水平对当地制造业企业的金融错配程度呈 "U" 形关系。

表 1-9 环境规制与金融错配

Variable	(1) FM	(2) FM	Variable	(1) FM	(2) FM
ER	−1.031**	−0.931**	Lev	−0.000	−0.000
	(−2.55)	(−2.28)		(−0.07)	(−0.04)
ER2	0.941**	0.911**	Liquid	0.032***	0.033***
	(2.14)	(2.05)		(11.78)	(12.10)
Size	−0.086***	−0.084***	Tobinq	0.005	0.007
	(−7.40)	(−6.98)		(0.74)	(1.11)
Age	0.095**	0.010	Cash	0.006***	0.006***
	(2.44)	(0.21)		(6.28)	(6.47)
ROA	−0.000	−0.000	CF	0.004***	0.003**
	(−0.62)	(−0.46)		(3.29)	(2.38)
First	−0.001	−0.001	Constant	1.096***	1.007***
	(−1.36)	(−0.97)		(5.60)	(4.56)
Dual	0.233	0.136	Observations	14,160	14,160
	(1.24)	(0.72)	Number of code	1,918	1,918
Indp	0.018	0.023	Industry	NO	YES
	(0.82)	(1.03)	Year	NO	YES
Fixed	−0.001	0.001	R-sq	0.035	0.052
	(−1.04)	(0.93)			
Intensi	0.039**	0.041**			
	(2.35)	(2.40)			

（二）环境规制的调节效应分析

表 1-10 中的模型（1）和模型（2）考察了金融错配与环境规制的交互对制造业企业创新投入和制造业企业创新产出的影响；模型（3）和模型（4）考察了金融错配与环境规制平方项的交互对制造业企业创新投入和制造业企业创新产出的影响。从表中可以看出，交互项对制造业企业创新投入的系数分别为0.095、0.104，且都在 1%的显著性水平下，显著为正，交互项对制造业企业创

新产出的系数分别为 0.076、0.090，且在 10% 的显著性水平下显著，表明环境规制能够缓解金融错配对制造业企业创新的负面影响，且对企业创新投入起到的调节作用要强于对制造业企业创新产出的作用程度，这验证了假说 3。总之，我国现阶段较为合适的环境规制强度缓解了金融错配对企业技术创新水平的负向影响。

表 1-10　环境规制的调节效应

Variable	(1) R&D1	(2) R&D1	(3) Patent1	(4) Patent1
FM	−0.069***	−0.051***	−0.054**	−0.041***
	(−4.89)	(−5.41)	(−2.35)	(−2.70)
ER	−0.207	−0.148	0.571	0.617
	(−0.74)	(−0.53)	(1.30)	(1.40)
ER2	0.135	0.070	−0.914*	−0.968**
	(0.45)	(0.23)	(−1.93)	(−2.04)
FM × ER	0.095***		0.076*	
	(3.47)		(1.70)	
FM × ER2		0.104***		0.090*
		(3.44)		(1.83)
Size	0.775***	0.775***	0.618***	0.618***
	(69.54)	(69.52)	(38.55)	(38.54)
Age	−0.311***	−0.311***	−0.223***	−0.223***
	(−6.24)	(−6.24)	(−3.25)	(−3.25)
ROA	0.001***	0.001***	0.001***	0.001***
	(7.36)	(7.36)	(5.06)	(5.06)
First	0.004***	0.004***	0.001	0.001
	(5.57)	(5.57)	(0.58)	(0.58)
Dual	0.042***	0.042***	0.029	0.028
	(2.72)	(2.71)	(1.18)	(1.17)
Indp	−0.203*	−0.203*	−0.276	−0.276
	(−1.66)	(−1.65)	(−1.36)	(−1.36)
Fixed	0.006***	0.006***	0.004***	0.004***
	(6.81)	(6.81)	(3.22)	(3.22)
Intensi	−0.147***	−0.147***	−0.206***	−0.206***
	(−11.18)	(−11.17)	(−10.90)	(−10.89)
Lev	−0.004***	−0.004***	−0.006***	−0.006***
	(−7.79)	(−7.80)	(−7.47)	(−7.48)

续表

Variable	(1) R&D1	(2) R&D1	(3) Patent1	(4) Patent1
Liquid	-0.004^{**}	-0.004^{**}	-0.009^{***}	-0.009^{***}
	(-2.53)	(-2.51)	(-3.72)	(-3.70)
Cash	0.001	0.001	-0.001	-0.001
	(1.50)	(1.50)	(-0.62)	(-0.62)
CF	0.007^{***}	0.007^{***}	0.005^{***}	0.005^{***}
	(8.86)	(8.87)	(3.90)	(3.91)
Constant	-3.270^{***}	-3.282^{***}	-2.793^{***}	-2.800^{***}
	(-15.56)	(-15.62)	(-9.48)	(-9.51)
Observations	13,420	13,420	13,864	13,864
Number of code	1,908	1,908	1,917	1,917
Industry	YES	YES	YES	YES
Year	YES	YES	YES	YES
R-sq	0.615	0.615	0.410	0.410

注：$***\ p<0.01$，$**\ p<0.05$，$*\ p<0.1$，括号内代表 t 值。

（三）环境规制调节效应的机理分析

表 1-11 列示了环境规制与金融错配的交互项通过融资效率进而影响企业创新的回归结果，从模型（1）和模型（2）中可以看出，金融错配与环境规制的一次项和二次项均对企业融资效率有正向的促进作用。从模型（3）和模型（4）中可以看出融资效率对制造业企业创新投入的影响显著为正；从模型（5）和模型（6）中可以看出融资效率对创新产出的影响显著为正，同时交乘项的系数变得不再显著。因此可以认为金融错配与环境规制的交互通过提高企业的融资效率来提升企业的技术创新能力。

表 1-11　环境规制调节效应的传导机制分析

Variable	(1) Tes	(2) Tes	(3) R&D1	(4) R&D2	(5) Patent1	(6) Patent1
FM	-0.003^{***}	-0.001^{**}	-0.019	-0.015^{*}	-0.067^{***}	-0.049^{***}
	(-3.05)	(-2.06)	(-1.27)	(-1.68)	(-2.64)	(-3.17)
ER	-0.003		-0.051		-0.207^{*}	
	(-0.63)		(-0.75)		(-1.92)	
ER2		-0.004		-0.043		-0.266^{**}
		(-0.86)		(-0.58)		(-2.25)

续表

Variable	(1) Tes	(2) Tes	(3) R&D1	(4) R&D2	(5) Patent1	(6) Patent1
FM × ER	0.010***		0.011		0.082	
	(4.08)		(0.32)		(1.39)	
FM × ER2		0.012***		0.005		0.087
		(3.96)		(0.12)		(1.18)
Tes			2.295***	2.296***	0.607***	0.609***
			(18.70)	(18.70)	(3.05)	(3.06)
Size	−0.004***	−0.004***	0.909***	0.909***	0.691***	0.691***
	(−6.04)	(−6.03)	(81.47)	(81.46)	(41.39)	(41.40)
Age	−0.025***	−0.025***	−0.283***	−0.283***	−0.241***	−0.242***
	(−8.05)	(−8.05)	(−5.61)	(−5.61)	(−3.39)	(−3.40)
ROA	0.001***	0.001***	0.001	0.001	0.002**	0.002**
	(14.85)	(14.85)	(1.16)	(1.15)	(1.99)	(1.98)
First	0.001***	0.001***	0.002**	0.002**	−0.000	−0.000
	(13.11)	(13.11)	(2.25)	(2.25)	(−0.25)	(−0.25)
Dual	−0.006	−0.006	−0.200	−0.199	−0.306	−0.305
	(−0.75)	(−0.75)	(−1.63)	(−1.63)	(−1.53)	(−1.52)
Fixed	0.000***	0.000***	0.010***	0.010***	0.004***	0.004***
	(6.51)	(6.50)	(12.31)	(12.31)	(3.26)	(3.26)
Intensi	−0.015***	−0.015***	−0.150***	−0.150***	−0.191***	−0.191***
	(−18.87)	(−18.87)	(−11.60)	(−11.60)	(−9.93)	(−9.93)
Lev	−0.001***	−0.001***	−0.004***	−0.004***	−0.004***	−0.004***

注：*** $p<0.01$，** $p<0.05$，* $p<0.1$，括号内代表 t 值。

表 1-12 列示了环境规制与金融错配的交互项通过代理成本进而影响企业创新的回归结果。从模型（1）和模型（2）中可以看出，金融错配与环境规制的一次项和二次项均对企业资产周转率有正向的促进作用，即对企业代理成本有显著的抑制作用。从模型（3）和模型（4）中可以看出企业资产周转率对制造业企业创新投入的影响显著为正；从模型（5）和模型（6）中可以看出企业资产周转率对创新产出的影响显著为正，同时交乘项的系数变得不再显著。因此，可以认为金融错配与环境规制的交互，通过抑制企业的代理成本来提升企业的技术创新能力。

表 1-12　环境规制调节效应的机理分析

Variable	(1) Turnover	(2) Turnover	(3) R&D1	(4) R&D1	(5) Patent1	(6) Patent1
FM	−1.730***	−0.434	−0.029**	−0.024***	−0.063**	−0.048***
	(−2.93)	(−1.20)	(−1.97)	(−2.63)	(−2.53)	(−3.14)
ER	−6.487**		−0.023		−0.182*	
	(−2.36)		(−0.34)		(−1.69)	
ER2		−5.753*		−0.022		−0.244**
		(−1.93)		(−0.30)		(−2.07)
FM × ER	5.977***		0.024		0.071	
	(4.30)		(0.70)		(1.22)	
FM × ER2		6.226***		0.025		0.078
		(3.57)		(0.58)		(1.06)
Turnover			0.005***	0.005***	0.002***	0.002***
			(23.31)	(23.32)	(6.89)	(6.91)
Size	−0.730*	−0.717*	0.898***	0.898***	0.659***	0.659***
	(−1.77)	(−1.74)	(81.57)	(81.56)	(42.44)	(42.43)
Age	6.576***	6.584***	−0.411***	−0.411***	−0.297***	−0.298***
	(3.14)	(3.14)	(−8.17)	(−8.17)	(−4.20)	(−4.21)
ROA	0.009	0.009	−0.004***	−0.004***	0.000	0.000
	(1.18)	(1.16)	(−8.79)	(−8.80)	(1.21)	(1.20)
First	0.034	0.033	0.003***	0.003***	0.000	0.000
	(1.23)	(1.22)	(4.22)	(4.22)	(0.42)	(0.42)
Dual	−2.032	−1.958	−0.198	−0.198	−0.306	−0.304
	(−0.41)	(−0.40)	(−1.62)	(−1.61)	(−1.52)	(−1.52)

注：*** $p < 0.01$，** $p < 0.05$，* $p < 0.1$，括号内代表 t 值。

五、稳健性检验

为了确保实证结果的稳健性与可靠性，本文通过三个方面开展稳健性检验。

（一）替换被解释变量

专利申请只是一个过程，不代表最终能够获得专利权，相较于企业的申请专利总数，企业的专利获得总数更能确切的反映企业的创新能力与创新水平，因此，本文把基准回归中的被解释变量申请专利总数替换为专利获得总数（Patent2），同时将创新投入的代理变量替换为研发支出与总资产的比值（R&D2）重新进行回归分析。检验结果见表 1-13、表 1-14、表 1-15、表 1-16

和表 1-17，从表中可以看出，结果依然稳健。

表 1-13　替换被解释变量检验金融错配对企业创新的影响

Variable	(1) R&D2	(2) R&D2	(3) Patent2	(4) Patent2
FM	−0.013	−0.021***	−0.007	−0.016**
	(−1.63)	(−2.61)	(−0.98)	(−2.20)
Size	−0.005	−0.021	0.643***	0.638***
	(−0.22)	(−0.97)	(38.66)	(39.18)
Age	0.986***	−0.432***	0.657***	−0.166**
	(15.75)	(−4.39)	(13.28)	(−2.49)
ROA	0.000**	0.000***	0.000*	0.000***
	(2.09)	(2.66)	(1.82)	(2.59)
First	−0.001	0.001	−0.002*	0.000
	(−1.08)	(0.88)	(−1.67)	(0.27)
Dual	0.048*	0.029	0.058**	0.031
	(1.75)	(1.11)	(2.42)	(1.36)
Indp	−0.167	−0.450**	−0.227	−0.506***
	(−0.73)	(−2.03)	(−1.13)	(−2.62)
Fixed	0.004***	0.009***	−0.001	0.005***
	(2.84)	(6.28)	(−0.64)	(4.45)
Intensi	−0.233***	−0.282***	−0.162***	−0.196***
	(−10.07)	(−12.40)	(−8.82)	(−10.94)
Lev	−0.004***	−0.002***	−0.006***	−0.005***
	(−4.28)	(−2.70)	(−7.48)	(−6.56)
Liquid	0.004	0.006**	−0.008***	−0.005**
	(1.50)	(2.22)	(−3.21)	(−2.27)
Tobinq	−0.052***	0.005	0.009	0.018***
	(−6.14)	(0.54)	(1.45)	(2.63)
Cash	−0.003***	−0.001	−0.003***	−0.001
	(−3.65)	(−1.18)	(−3.80)	(−1.35)
CF	0.005***	0.005***	0.004***	0.003***
	(3.51)	(3.29)	(3.56)	(2.59)
Constant	−0.346	1.236***	−4.018***	−3.364***
	(−1.38)	(3.14)	(−19.92)	(−12.51)
Observations	12,709	12,709	13,199	13,199
Number of code	1,902	1,902	1,915	1,915
Industry	NO	YES	NO	YES
Year	NO	YES	NO	YES
R-sq	0.018	0.229	0.226	0.430

注：*** $p < 0.01$，** $p < 0.05$，* $p < 0.1$，括号内代表 t 值。

表 1-14　替换被解释变量检验环境规制对企业创新的影响

Variable	(1) R&D2	(2) R&D2	(3) Patent2	(4) Patent2
ER	5.061***	3.146***	1.016***	0.655*
	(8.99)	(6.03)	(2.59)	(1.70)
ER2	−5.247***	−3.042***	−1.457***	−0.975**
	(−8.54)	(−5.34)	(−3.45)	(−2.34)
Size	0.043***	0.045***	0.644***	0.632***
	(2.73)	(2.99)	(44.08)	(44.86)
Age	−0.033	−0.366***	0.703***	−0.210***
	(−0.70)	(−7.64)	(14.85)	(−3.21)
ROA	−0.009***	−0.007***	−0.000	−0.000
	(−8.04)	(−6.65)	(−1.32)	(−0.58)
First	−0.003***	0.001	−0.002**	0.000
	(−2.76)	(1.54)	(−2.09)	(0.14)
Dual	0.623**	−0.371	−0.231	−0.559***
	(2.43)	(−1.56)	(−1.22)	(−3.07)
Fixed	−0.006***	0.005***	−0.001	0.005***
	(−4.16)	(3.66)	(−0.97)	(4.27)
Intensi	−0.469***	−0.526***	−0.122***	−0.164***
	(−20.96)	(−24.20)	(−7.14)	(−9.78)
Lev	−0.006***	−0.005***	−0.000	−0.000
	(−6.53)	(−5.42)	(−1.28)	(−0.68)
Liquid	−0.015***	−0.013***	−0.007***	−0.005***
	(−3.93)	(−3.73)	(−3.38)	(−2.77)
Tobinq	0.157***	0.167***	0.004	−0.000
	(15.37)	(16.69)	(0.78)	(−0.01)
Cash	−0.008***	−0.002	−0.001	0.001
	(−5.94)	(−1.56)	(−0.95)	(0.74)
CF	0.031***	0.028***	0.001	0.000
	(14.09)	(13.49)	(1.33)	(0.09)
Constant	0.387	−0.291	−4.551***	−3.352***
	(1.51)	(−1.11)	(−21.19)	(−12.16)
Observations	14,595	14,595	15,181	15,181
R-squared	0.111	0.266	0.227	0.433
Industry	NO	YES	NO	YES
Year	NO	YES	NO	YES
Number of code	1,928	1,928	1,928	1,928

注：*** $p<0.01$，** $p<0.05$，* $p<0.1$，括号内代表 t 值。

表 1-15　替换被解释变量检验环境规制影响金融错配对企业创新的影响

Variable	(1) R&D2	(2) R&D2	(3) Patent2	(4) Patent2
FM	−0.060***	−0.045***	−0.081***	−0.065***
	(−3.88)	(−4.36)	(−3.75)	(−4.50)
ER	−0.032	0.018	0.412	0.473
	(−0.10)	(0.06)	(0.96)	(1.11)
ER2	−0.010	−0.065	−0.873*	−0.948**
	(−0.03)	(−0.20)	(−1.90)	(−2.06)
FM×ER	0.081***		0.103**	
	(2.68)		(2.43)	
FM×ER2		0.090***		0.124***
		(2.70)		(2.66)
Age	−0.375***	−0.375***	0.172**	0.172**
	(−6.92)	(−6.92)	(2.31)	(2.32)
ROA	0.000**	0.000**	0.001***	0.001***
	(2.44)	(2.44)	(4.93)	(4.93)
First	0.002***	0.002***	0.002**	0.002**
	(2.68)	(2.68)	(2.26)	(2.26)
Dual	0.042**	0.042**	−0.014	−0.014
	(2.48)	(2.47)	(−0.58)	(−0.58)
Indp	−0.215	−0.215	−0.647***	−0.648***
	(−1.60)	(−1.60)	(−3.28)	(−3.29)
Fixed	0.005***	0.005***	−0.006***	−0.006***
	(5.41)	(5.41)	(−4.98)	(−4.98)
Intensi	−0.111***	−0.111***	0.032*	0.032*
	(−7.73)	(−7.73)	(1.82)	(1.82)
Lev	−0.004***	−0.004***	0.004***	0.004***
	(−7.94)	(−7.95)	(6.05)	(6.03)
Liquid	−0.002	−0.002	−0.005**	−0.005**
	(−0.99)	(−0.97)	(−2.29)	(−2.27)
Cash	0.003***	0.003***	−0.000	−0.000
	(5.41)	(5.41)	(−0.43)	(−0.43)
CF	0.006***	0.006***	0.003**	0.003**
	(6.31)	(6.32)	(2.18)	(2.19)
Constant	−0.268	−0.277	0.861***	0.851***
	(−1.17)	(−1.21)	(2.95)	(2.91)
Observations	13,416	13,416	13,864	13,864
Number of code	1,907	1,907	1,917	1,917
Industry	YES	YES	YES	YES
Year	YES	YES	YES	YES
R-sq	0.293	0.293	0.218	0.218

注：*** $p < 0.01$，** $p < 0.05$，* $p < 0.1$，括号内代表 t 值。

表 1-16　替换被解释变量检验环境规制调节效应的传导机制

Variable	(1) Tes	(2) Tes	(3) R&D	(4) R&D	(5) Patent2	(6) Patent2
FM	−0.003***	−0.001**	−0.001	−0.011	0.005	0.003
	(−3.05)	(−2.06)	(−0.03)	(−0.72)	(0.20)	(0.24)
ER	−0.003		−0.161		−0.211**	
	(−0.63)		(−1.33)		(−2.09)	
ER2		−0.004		−0.172		−0.263**
		(−0.86)		(−1.32)		(−2.39)
FM × ER	0.010***		−0.053		−0.017	
	(4.08)		(−0.89)		(−0.31)	
FM × ER2		0.012***		−0.062		−0.031
		(3.96)		(−0.82)		(−0.45)
Tes			4.384***	4.383***	0.970***	0.971***
			(20.40)	(20.40)	(5.25)	(5.25)
Size	−0.004***	−0.004***	−0.060***	−0.061***	0.659***	0.659***
	(−6.04)	(−6.03)	(−2.97)	(−2.98)	(42.08)	(42.08)
Age	−0.025***	−0.025***	−0.337***	−0.336***	−0.153**	−0.153**
	(−8.05)	(−8.05)	(−3.45)	(−3.44)	(−2.26)	(−2.27)
ROA	0.001***	0.001***	−0.003**	−0.003**	−0.003**	−0.003**
	(14.85)	(14.85)	(−2.27)	(−2.27)	(−2.46)	(−2.47)
First	0.001***	0.001***	0.003***	0.003***	−0.000	−0.000
	(13.11)	(13.11)	(2.61)	(2.60)	(−0.41)	(−0.42)
Dual	−0.006	−0.006	−0.424**	−0.424**	−0.539***	−0.538***
	(−0.75)	(−0.75)	(−1.98)	(−1.98)	(−2.89)	(−2.88)
Fixed	0.000***	0.000***	0.014***	0.014***	0.005***	0.005***
	(6.51)	(6.50)	(9.95)	(9.96)	(3.88)	(3.89)
Intensi	−0.015***	−0.015***	−0.305***	−0.305***	−0.163***	−0.163***
	(−18.87)	(−18.87)	(−13.39)	(−13.38)	(−9.08)	(−9.08)
Lev	−0.001***	−0.001***	−0.003***	−0.003***	−0.004***	−0.004***
	(−19.16)	(−19.16)	(−3.35)	(−3.35)	(−4.78)	(−4.79)
Liquid	0.001***	0.001***	−0.015***	−0.015***	−0.009***	−0.009***
	(12.53)	(12.50)	(−4.25)	(−4.24)	(−3.82)	(−3.81)
Tobinq	−0.004***	−0.004***	0.105***	0.105***	0.001	0.001
	(−14.49)	(−14.49)	(12.48)	(12.48)	(0.14)	(0.13)
Cash	0.000***	0.000***	−0.005***	−0.005***	−0.000	−0.000
	(12.47)	(12.47)	(−5.55)	(−5.55)	(−0.21)	(−0.22)
CF	0.000***	0.000***	0.008***	0.008***	0.001	0.001
	(5.76)	(5.76)	(5.71)	(5.71)	(0.97)	(0.98)
Constant	0.242***	0.241***	0.450	0.417	−3.532***	−3.565***
	(19.35)	(19.55)	(1.14)	(1.07)	(−12.79)	(−13.06)
Industry/Year	YES	YES	YES	YES	YES	YES
R-sq	0.303	0.303	0.271	0.271	0.437	0.437

注：*** $p < 0.01$，** $p < 0.05$，* $p < 0.1$，括号内代表 t 值。

表 1-17　替换被解释变量检验环境规制调节效应的传导机制

Variable	(1) Turnover	(2) Turnover	(3) RD4	(4) RD4	(5) Patent2	(6) Patent2
FM	−1.730***	−0.434	0.001	−0.015	0.004	0.003
	(−2.93)	(−1.20)	(0.04)	(−0.96)	(0.16)	(0.21)
ER	−6.487**		−0.101		−0.191*	
	(−2.36)		(−0.84)		(−1.90)	
ER2		−5.753*		−0.140		−0.246**
		(−1.93)		(−1.08)		(−2.24)
FM × ER	5.977***		−0.070		−0.013	
	(4.30)		(−1.18)		(−0.24)	
FM × ER2		6.226***		−0.073		−0.025
		(3.57)		(−0.98)		(−0.36)
Turnover			0.010***	0.008***	0.002***	0.002***
			(26.66)	(17.86)	(6.03)	(6.03)
Size	−0.730*	−0.717*	−0.066***	−0.057***	0.622***	0.622***
	(−1.77)	(−1.74)	(−3.31)	(−2.85)	(42.67)	(42.66)
Age	6.576***	6.584***	−0.581***	−0.475***	−0.202***	−0.202***
	(3.14)	(3.14)	(−5.97)	(−4.87)	(−2.99)	(−3.00)
ROA	0.009	0.009	−0.007***	−0.002**	−0.000	−0.000
	(1.18)	(1.16)	(−8.83)	(−2.13)	(−0.47)	(−0.47)
First	0.034	0.033	0.006***	0.004***	0.000	0.000
	(1.23)	(1.22)	(4.80)	(3.58)	(0.28)	(0.27)
Dual	−2.032	−1.958	−0.428**	−0.431**	−0.524***	−0.523***
	(−0.41)	(−0.40)	(−2.01)	(−2.04)	(−2.81)	(−2.81)
Fixed	0.435***	0.435***	0.010***	0.012***	0.004***	0.004***
	(14.10)	(14.09)	(6.96)	(8.17)	(3.11)	(3.12)
Intensi	−12.009***	−12.003***	−0.248***	−0.251***	−0.147***	−0.147***
	(−25.69)	(−25.67)	(−10.89)	(−11.03)	(−8.16)	(−8.15)
Lev	−0.008***	−0.008***	−0.005***	−0.005***	−0.000	−0.000
	(−4.07)	(−4.09)	(−6.02)	(−6.05)	(−0.29)	(−0.28)
Liquid	0.167***	0.166***	−0.004	−0.009**	−0.005**	−0.005**
	(2.73)	(2.70)	(−1.09)	(−2.57)	(−2.07)	(−2.05)
Tobinq	0.995***	0.997***	0.068***	0.079***	−0.004	−0.004
	(6.26)	(6.27)	(8.16)	(9.32)	(−0.60)	(−0.61)
Cash	−0.202***	−0.201***	−0.001	−0.003***	0.002*	0.002*
	(−9.46)	(−9.44)	(−1.11)	(−2.86)	(1.91)	(1.91)
CF	0.554***	0.554***	0.004***	0.004***	−0.000	−0.000
	(19.78)	(19.78)	(3.32)	(2.73)	(−0.06)	(−0.06)
Constant	80.818***	79.079***	0.800**	0.396	−3.355***	−3.383***
	(9.79)	(9.66)	(2.05)	(1.02)	(−12.30)	(−12.55)
Industry/Year	YES	YES	YES	YES	YES	YES
R-sq	0.198	0.198	0.275	0.280	0.436	0.437

注：*** $p < 0.01$，** $p < 0.05$，* $p < 0.1$，括号内代表 t 值。

（二）替换核心解释变量

为了进一步检验回归结果的稳健性，采用信贷资金错配作为金融错配的代理变量，进行稳健性分析。从表1-18、表1-19、表1-20、表1-21、表1-22中可以看出，环境规制、金融错配与企业创新的影响系数依然显著，因此结果是稳健的。

表1-18 替换核心解释变量检验金融错配对企业创新的影响

Variable	(1) R&D1	(2) Patent1	Variable	(1) R&D1	(2) Patent1
Res	−0.001*	−0.003**	Lev	−0.002***	−0.002***
	(−1.78)	(−2.15)		(−5.72)	(−3.71)
Size	0.868***	0.686***	Liquid	−0.004*	−0.005
	(73.47)	(40.73)		(−1.95)	(−1.45)
Age	−0.325***	−0.247***	Cash	0.003***	0.001
	(−5.71)	(−3.21)		(3.97)	(0.84)
ROA	−0.002***	−0.002***	CF	0.004***	0.000
	(−5.30)	(−2.61)		(4.26)	(0.08)
First	0.003***	0.001	Constant	−4.321***	−3.365***
	(4.31)	(0.88)		(−19.56)	(−11.16)
Dual	−0.128	−0.460**	Observations	11,464	11,896
	(−0.92)	(−2.15)	Number of code	1,806	1,823
Indp	−0.025	−0.054**	Industry	YES	YES
	(−1.52)	(−2.13)	Year	YES	YES
Fixed	0.009***	0.004***	R-sq	0.629	0.430
	(10.13)	(3.12)			
Intensi	−0.186***	−0.219***			
	(−12.64)	(−10.36)			

注：*** $p < 0.01$，** $p < 0.05$，* $p < 0.1$，括号内代表 t 值。

表1-19 替换核心解释变量检验环境规制对企业创新的影响

Variable	(1) Res	(2) Res	Variable	(1) Res	(2) Res
ER	−3.503	−5.509*	Intensi	−0.035	0.100
	(−1.09)	(−1.70)		(−0.26)	(0.72)
ER2	3.541	6.414*	Liquid	−0.153***	−0.155***
	(1.01)	(1.82)		(−4.76)	(−4.82)
Size	0.073	0.100	Cash	−0.017**	−0.028***
	(0.82)	(1.10)		(−2.21)	(−3.55)

续表

Variable	(1) Res	(2) Res	Variable	(1) Res	(2) Res
Age	−0.149	0.897***	CF	0.023**	0.032***
	(−0.49)	(2.58)		(2.11)	(2.91)
ROA	−0.122***	−0.124***	Constant	7.088***	7.626***
	(−12.29)	(−12.31)		(4.60)	(4.46)
First	0.013**	0.007	Observations	12,756	12,756
	(2.04)	(0.99)	Number of code	1,854	1,854
Dual	0.341	0.929	Industry	YES	YES
	(0.23)	(0.62)	Year	YES	YES
Indp	0.283	0.162	R-sq	0.026	0.054
	(1.58)	(0.90)			
Fixed	0.006	−0.012			
	(0.76)	(−1.30)			

注：*** $p < 0.01$，** $p < 0.05$，* $p < 0.1$，括号内代表 t 值。

表 1-20　替换核心解释变量检验环境规制影响金融错配对企业创新的作用

Variable	(1) R&D1	(2) R&D2	(3) Patent1	(4) Patent1
Res	−0.012***	−0.007***	−0.016***	−0.012***
	(−3.44)	(−3.73)	(−3.44)	(−4.48)
ER	2.292***	2.426***	1.709***	1.828***
	(7.02)	(7.53)	(3.75)	(4.06)
ER2	−2.229***	−2.370***	−2.011***	−2.132***
	(−6.33)	(−6.65)	(−4.09)	(−4.28)
Res × ER	0.021***		0.018*	
	(2.60)		(1.66)	
Res × ER2		0.022**		0.018
		(2.46)		(1.51)
Size	0.974***	0.974***	0.801***	0.801***
	(102.42)	(102.42)	(60.87)	(60.87)
Age	−0.221***	−0.221***	−0.263***	−0.263***
	(−7.07)	(−7.07)	(−6.01)	(−6.01)
ROA	−0.006***	−0.006***	−0.003***	−0.003***
	(−9.08)	(−9.10)	(−3.82)	(−3.83)
First	0.002***	0.002***	−0.002**	−0.002**
	(3.78)	(3.77)	(−2.08)	(−2.09)

Variable	(1) R&D1	(2) R&D2	(3) Patent1	(4) Patent1
Dual	-0.362^{**}	-0.361^{**}	-0.439^{**}	-0.439^{**}
	(-2.43)	(-2.43)	(-2.11)	(-2.11)
Indp	-0.098^{***}	-0.098^{***}	-0.012	-0.012
	(-5.38)	(-5.37)	(-0.47)	(-0.47)
Fixed	0.008^{***}	0.008^{***}	0.008^{***}	0.008^{***}
	(8.58)	(8.58)	(6.31)	(6.31)
Intensi	-0.274^{***}	-0.274^{***}	-0.418^{***}	-0.418^{***}
	(-19.76)	(-19.76)	(-22.09)	(-22.09)
Lev	-0.006^{***}	-0.006^{***}	-0.004^{***}	-0.004^{***}
	(-10.75)	(-10.76)	(-5.70)	(-5.71)
Tobinq	0.058^{***}	0.058^{***}	0.031^{***}	0.031^{***}
	(7.75)	(7.74)	(3.14)	(3.13)
Liquid	-0.006^{*}	-0.006^{*}	-0.015^{***}	-0.015^{***}
	(-1.94)	(-1.95)	(-3.57)	(-3.58)
Cash	0.002^{*}	0.002^{*}	0.002	0.002
	(1.82)	(1.81)	(1.55)	(1.55)
CF	0.014^{***}	0.014^{***}	0.004^{**}	0.004^{**}
	(10.41)	(10.41)	(2.22)	(2.22)
Constant	-5.643^{***}	-5.671^{***}	-4.782^{***}	-4.808^{***}
	(-33.96)	(-34.26)	(-20.77)	(-20.97)
Observations	11,239	11,239	11,656	11,656
R-squared	0.645	0.645	0.440	0.440
Industry	YES	YES	YES	YES
Year	YES	YES	YES	YES
R-sq	0.645	0.645	0.440	0.440

注：$***\ p<0.01$，$**\ p<0.05$，$*\ p<0.1$，括号内代表 t 值。

表 1-21　替换核心解释变量检验环境规制调节效应的传导机制

Variable	(1) Tes	(2) Tes	(3) R&D1	(4) R&D2	(5) Patent1	(6) Patent1
Res	-0.002	0.001	0.005^{**}	0.002	0.003	0.001
	(-1.64)	(1.13)	(2.08)	(1.61)	(0.94)	(0.39)
ER	0.023		0.011		-0.077	
	(0.51)		(0.15)		(-0.67)	
ER2		0.034		0.011		-0.111
		(0.68)		(0.13)		(-0.89)

Variable	(1) Tes	(2) Tes	(3) R&D1	(4) R&D2	(5) Patent1	(6) Patent1
Res × ER	0.011***		−0.011**		−0.013*	
	(3.93)		(−2.17)		(−1.81)	
Res × ER2		0.009***		−0.011*		−0.017**
		(2.65)		(−1.88)		(−2.00)
Tes			0.350***	0.350***	0.162***	0.162***
			(24.56)	(24.55)	(7.21)	(7.20)
Size	−0.019***	−0.019***	0.905***	0.905***	0.695***	0.694***
	(−2.78)	(−2.75)	(77.54)	(77.52)	(39.65)	(39.65)
Age	−0.276***	−0.276***	−0.229***	−0.229***	−0.206***	−0.207***
	(−9.51)	(−9.52)	(−4.40)	(−4.40)	(−2.82)	(−2.84)
ROA	0.015***	0.015***	−0.003***	−0.003***	−0.001	−0.001
	(29.24)	(29.17)	(−3.88)	(−3.86)	(−0.45)	(−0.42)
First	0.007***	0.007***	0.001	0.001	−0.001	−0.001
	(15.04)	(15.03)	(1.46)	(1.46)	(−0.52)	(−0.52)
Dual	−0.142*	−0.141*	−0.080	−0.080	−0.260	−0.259
	(−1.72)	(−1.70)	(−0.62)	(−0.62)	(−1.24)	(−1.23)
Fixed	0.006***	0.006***	0.009***	0.009***	0.003**	0.003**
	(11.31)	(11.32)	(10.79)	(10.80)	(2.28)	(2.29)
Intensi	−0.209***	−0.210***	−0.127***	−0.127***	−0.174***	−0.174***
	(−25.45)	(−25.51)	(−9.15)	(−9.14)	(−8.17)	(−8.17)
Lev	−0.009***	−0.009***	−0.003***	−0.003***	−0.004***	−0.004***
	(−26.97)	(−26.98)	(−5.66)	(−5.64)	(−4.10)	(−4.11)
Liquid	0.000	0.000	−0.012***	−0.012***	−0.012***	−0.012***
	(0.07)	(0.05)	(−4.67)	(−4.67)	(−2.98)	(−2.98)
Tobinq	−0.044***	−0.044***	0.030***	0.030***	0.012	0.012
	(−13.09)	(−13.08)	(5.46)	(5.46)	(1.37)	(1.36)
Cash	0.005***	0.005***	0.001	0.001	−0.000	−0.000
	(13.10)	(13.11)	(1.43)	(1.43)	(−0.13)	(−0.14)
CF	0.005***	0.005***	0.001	0.001	−0.001	−0.001
	(8.79)	(8.82)	(1.26)	(1.25)	(−0.51)	(−0.52)
Industry/Year	YES	YES	YES	YES	YES	YES

注：*** $p < 0.01$，** $p < 0.05$，* $p < 0.1$，括号内代表 t 值。

表 1-22　替换解释变量检验环境规制调节效应的传导机制

Variable	(1) Turnover	(2) Turnover	(3) R&D1	(4) R&D1	(5) Patent1	(6) Patent1
Res	−0.066	0.241***	0.003	−0.000	0.003	0.000
	(−0.96)	(5.64)	(1.29)	(−0.01)	(1.12)	(0.21)

续表

Variable	(1) Turnover	(2) Turnover	(3) R&D1	(4) R&D1	(5) Patent1	(6) Patent1
ER	−10.802***		0.049		−0.043	
	(−3.71)		(0.65)		(−0.38)	
ER2		−8.832***		0.039		−0.084
		(−2.79)		(0.49)		(−0.67)
Res × ER	1.231***		−0.011**		−0.016**	
	(7.40)		(−2.25)		(−2.29)	
Res × ER2		0.983***		−0.009*		−0.020**
		(4.88)		(−1.67)		(−2.31)
Turnover			0.005***	0.005***	0.002***	0.002***
			(21.39)	(21.36)	(6.87)	(6.83)
Size	−1.239***	−1.194***	0.903***	0.903***	0.688***	0.688***
	(−2.70)	(−2.60)	(77.31)	(77.27)	(39.73)	(39.73)
Age	5.810***	5.851***	−0.368***	−0.368***	−0.267***	−0.268***
	(2.71)	(2.72)	(−7.03)	(−7.02)	(−3.68)	(−3.69)
ROA	0.220***	0.224***	−0.001	−0.001	−0.001	−0.001
	(8.20)	(8.30)	(−0.98)	(−1.06)	(−0.52)	(−0.50)
First	0.038	0.037	0.003***	0.003***	0.001	0.001
	(1.34)	(1.29)	(4.23)	(4.25)	(0.51)	(0.51)
Dual	−1.912	−1.794	−0.101	−0.101	−0.271	−0.270
	(−0.37)	(−0.35)	(−0.77)	(−0.78)	(−1.29)	(−1.29)
Fixed	0.439***	0.440***	0.008***	0.008***	0.003**	0.003**
	(13.44)	(13.44)	(9.73)	(9.74)	(2.09)	(2.09)
Intensi	−11.157***	−11.208***	−0.141***	−0.141***	−0.180***	−0.180***
	(−21.71)	(−21.78)	(−10.05)	(−10.04)	(−8.52)	(−8.52)
Lev	−0.001	−0.003	−0.006***	−0.006***	−0.005***	−0.005***
	(−0.07)	(−0.13)	(−11.88)	(−11.84)	(−5.57)	(−5.57)
Liquid	−0.586***	−0.591***	−0.008***	−0.008***	−0.010**	−0.010**
	(−5.93)	(−5.97)	(−3.22)	(−3.21)	(−2.36)	(−2.36)
Tobinq	1.486***	1.486***	0.007	0.007	0.002	0.002
	(7.28)	(7.27)	(1.30)	(1.31)	(0.24)	(0.23)
Cash	−0.134***	−0.133***	0.004***	0.004***	0.001	0.001
	(−5.42)	(−5.40)	(5.62)	(5.62)	(1.23)	(1.22)
CF	0.534***	0.537***	−0.000	−0.000	−0.001	−0.001
	(17.60)	(17.65)	(−0.58)	(−0.56)	(−0.99)	(−0.99)
Constant	85.603***	82.353***	−4.904***	−4.889***	−3.461***	−3.456***
	(10.07)	(9.79)	(−23.15)	(−23.34)	(−11.60)	(−11.74)
Industry/Year	YES	YES	YES	YES	YES	YES
R-sq	0.221	0.221	0.651	0.651	0.431	0.431

注：*** $p < 0.01$，** $p < 0.05$，* $p < 0.1$，括号内代表 t 值。

（三）更换模型

由于制造业企业创新产出可能有很多0值，表现为左截断分布，如果使用普通的线性回归方法，可能会造成估计不一致，因此选择将面板固定效应模型替换为适合处理受限因变量的 Tobit 模型进行实证检验，回归结果如表 1-23、表 1-24、表 1-25 所示，可以看出结果依然稳健。

表 1-23　金融错配、环境规制与企业创新

Variable	(1) Patent1	(2) Patent1	Variable	(1) Patent1	(2) Patent1
FM	−0.033***		Constant	−4.479***	−4.775***
	(−2.86)			(−21.19)	(−22.08)
ER		2.248***	Observations	13,199	15,181
		(5.15)	Industry	YES	YES
ER2		−2.458***	Year	YES	YES
		(−5.16)	Pseudo R2	0.136	0.140

注：*** $p < 0.01$，** $p < 0.05$，* $p < 0.1$，括号内代表 t 值。

表 1-24　环境规制强度的调节效应

Variable	(1) Patent1	(3) Patent1	Variable	(1) Patent1	(3) Patent1
FM	−0.101***	−0.077***	Indp	−0.401*	−0.401*
	(−3.00)	(−3.49)		(−1.90)	(−1.90)
ER	1.850***	1.931***	Fixed	0.006***	0.006***
	(3.98)	(4.17)		(4.68)	(4.69)
ER2	−2.176***	−2.272***	Intensi	−0.406***	−0.406***
	(−4.30)	(−4.48)		(−21.93)	(−21.92)
FM×ER	0.138**		Lev	−0.009***	−0.009***
	(2.12)			(−11.25)	(−11.26)
FM×ER2		0.165**	Liquid	−0.025***	−0.025***
		(2.31)		(−6.12)	(−6.10)
Size	0.814***	0.814***	Cash	0.000	0.000
	(64.83)	(64.82)		(0.10)	(0.10)
Age	−0.327***	−0.327***	CF_L	0.010***	0.010***
	(−7.90)	(−7.90)		(5.44)	(5.44)
ROA	0.002***	0.002***	Constant	−4.670***	−4.684***
	(5.35)	(5.34)		(−20.80)	(−20.92)
First	−0.001	−0.001	Observations	13,864	13,864
	(−0.98)	(−0.98)	Industry	YES	YES
Dual	0.024	0.024	Year	YES	YES
	(0.95)	(0.95)	Pseudo R2	0.135	0.135

注：*** $p < 0.01$，** $p < 0.05$，* $p < 0.1$，括号内代表 t 值。

表 1-25　环境规制调节效应的机理分析

Variable	(1) Patent1	(3) Patent1	(5) Patent1	(7) Patent1
FM	−0.071***	−0.052***	−0.073***	−0.055***
	(−2.58)	(−3.07)	(−2.66)	(−3.26)
ER	−0.223*		−0.214*	
	(−1.90)		(−1.82)	
ER2		−0.281**		−0.278**
		(−2.19)		(−2.16)
FM × ER	0.088		0.086	
	(1.37)		(1.33)	
FM × ER2		0.093		0.092
		(1.15)		(1.15)
Tes	0.682***	0.684***		
	(3.14)	(3.15)		
Turnover			0.003***	0.003***
			(7.23)	(7.25)
Size	0.727***	0.727***	0.724***	0.724***
	(39.28)	(39.29)	(39.84)	(39.85)
Age	−0.298***	−0.298***	−0.338***	−0.339***
	(−3.81)	(−3.82)	(−4.35)	(−4.36)
ROA	0.003**	0.003**	0.001	0.001
	(2.49)	(2.49)	(1.06)	(1.05)
First	−0.000	−0.000	0.000	0.000
	(−0.08)	(−0.09)	(0.21)	(0.21)
Dual	−0.305	−0.303	−0.292	−0.290
	(−1.40)	(−1.39)	(−1.34)	(−1.33)
Fixed	0.004***	0.004***	0.003**	0.003**
	(2.98)	(2.98)	(2.17)	(2.17)
Intensi	−0.202***	−0.202***	−0.175***	−0.175***
	(−9.38)	(−9.38)	(−8.11)	(−8.10)
Lev	−0.004***	−0.004***	−0.005***	−0.005***
	(−5.06)	(−5.07)	(−5.60)	(−5.61)
Liquid	−0.005	−0.005	−0.004	−0.004
	(−1.60)	(−1.60)	(−1.23)	(−1.23)

续表

Variable	(1) Patent1	(3) Patent1	(5) Patent1	(7) Patent1
Tobinq	−0.004	−0.005	−0.011	−0.011
	(−0.58)	(−0.59)	(−1.47)	(−1.48)
Cash	−0.000	−0.000	0.001	0.001
	(−0.25)	(−0.26)	(0.76)	(0.75)
CF	0.000	0.000	−0.001	−0.001
	(0.12)	(0.13)	(−0.99)	(−0.98)
Constant	−3.710***	−3.746***	−3.725***	−3.757***
	(−11.51)	(−11.77)	(−11.72)	(−11.98)
Observations	14,109	14,109	14,160	14,160
Number of code	1,918	1,918	1,918	1,918
Industry	YES	YES	YES	YES
Year	YES	YES	YES	YES

注：*** $p < 0.01$，** $p < 0.05$，* $p < 0.1$，括号内代表 t 值。

六、异质性分析

（一）企业创新类型异质性

根据企业创新产品的类型，将创新产出分为实质性创新（Invent）和一般性创新（Uninvent），实质性创新为发明专利申请量，一般性创新包括实用新型专利申请量和外观设计专利申请量。经分组后的专利申请量就存在左断尾分布，因此，此处使用受限因变量 Tobit 模型进行实证检验。

表 1-26 列示了金融错配对企业实质性创新产出和一般性创新产出的影响。从表中可以看出，金融错配对两种创新产出类型都呈现显著的负向影响，且对一般性创新产出的影响程度比对实质性创新产出的影响略大。表 1-27 列示了环境规制分别对企业实质性创新和一般性创新产出的影响结果。从表中可以看出，环境规制对企业一般性创新的"倒 U"形影响不显著，但对一般性创新产出的影响是显著的，说明企业创新中以一般性创新产出为主，实质性创新产出比例较小的一部分，可能由于发明专利的产出需要较长的时间，滞后一期的环境规制强度并不足以对企业发明专利的数量产生显著的影响。表 1-28 列示了环境规制与金融错配交互项对不同类型企业创新产出的影响结果。从表中可以看出，其交互项无论是对实质性创新产出还是对一般性创新产出，都有正向的

影响。交互项对企业实质性创新的影响显著为正，对一般性创新的影响不太显著，说明地区环境规制强度越高，越能缓解金融错配对实质性创新产出的负向影响。

表 1-26　企业创新类型异质性回归结果

Variable	(1)	(2)	(3)	(5)
	xtreg		xttobit	
	实质性创新	一般性创新	实质性创新	一般性创新
FM	−0.017**	−0.018**	−0.017**	−0.019*
	(−2.26)	(−2.16)	(−1.98)	(−1.93)
Size	0.620***	0.603***	0.684***	0.675***
	(37.19)	(34.22)	(34.32)	(31.46)
Age	−0.173**	−0.173**	−0.262***	−0.246***
	(−2.55)	(−2.50)	(−3.29)	(−2.95)
ROA	0.001***	0.001***	0.001***	0.002***
	(3.52)	(4.52)	(4.10)	(5.37)
First	−0.000	0.001	−0.000	0.001
	(−0.26)	(0.73)	(−0.35)	(0.78)
Dual	0.017	0.008	0.019	0.005
	(0.71)	(0.32)	(0.68)	(0.16)
Indp	−0.279	−0.274	−0.314	−0.324
	(−1.41)	(−1.27)	(−1.35)	(−1.27)
Fixed	0.002	0.007***	0.002	0.008***
	(1.54)	(4.93)	(1.09)	(4.73)
Intensi	−0.146***	−0.226***	−0.156***	−0.251***
	(−7.95)	(−11.36)	(−7.04)	(−10.31)
Lev	−0.004***	−0.006***	−0.006***	−0.007***
	(−5.79)	(−6.85)	(−6.65)	(−7.07)
Liquid	−0.002	−0.009***	−0.007**	−0.015***
	(−1.01)	(−3.43)	(−2.00)	(−3.93)
Tobinq	0.028***	0.026***	0.024***	0.026***
	(3.98)	(3.43)	(2.82)	(2.68)
Cash	0.001	−0.001	0.001	−0.001
	(0.93)	(−0.96)	(1.30)	(−0.54)
CF	0.003**	0.003**	0.004***	0.003**
	(2.51)	(2.29)	(2.71)	(2.04)
Constant	−3.549***	−3.380***	−4.123***	−4.219***
	(−12.91)	(−11.89)	(−12.71)	(−12.23)
Observations	13,199	13,199	13,199	13,199
Number of code	1,915	1,915	1,915	1,915
Industry	YES	YES	YES	YES
Year	YES	YES	YES	YES
R-sq	0.376	0.425		

注：*** $p < 0.01$，** $p < 0.05$，* $p < 0.1$，括号内代表 t 值。

表 1-27　企业创新类型异质性回归结果

Variable	(1)	(2)	(3)	(4)
	xtreg		xttobit	
	实质性创新	一般性创新	实质性创新	一般性创新
ER	0.461	0.894**	0.496	0.834
	(1.17)	(2.09)	(1.07)	(1.63)
ER2	−0.592	−1.202***	−0.646	−1.195**
	(−1.40)	(−2.60)	(−1.29)	(−2.16)
Size	0.624***	0.618***	0.715***	0.737***
	(43.53)	(40.71)	(39.06)	(37.38)
Age	−0.178***	−0.234***	−0.280***	−0.295***
	(−2.67)	(−3.43)	(−3.59)	(−3.61)
ROA	0.000	0.000	0.002	0.001
	(0.74)	(1.01)	(1.62)	(0.45)
First	0.000	0.001	−0.000	0.001
	(0.17)	(1.11)	(−0.19)	(0.89)
Dual	−0.255	−0.524***	−0.281	−0.608**
	(−1.38)	(−2.60)	(−1.28)	(−2.52)
Fixed	0.001	0.007***	0.001	0.008***
	(0.76)	(5.36)	(0.54)	(5.29)
Intensi	−0.115***	−0.211***	−0.124***	−0.247***
	(−6.75)	(−11.46)	(−5.91)	(−10.78)
Lev	0.000	0.000	−0.003***	−0.005***
	(0.88)	(1.51)	(−3.97)	(−5.77)
Liquid	0.003	−0.004**	−0.000	−0.011***
	(1.40)	(−2.00)	(−0.02)	(−3.90)
Tobinq	0.008	0.003	−0.005	−0.008
	(1.45)	(0.56)	(−0.65)	(−0.99)
Cash	0.000	0.000	−0.000	−0.001
	(0.25)	(0.01)	(−0.29)	(−0.90)
CF	0.000	−0.001	−0.000	−0.002
	(0.29)	(−0.79)	(−0.19)	(−1.08)
Constant	−3.766***	−3.615***	−4.431***	−4.613***
	(−13.42)	(−12.37)	(−13.37)	(−13.02)
Observations	15,181	15,181	15,181	15,181
Number of code	1,928	1,928	1,928	1,928
Industry	YES	YES	YES	YES
Year	YES	YES	YES	YES
R-sq	0.382	0.431		

注：*** $p < 0.01$，** $p < 0.05$，* $p < 0.1$，括号内代表 t 值。

表 1-28　环境规制的调节效应

Variable	(1)	(2)	(3)	(4)	(5)	(6)	(7)	(8)
	xtreg				xttobit			
	实质性创新	实质性创新	一般性创新	一般性创新	实质性创新	实质性创新	一般性创新	一般性创新
FM	−0.063***	−0.047***	−0.030	−0.025	−0.073***	−0.054***	−0.038	−0.031
	(−2.90)	(−3.32)	(−1.26)	(−1.61)	(−2.83)	(−3.15)	(−1.29)	(−1.57)
ER	0.234	0.289	0.906**	0.922**	0.201	0.267	0.846	0.870
	(0.56)	(0.69)	(1.99)	(2.03)	(0.41)	(0.54)	(1.56)	(1.61)
ER2	−0.478	−0.544	−1.263***	−1.282***	−0.443	−0.521	−1.234**	−1.262**
	(−1.06)	(−1.21)	(−2.58)	(−2.61)	(−0.84)	(−0.98)	(−2.11)	(−2.16)
FM × ER	0.091**		0.026		0.110**		0.041	
	(2.17)		(0.56)		(2.21)		(0.72)	
FM × ER2		0.109**		0.031		0.129**		0.045
		(2.36)		(0.60)		(2.36)		(0.73)
Size	0.573***	0.573***	0.568***	0.568***	0.639***	0.639***	0.640***	0.640***
	(37.35)	(37.34)	(35.02)	(35.02)	(34.58)	(34.57)	(32.24)	(32.24)
Age	−0.171**	−0.170**	−0.170**	−0.170**	−0.267***	−0.267***	−0.242***	−0.242***
	(−2.56)	(−2.55)	(−2.51)	(−2.51)	(−3.42)	(−3.41)	(−2.97)	(−2.97)
ROA	0.001***	0.001***	0.001***	0.001***	0.001***	0.001***	0.002***	0.002***
	(4.16)	(4.15)	(5.15)	(5.15)	(4.83)	(4.83)	(6.11)	(6.11)
First	0.000	0.000	0.001	0.001	0.000	0.000	0.001	0.001
	(0.45)	(0.44)	(1.08)	(1.08)	(0.38)	(0.38)	(1.09)	(1.09)

注：*** $p < 0.01$，** $p < 0.05$，* $p < 0.1$，括号内代表 t 值。

（二）企业所有制异质性

根据产权性质将所有的制造业企业划分为国有企业样本和非国有企业样本，进一步研究金融错配、环境规制及其交互项对制造业上市公司创新水平产生的效应是否受到产权差异的影响。表 1-29 列示了非国有企业和国有企业对企业创新水平的异质性回归结果。可以看出，国有企业和非国有企业的金融错配都显著抑制了企业技术创新投入和产出，但是非国有企业的抑制程度略小于国有企业组，这意味着在面临同等程度的金融错配时，国有企业的创新水平受到的阻碍更大。表 1-30 列示了国有企业和非国有企业的环境规制强度分别对企业创新水平的影响结果。从表中可以看出，环境规制无论是对国有企业组还是非国有企业组的创新水平的影响都呈"倒 U"形，且在合理的环境规制强度内，环境规制对非国有企业创新水平的促进作用高于国有企业；另外，国有企业组环境规制强度对企业创新产出的作用并不明显，说明国有企业本身拥有的研发能力或研发人才落后于非国有企业，并且国有企业的创新驱动力不足。表1-31 列示了地区环境规制强度与企业金融错配程度基于不同所有制类型企业的异质性回归结果。环境规制对国有企业的金融错配影响并不显著，而对非国有企业的金融错配程度呈显著的"U"形影响，这说明国有企业资金使用成本不随环境规制强度的变化而变化。在非国有企业组，在合理的环境规制强度内，环境规制能够降低企业的资金使用成本，但当强度过高时，环境规制则会加重企业面临的金融错配程度。表1-32 列示了金融错配与环境规制以及与环境规制的平方项的交互，对不同所有制属性企业的异质性回归结果。从表中可以看出，交互项对国有企业和非国有企业的创新投入的调节效应均显著为正；但是仅在国有企业组中对企业技术创新产出水平产生显著的正向影响，这说明在地区环境规制强度较高时，能够缓解金融错配对企业创新产出的负向影响；而在非国有企业中，环境规制强度本身在合理区间对企业创新产出有显著的促进作用，所以其对金融错配对企业创新产出的负向影响的调节作用就不太显著。

表 1-29　金融错配与企业创新

Variable	(1)	(2)	(3)	(4)
	国有		非国有	
	R&D1	Patent1	R&D1	Patent1
FM	−0.045**	−0.090***	−0.021***	−0.026**
	(−2.26)	(−2.69)	(−4.64)	(−2.40)
Size	0.822***	0.785***	0.841***	0.770***
	(35.10)	(38.13)	(59.40)	(45.50)
Age	−0.376***	−0.184**	−0.244***	−0.309***
	(−3.23)	(−2.42)	(−4.42)	(−6.67)
ROA	0.000	0.000	0.002***	0.003***
	(1.45)	(1.36)	(10.82)	(6.35)
First	0.002	−0.006***	0.002**	−0.001
	(1.50)	(−4.20)	(2.54)	(−1.10)
Dual	0.003	−0.121**	0.057***	0.054**
	(0.08)	(−2.17)	(3.47)	(2.01)
Indp	−0.279	−0.542	−0.287*	−0.184
	(−1.14)	(−1.64)	(−1.87)	(−0.74)
Fixed	0.000	−0.003	0.010***	0.013***
	(0.19)	(−1.47)	(10.00)	(8.68)

续表

Variable	(1)	(2)	(3)	(4)
	国有		非国有	
	R&D1	Patent1	R&D1	Patent1
Intensi	−0.010	−0.238***	−0.220***	−0.470***
	(−0.37)	(−8.10)	(−14.72)	(−21.93)
Lev	−0.007***	−0.010***	−0.003***	−0.006***
	(−7.15)	(−8.29)	(−5.68)	(−5.97)
Liquid	−0.016***	−0.041***	−0.001	−0.010***
	(−2.83)	(−4.35)	(−0.85)	(−3.04)
Tobinq	0.039***	0.092***	0.048***	0.001
	(3.45)	(5.15)	(7.46)	(0.13)
Cash	0.001	−0.001	0.001	0.000
	(0.79)	(−0.76)	(1.56)	(0.05)
CF	0.009***	0.003	0.003***	0.009***
	(5.36)	(1.17)	(3.53)	(4.58)
Constant	−3.935***	−3.926***	−3.975***	−4.267***
	(−8.22)	(−11.03)	(−17.57)	(−17.61)
Observations	4,528	4,758	8,181	8,441
R-squared	0.663	0.484	0.596	0.396
Number of code	548	548	1,354	1,354
Industry	YES	YES	YES	YES
Year	YES	YES	YES	YES

注：*** $p < 0.01$，** $p < 0.05$，* $p < 0.1$，括号内代表 t 值。

表 1-30　环境规制与企业创新

Variable	(1)	(2)	(3)	(4)
	国有		非国有	
	R&D1	Patent1	R&D1	Patent1
ER	1.603***	0.058	2.620***	1.213**
	(2.99)	(0.09)	(8.34)	(2.28)
ER2	−1.535***	−0.267	−2.441***	−1.520***
	(−2.63)	(−0.35)	(−7.14)	(−2.69)
Size	0.939***	0.682***	0.944***	0.680***
	(63.46)	(25.14)	(97.03)	(35.23)
Age	−0.264***	−0.296*	−0.205***	−0.257***
	(−4.62)	(−1.93)	(−7.53)	(−3.29)
ROA	0.003*	−0.001	−0.003***	0.000
	(1.70)	(−0.55)	(−5.62)	(1.06)

Variable	(1)	(2)	(3)	(4)
	国有		非国有	
	R&D1	Patent1	R&D1	Patent1
First	0.003***	−0.006***	0.000	0.002*
	(3.06)	(−3.38)	(0.31)	(1.90)
Dual	−0.442*	−0.506	−0.230	−0.437*
	(−1.85)	(−1.64)	(−1.61)	(−1.73)
Fixed	0.002	−0.003	0.010***	0.007***
	(1.47)	(−1.56)	(11.07)	(4.82)
Intensi	−0.147***	−0.059**	−0.287***	−0.250***
	(−6.30)	(−2.02)	(−22.76)	(−10.98)
Lev	−0.008***	−0.005***	−0.004***	0.000*
	(−8.84)	(−4.28)	(−6.54)	(1.65)
Liquid	−0.021***	−0.008	−0.004**	−0.001
	(−3.17)	(−1.02)	(−2.33)	(−0.44)
Tobinq	0.022*	−0.008	0.047***	0.002
	(1.78)	(−0.59)	(8.64)	(0.31)
Cash	−0.001	−0.002	0.001	−0.000
	(−0.41)	(−1.47)	(1.57)	(−0.21)
CF	0.013***	−0.001	0.013***	0.000
	(5.44)	(−0.41)	(10.73)	(0.37)
Constant	−5.528***	−2.890***	−5.320***	−3.580***
	(−19.32)	(−4.75)	(−34.11)	(−10.30)
Observations	4,843	5,106	9,752	10,075
R-squared	0.688	0.387	0.634	0.390
Industry	YES	YES	YES	YES
Year	YES	YES	YES	YES
Number of code	553	553	1,375	1,375

注：***$p<0.01$，**$p<0.05$，*$p<0.1$，括号内代表 t 值。

表 1-31　环境规制与金融错配

Variable	(1)	(2)	Variable	(1)	(2)
	国有	非国有		国有	非国有
	FM	FM		FM	FM
ER	−0.444	−1.182**	Lev	−0.000	0.000
	(−0.97)	(−2.06)		(−0.05)	(0.12)
ER2	0.482	1.133*	Liquid	0.047***	0.031***
	(0.95)	(1.82)		(8.67)	(9.36)
Size	−0.085***	−0.081***	Tobinq	0.029***	0.002
	(−5.52)	(−4.74)		(2.92)	(0.30)

续表

Variable	(1) 国有 FM	(2) 非国有 FM	Variable	(1) 国有 FM	(2) 非国有 FM
Age	0.038	−0.018	Cash	0.005***	0.005***
	(0.54)	(−0.31)		(4.24)	(4.37)
ROA	0.001	−0.000	CF	−0.000	0.004***
	(0.46)	(−0.58)		(−0.20)	(2.62)
First	0.000	−0.001	Constant	0.596**	1.237***
	(0.21)	(−1.32)		(1.97)	(4.14)
Dual	0.232	0.086	Observations	4,880	9,280
	(1.11)	(0.32)	Number of code	553	1,365
Indp	0.071**	−0.000	Industry	YES	YES
	(2.19)	(−0.01)	Year	YES	YES
Fixed	0.002	0.001	R-sq	0.114	0.042
	(1.64)	(0.38)			
Intensi	0.035*	0.045*			
	(1.80)	(1.93)			

注：*** $p < 0.01$，** $p < 0.05$，* $p < 0.1$，括号内代表 t 值。

表 1-32 环境规制的调节效应

Variable	(1) 国有 R&D1	(2) 国有 R&D1	(3) 国有 Patent1	(4) 国有 Patent1	(5) 非国有 R&D1	(6) 非国有 R&D1	(7) 非国有 Patent1	(8) 非国有 Patent1
FM	−0.182***	−0.118***	−0.184***	−0.116***	−0.058***	−0.044***	−0.034	−0.028*
	(−3.54)	(−3.72)	(−2.90)	(−2.99)	(−4.47)	(−5.02)	(−1.35)	(−1.66)
ER	−0.257	−0.101	−0.152	0.031	−0.162	−0.109	1.226**	1.252**
	(−0.48)	(−0.19)	(−0.22)	(0.04)	(−0.50)	(−0.34)	(2.14)	(2.19)
ER2	0.077	−0.081	−0.333	−0.540	0.075	0.017	−1.563**	−1.595***
	(0.13)	(−0.14)	(−0.43)	(−0.69)	(0.22)	(0.05)	(−2.57)	(−2.62)
FM × ER	0.300***		0.357**		0.077***		0.040	
	(2.65)		(2.47)		(3.08)		(0.84)	
FM × ER2		0.304**		0.401**		0.086***		0.050
		(2.48)		(2.52)		(3.10)		(0.96)
Size	0.749***	0.749***	0.602***	0.602***	0.788***	0.788***	0.618***	0.618***
	(34.25)	(34.24)	(21.96)	(21.96)	(61.65)	(61.64)	(29.91)	(29.91)
Age	−0.390***	−0.391***	−0.254*	−0.255*	−0.241***	−0.241***	−0.225***	−0.225***
	(−3.36)	(−3.37)	(−1.72)	(−1.73)	(−4.56)	(−4.55)	(−2.89)	(−2.88)

Variable	(1)	(2)	(3)	(4)	(5)	(6)	(7)	(8)
	国有				非国有			
	R&D1	R&D1	Patent1	Patent1	R&D1	R&D1	Patent1	Patent1
ROA	0.000^*	0.000^*	0.000	0.000	0.003^{***}	0.003^{***}	0.003^{***}	0.003^{***}
	(1.77)	(1.78)	(1.33)	(1.33)	(12.55)	(12.54)	(7.47)	(7.46)
First	0.003^{**}	0.003^{**}	-0.004^{**}	-0.004^{**}	0.003^{***}	0.003^{***}	0.001	0.001
	(2.09)	(2.09)	(−2.43)	(−2.42)	(3.41)	(3.41)	(1.06)	(1.05)
Dual	−0.002	−0.002	−0.035	−0.035	0.052^{***}	0.052^{***}	0.052^*	0.052^*
	(−0.06)	(−0.06)	(−0.74)	(−0.73)	(3.28)	(3.27)	(1.84)	(1.84)
Indp	−0.186	−0.190	−0.348	−0.353	−0.148	−0.147	−0.227	−0.228
	(−0.77)	(−0.79)	(−1.09)	(−1.10)	(−1.10)	(−1.10)	(−0.87)	(−0.87)
Fixed	−0.001	−0.001	0.000	0.000	0.010^{***}	0.010^{***}	0.007^{***}	0.007^{***}
	(−0.41)	(−0.40)	(0.16)	(0.16)	(10.80)	(10.80)	(4.20)	(4.20)
Intensi	0.005	0.005	-0.107^{***}	-0.107^{***}	-0.223^{***}	-0.223^{***}	-0.261^{***}	-0.261^{***}
	(0.19)	(0.19)	(−3.59)	(−3.57)	(−15.58)	(−15.58)	(−10.73)	(−10.73)
Lev	-0.006^{***}	-0.006^{***}	-0.009^{***}	-0.009^{***}	-0.002^{***}	-0.002^{***}	-0.004^{***}	-0.004^{***}
	(−6.52)	(−6.52)	(−6.84)	(−6.85)	(−3.96)	(−3.98)	(−3.86)	(−3.86)

注：$***\ p<0.01$，$**\ p<0.05$，$*\ p<0.1$，括号内代表 t 值。

（三）企业所在地区异质性

根据企业所在地区将样本分为东部地区组、中部地区组和西部地区组。通过进一步的回归分析，结果见表 1-33、表 1-34、表 1-35、表 1-36。从表 1-33 中可以看出，东部地区和西部地区的金融错配对制造业企业技术创新水平的影响都是显著为负，且西部地区的影响程度高于东部地区，而中部地区的影响不显著。由此说明，西部地区长期受到国家的财政政策支持，而西部地区本身的研发能力偏弱，西部地区可能由于正向金融错配导致的代理成本和寻租活动对企业创新的阻碍较大。相对于西部地区，中东部地区金融发展相对完善，资金配置效率较高，因此金融错配对中东部地区企业创新的阻碍较小。

从表 1-34 中可以看出，环境规制对东中西部地区企业创新的影响均呈现"倒 U"形的趋势，影响程度从大到小依次为中部地区、西部地区、东部地区。由于东部地区的自然资源不足，当地制造业企业只能依靠增加资本、技术等生产要素来推动经济发展，所以具有较高的技术水平和较好的知识产权保护制度。相反，中西部地区的技术水平相对落后，如果提高环境规制的强度，当地制造业企业可能会更加迫切地进行创新活动来应对。因此，环境规制的提升对于中西部地区制造业企业创新的激励作用要强于东部地区。

从表 1-35 中可以看出，中东部地区的环境规制对金融错配的影响并不显著，而中部地区环境规制对金融错配呈显著的"U"形影响。这可能由于中部地区长期以来环境污染都较为严重，所以环境规制强度的变化能够对金融错配产生明显的影响。

从表 1-36 中可以看出，中部地区企业环境规制与金融错配的交互项对企业创新投入的影响显著为正，而东西部地区则不显著。

从表 1-37 中可以看出，东部地区环境规制与金融错配的交互项对企业创新产出的影响显著为正，而中西部地区则不显著。东部地区技术资源和技术人才较为丰富，创新产出的时滞性较短。

表 1-33　金融错配与企业创新

Variable	(1)	(2)	(3)	(4)	(5)	(6)
	东部		中部		西部	
	R&D1	Patent1	R&D1	Patent1	R&D1	Patent1
FM	-0.010^{**}	-0.026^{**}	-0.024	-0.038	-0.111^{***}	-0.081^{**}
	(-2.11)	(-2.25)	(-1.19)	(-0.96)	(-5.66)	(-2.51)
Size	0.877^{***}	0.840^{***}	0.752^{***}	0.672^{***}	0.809^{***}	0.747^{***}
	(66.52)	(56.54)	(24.15)	(21.79)	(16.99)	(19.66)
Age	-0.245^{***}	-0.210^{***}	-0.509^{***}	-0.507^{***}	-0.569^{**}	-0.726^{***}
	(-4.61)	(-4.69)	(-3.65)	(-4.91)	(-2.56)	(-5.31)
ROA	0.000^{***}	0.001^{***}	0.001^{***}	0.001^{**}	0.003^{***}	0.002^{**}
	(3.68)	(3.46)	(4.31)	(2.02)	(3.64)	(1.99)
First	0.003^{***}	-0.002^{**}	0.000	-0.002	0.002	-0.006^{***}
	(3.81)	(-2.01)	(0.21)	(-1.09)	(0.83)	(-2.69)
Dual	0.014	0.012	0.118^{***}	0.121^{**}	0.098	0.008
	(0.81)	(0.45)	(2.87)	(2.02)	(1.46)	(0.10)
Indp	-0.253^{*}	-0.175	-0.351	-1.220^{**}	-0.366	-0.396
	(-1.74)	(-0.74)	(-1.01)	(-2.56)	(-0.76)	(-0.69)
Fixed	0.006^{***}	0.010^{***}	0.002	0.006^{**}	0.012^{***}	-0.006^{**}
	(6.36)	(7.30)	(1.06)	(2.22)	(3.91)	(-2.06)
Intensi	-0.149^{***}	-0.397^{***}	-0.116^{***}	-0.327^{***}	-0.265^{***}	-0.394^{***}
	(-10.56)	(-20.00)	(-3.08)	(-7.05)	(-4.27)	(-7.46)

续表

Variable	(1)	(2)	(3)	(4)	(5)	(6)
	东部		中部		西部	
	R&D1	Patent1	R&D1	Patent1	R&D1	Patent1
Lev	−0.006***	−0.008***	−0.004***	−0.009***	−0.001	−0.002
	(−10.42)	(−9.42)	(−3.11)	(−5.56)	(−0.58)	(−0.84)
Liquid	−0.002	−0.008**	−0.014**	−0.049***	−0.002	−0.022**
	(−1.35)	(−2.35)	(−2.55)	(−5.16)	(−0.32)	(−2.37)
Tobinq	0.054***	0.058***	0.003	−0.017	0.063**	0.005
	(8.90)	(5.01)	(0.23)	(−1.40)	(2.29)	(0.19)
Cash	0.000	−0.002	0.005***	0.008***	0.006**	0.005
	(0.07)	(−1.41)	(3.36)	(2.99)	(2.24)	(1.49)
CF_L	0.004***	0.006***	0.011***	0.010**	0.003	0.005
	(4.07)	(3.14)	(5.35)	(2.54)	(1.00)	(0.99)
Constant	−3.946***	−4.961***	−3.139***	−2.282***	−4.067***	−2.016***
	(−17.90)	(−21.86)	(−5.92)	(−4.72)	(−4.73)	(−3.49)
Observations	8,778	9,033	2,488	2,589	1,443	1,577
R-squared	0.665	0.437	0.602	0.416	0.602	0.510
Number of code	1,365	1,365	337	337	200	200
Industry	YES	YES	YES	YES	YES	YES
Year	YES	YES	YES	YES	YES	YES

注：*** $p < 0.01$，** $p < 0.05$，* $p < 0.1$，括号内代表 t 值。

表 1-34　环境规制与企业创新

Variable	(1)	(2)	(3)	(4)	(5)	(6)
	东部		中部		西部	
	R&D1	Patent1	R&D1	Patent1	R&D1	Patent1
ER	0.754**	0.921*	12.659***	11.417***	9.142***	7.305***
	(2.46)	(1.88)	(6.46)	(4.27)	(5.09)	(3.65)
ER2	−0.904***	−1.196**	−19.728***	−16.787***	−11.860***	−9.043***
	(−2.83)	(−2.35)	(−6.82)	(−4.29)	(−4.38)	(−2.96)
Size	0.969***	0.817***	0.919***	0.642***	0.902***	0.718***
	(115.07)	(61.16)	(43.87)	(24.59)	(29.23)	(21.36)
Age	−0.192***	−0.237***	−0.391***	−0.623***	−0.457***	−0.698***
	(−7.37)	(−5.70)	(−5.61)	(−6.43)	(−4.14)	(−5.49)
ROA	0.005***	0.005***	−0.008***	0.000	0.009***	0.004
	(5.52)	(3.26)	(−7.55)	(0.45)	(2.69)	(1.38)
First	0.001	−0.002***	0.004***	−0.001	0.003	−0.007***
	(1.04)	(−2.83)	(3.17)	(−0.28)	(1.61)	(−3.11)

续表

Variable	(1)	(2)	(3)	(4)	(5)	(6)
	东部		中部		西部	
	R&D1	Patent1	R&D1	Patent1	R&D1	Patent1
Dual	−0.289**	−0.268	−1.415***	−1.233***	0.307	−0.577
	(−2.16)	(−1.26)	(−4.35)	(−2.73)	(0.68)	(−1.09)
Fixed	0.006***	0.011***	0.011***	0.002	0.011***	−0.007**
	(7.18)	(7.99)	(6.12)	(0.72)	(3.99)	(−2.26)
Intensi	−0.241***	−0.367***	−0.218***	−0.251***	−0.295***	−0.367***
	(−20.05)	(−19.82)	(−6.86)	(−6.10)	(−6.39)	(−7.72)
Lev	−0.006***	−0.005***	−0.008***	0.000*	−0.003	0.003
	(−10.61)	(−6.64)	(−7.38)	(1.76)	(−1.51)	(1.48)
Liquid	−0.005***	−0.007***	−0.023***	−0.024***	−0.004	−0.005
	(−2.66)	(−2.73)	(−3.66)	(−2.96)	(−0.42)	(−0.54)
Tobinq	0.042***	0.008	0.021**	−0.023**	0.026	−0.038*
	(6.95)	(0.82)	(2.13)	(−2.35)	(1.06)	(−1.85)
Cash	−0.001**	−0.002**	0.006***	0.007***	0.007**	0.003
	(−2.06)	(−2.04)	(3.40)	(3.17)	(2.50)	(1.06)
CF	0.010***	0.001	0.013***	0.007**	0.010**	0.003
	(8.10)	(0.53)	(5.12)	(2.01)	(2.38)	(0.79)
Constant	−4.767***	−4.819***	−6.052***	−3.653***	−6.949***	−3.297***
	(−31.64)	(−20.25)	(−13.22)	(−5.80)	(−12.51)	(−5.44)
Observations	10,211	10,511	2,790	2,916	1,594	1,754
R-squared	0.701	0.443	0.646	0.426	0.629	0.518
Industry	YES	YES	YES	YES	YES	YES
Year	YES	YES	YES	YES	YES	YES

注：*** $p < 0.01$，** $p < 0.05$，* $p < 0.1$，括号内代表 t 值。

表 1-35　环境规制与金融错配

Variable	(1)	(2)	(3)	Variable	(1)	(2)	(3)
	东部	中部	西部		东部	中部	西部
	FM	FM	FM		FM	FM	FM
ER	−0.751	−7.222***	0.661	Lev	−0.003***	0.000*	0.002
	(−1.42)	(−3.93)	(0.37)		(−3.22)	(1.92)	(0.99)
ER2	0.676	10.135***	−0.582	Liquid	0.031***	0.054***	0.006
	(1.23)	(3.84)	(−0.22)		(9.25)	(8.17)	(0.67)
Size	−0.052***	−0.130***	−0.081**	Tobinq	0.009	−0.006	0.042**
	(−3.25)	(−5.01)	(−2.57)		(0.90)	(−0.70)	(2.23)
Age	−0.005	0.081	−0.097	Cash	0.005***	0.005***	0.005*
	(−0.08)	(0.75)	(−0.79)		(4.78)	(2.99)	(1.87)

续表

Variable	(1)	(2)	(3)	Variable	(1)	(2)	(3)
	东部	中部	西部		东部	中部	西部
	FM	FM	FM		FM	FM	FM
ROA	−0.006***	0.000	0.002	CF	0.006***	−0.002	−0.001
	(−4.52)	(1.37)	(0.73)		(3.47)	(−0.76)	(−0.27)
First	−0.001	0.003	−0.004*	Constant	0.938***	2.100***	1.023*
	(−1.01)	(1.47)	(−1.93)		(3.37)	(3.93)	(1.80)
Dual	0.186	−0.019	−0.088	Observations	9,774	2,742	1,644
	(0.79)	(−0.05)	(−0.19)	Number of code	1,374	341	203
Indp	−0.002	0.119***	0.095	Industry	YES	YES	YES
	(−0.08)	(2.67)	(1.39)	Year	YES	YES	YES
Fixed	0.002	0.003	−0.003	R-sq	0.053	0.125	0.068
	(1.10)	(1.18)	(−1.21)				
Intensi	0.024	0.117***	0.057				
	(1.18)	(3.13)	(1.27)				

注：*** $p < 0.01$，** $p < 0.05$，* $p < 0.1$，括号内代表 t 值。

表 1-36　环境规制的调节效应

Variable	(1)	(2)	(3)	(4)	(5)	(6)
	东部		中部		西部	
	R&D1	R&D1	R&D1	R&D1	R&D1	R&D1
FM	−0.008	−0.017	−0.330**	−0.202***	−0.356**	−0.218***
	(−0.32)	(−0.98)	(−2.24)	(−2.58)	(−2.17)	(−2.89)
ER	0.600*	0.580*	12.167***	12.626***	10.164***	10.591***
	(1.76)	(1.71)	(5.67)	(5.97)	(5.38)	(5.68)
ER2	−0.692*	−0.677*	−19.590***	−20.279***	−13.436***	−14.026***
	(−1.95)	(−1.91)	(−6.26)	(−6.49)	(−4.75)	(−4.90)
FM × ER	−0.027		0.803*		0.814	
	(−0.61)		(1.83)		(1.43)	
FM × ER2		−0.019		1.221*		1.126
		(−0.39)		(1.87)		(1.31)
Size	0.946***	0.946***	0.864***	0.864***	0.854***	0.854***
	(107.02)	(107.00)	(40.30)	(40.30)	(27.71)	(27.72)
Age	−0.202***	−0.202***	−0.371***	−0.371***	−0.497***	−0.498***
	(−7.17)	(−7.17)	(−5.16)	(−5.16)	(−4.49)	(−4.50)
ROA	0.001***	0.001***	0.001**	0.001**	0.005***	0.005***
	(5.75)	(5.75)	(2.48)	(2.47)	(4.66)	(4.68)

续表

Variable	(1)	(2)	(3)	(4)	(5)	(6)
	东部		中部		西部	
	R&D1	R&D1	R&D1	R&D1	R&D1	R&D1
First	0.002***	0.002***	0.003**	0.003**	0.003	0.003
	(3.51)	(3.51)	(2.27)	(2.26)	(1.47)	(1.47)
Dual	0.097***	0.097***	0.040	0.040	0.162**	0.163**
	(5.53)	(5.53)	(0.94)	(0.93)	(2.29)	(2.29)
Indp	−0.297**	−0.297**	−1.388***	−1.392***	0.351	0.349
	(−2.07)	(−2.07)	(−4.30)	(−4.31)	(0.73)	(0.72)
Fixed	0.004***	0.004***	0.009***	0.009***	0.009***	0.009***
	(4.86)	(4.86)	(4.56)	(4.57)	(3.02)	(3.03)
Intensi	−0.257***	−0.256***	−0.207***	−0.207***	−0.243***	−0.243***
	(−19.55)	(−19.55)	(−6.11)	(−6.12)	(−5.05)	(−5.06)
Lev	−0.006***	−0.006***	−0.008***	−0.008***	−0.003	−0.003
	(−11.49)	(−11.49)	(−6.39)	(−6.40)	(−1.30)	(−1.29)
Liquid	−0.003	−0.003	−0.024***	−0.024***	0.003	0.003
	(−1.35)	(−1.34)	(−3.53)	(−3.57)	(0.38)	(0.37)
Cash	−0.002**	−0.002**	0.004**	0.004**	0.005*	0.005*
	(−2.51)	(−2.51)	(2.15)	(2.15)	(1.65)	(1.67)
CF	0.016***	0.016***	0.022***	0.022***	0.016***	0.016***
	(12.80)	(12.81)	(7.74)	(7.74)	(3.62)	(3.63)
Constant	−4.397***	−4.391***	−5.434***	−5.504***	−6.376***	−6.451***
	(−27.11)	(−27.16)	(−11.09)	(−11.41)	(−11.16)	(−11.39)
Observations	9,301	9,301	2,605	2,605	1,514	1,514
R-squared	0.673	0.673	0.620	0.620	0.623	0.623
Industry	YES	YES	YES	YES	YES	YES
Year	YES	YES	YES	YES	YES	YES

注：*** $p < 0.01$，** $p < 0.05$，* $p < 0.1$，括号内代表 t 值。

表 1-37 环境规制的调节效应

Variable	(1)	(2)	(3)	(4)	(5)	(6)
	东部		中部		西部	
	Patent1	Patent1	Patent1	Patent1	Patent1	Patent1
FM	−0.088**	−0.074***	−0.316	−0.135	−0.085	−0.077
	(−2.30)	(−2.83)	(−1.56)	(−1.26)	(−0.47)	(−0.91)
ER	0.167	0.233	10.506***	11.083***	8.896***	8.881***
	(0.32)	(0.45)	(3.64)	(3.90)	(4.23)	(4.27)

续表

Variable	(1)	(2)	(3)	(4)	(5)	(6)
	东部		中部		西部	
	Patent1	Patent1	Patent1	Patent1	Patent1	Patent1
ER2	−0.580	−0.668	−15.971***	−16.604***	−11.820***	−11.723***
	(−1.07)	(−1.23)	(−3.83)	(−3.99)	(−3.71)	(−3.62)
FM × ER	0.117*		0.836		−0.021	
	(1.69)		(1.39)		(−0.03)	
FM × ER2		0.155**		0.848		−0.171
		(2.02)		(0.95)		(−0.18)
Size	0.804***	0.804***	0.660***	0.660***	0.715***	0.716***
	(59.53)	(59.51)	(23.13)	(23.12)	(21.89)	(21.90)
Age	−0.215***	−0.214***	−0.511***	−0.511***	−0.742***	−0.742***
	(−4.98)	(−4.97)	(−5.14)	(−5.13)	(−5.78)	(−5.78)
ROA	0.001***	0.001***	0.001**	0.001**	0.003**	0.003**
	(4.12)	(4.11)	(2.02)	(2.02)	(2.48)	(2.48)
First	−0.001	−0.001	−0.001	−0.001	−0.005**	−0.005**
	(−0.90)	(−0.91)	(−0.61)	(−0.60)	(−2.36)	(−2.36)
Dual	0.008	0.008	0.126**	0.125**	−0.032	−0.032
	(0.28)	(0.28)	(2.16)	(2.15)	(−0.39)	(−0.39)
Indp	−0.182	−0.182	−1.120**	−1.128**	−0.383	−0.382
	(−0.80)	(−0.79)	(−2.42)	(−2.44)	(−0.68)	(−0.68)
Fixed	0.011***	0.011***	0.004	0.004	−0.006**	−0.006**
	(7.69)	(7.70)	(1.47)	(1.49)	(−2.10)	(−2.11)
Intensi	−0.400***	−0.400***	−0.293***	−0.294***	−0.394***	−0.394***
	(−20.58)	(−20.58)	(−6.46)	(−6.47)	(−7.71)	(−7.71)
Lev	−0.008***	−0.008***	−0.008***	−0.008***	−0.000	−0.000
	(−9.31)	(−9.31)	(−5.11)	(−5.12)	(−0.19)	(−0.19)
Liquid	−0.009***	−0.009***	−0.048***	−0.048***	−0.019**	−0.019**
	(−2.62)	(−2.59)	(−5.09)	(−5.08)	(−1.99)	(−1.98)
Cash	−0.002*	−0.002*	0.006**	0.006**	0.004	0.004
	(−1.85)	(−1.85)	(2.31)	(2.33)	(1.20)	(1.20)
CF_L	0.008***	0.008***	0.012***	0.012***	0.006	0.006
	(4.35)	(4.36)	(3.11)	(3.10)	(1.34)	(1.34)
Constant	−4.506***	−4.515***	−3.666***	−3.786***	−3.368***	−3.371***
	(−18.16)	(−18.25)	(−5.45)	(−5.71)	(−5.37)	(−5.43)
Observations	9,519	9,519	2,699	2,699	1,646	1,646
R-squared	0.433	0.433	0.411	0.411	0.510	0.510
Industry	YES	YES	YES	YES	YES	YES
Year	YES	YES	YES	YES	YES	YES

注：*** $p < 0.01$，** $p < 0.05$，* $p < 0.1$，括号内代表 t 值。

第六节　结语与建议

一、结语

首先，金融错配对制造业企业技术创新水平具有显著的负向影响；其次，环境规制对制造业企业的创新水平呈现"倒 U"形趋势；再次，环境规制能够影响制造业企业的金融错配程度，且呈"U"形趋势；最后，环境规制能够明显缓解金融错配对制造业企业创新水平的抑制作用。环境规制与金融错配的交互项可以通过提高企业融资效率、降低企业代理成本这两种渠道来影响制造业企业的技术创新水平。

通过创新产出类型异质性分析发现，无论是实质性创新还是一般性创新产出，企业金融错配程度都呈现显著的负向影响。相较于一般性创新，环境规制对实质性创新产出的影响不显著，这可能由于发明专利的产出需要 3~5 年甚至更长的时间，但是加强环境规制水平能够缓解金融错配对企业实质性创新的产出水平。通过企业产权性质的异质性分析发现，金融错配对国有企业和非国有企业的创新投入和创新产出都有显著的负向影响；环境规制强度对两种产权性质的企业的创新投入都呈现显著的"倒 U"形趋势，但其对国有企业的创新产出不显著；环境规制对非国有企业的金融错配程度呈显著的"U"形趋势，而对国有企业的影响不显著；环境规制的调节效应对国有以及非国有企业的创新投入均有显著的正向调节作用，但只对国有企业的创新产出有显著的影响；通过地区异质性分析发现，金融错配对东西地区的企业创新水平呈显著的负向影响；环境规制对三个地区的企业创新的影响均呈"倒 U"形；环境规制只对中部地区企业的金融错配有显著的"U"形影响；至于环境规制的调节作用只对中部地区的创新投入水平以及东部地区的创新产出水平显著。

二、政策建议

（一）完善金融体制，推动金融体系对制造业企业创新的精准支持

（1）发展高效率的资本市场。政府可以放宽规定，让更多金融机构进入市场，增加竞争，充分利用市场力量帮助金融机构更好地配置资源，让更多的资金流向真正需要的高效企业，促进其创新发展。其次，要改善中小企业和民营

企业的融资环境，消除不公平的信贷行为，提高信贷配置效率，更好地促进创新发展，推动经济稳定增长。

（2）加强对制造企业的精准金融支持，引导社会资本参与制造业创新。制造业企业需要大量的资金支持，这是提高其创新水平的基础。首先要让制造业更容易获得贷款，特别是对于环保创新项目要加大资金支持。其次，政府应该让货币政策直接惠及实体经济。对那些效率高的制造业企业提供更多的贷款支持，加强银行和企业的联系，了解企业的融资需求，提供更合适的金融工具。最后，政府还应该加强银行和其他金融机构的合作，引导更多的投资基金和保险资金流向制造业企业，为它们提供更多的资金支持。

（3）推动东西部地区项目合作，降低区域间的发展不平衡。在我国东部地区，制造业企业比较多且技术比较先进，但是它们可能没有足够的资金来推动创新。在我国西部地区，政府提供了大量的补贴和金融支持，但是缺乏相应的技术和人才，因此创新水平相对较低。为了解决这个问题，政府应该鼓励东部地区和西部地区的企业进行合作。一方面可以缓解东部地区的资金压力；另一方面可以为西部地区带来先进的技术以及人才，从而促进区域发展的平衡，实现全国高质量的均衡发展。

（二）环境规制实施需政企共同努力，培育制造业企业创新能力

（1）政府应以现实为基础制定环境政策，以市场为导向加强环境规制。环境规制部门需要根据制造业的实际情况，制定更加适宜的环境规制措施，以提高环境保护的效果，同时也需要考虑规制对技术创新和产出的影响。这意味着需要评估环境规制强度和制造业发展之间的拐点，以确保规制不会阻碍制造业的创新和发展。与此同时，市场机制也应该被充分利用，采取合理的环境规制措施，以促使企业在市场需求和环境规制的双重压力下改进生产过程，并寻求新的发展机遇。这不仅可以促进制造业的产业结构升级，还可以推动绿色转型，实现环境保护与经济发展的良性循环。因此，环境规制部门应该制定科学、合理的环境规制标准，既能保证环境保护，也不会对制造业发展造成过大的负担。

（2）企业应该树立环保责任意识，积极响应环境规制政策。在我国经济高速发展阶段，制造业企业对环境污染问题有着不可推卸的责任。因此，这些企业通常会面临着比较严格的环境监管以及较高的治污成本。在这种背景下，企业应该意识到技术创新是弥补企业治污成本增加的重要手段，将创新作为

企业发展的内在动力，从而保持企业的长期市场竞争力。此外，企业不应把环境规制当作负担，而是应该抓住转型发展的机会，与政府协同利用政策，促进企业技术创新和绿色增长。通过技术创新和环保投资，企业可以实现减少污染物排放、提高资源利用率、降低生产成本和提升产品质量等多重目标，从而实现可持续发展。因此，企业应该认真对待环境问题，加强环境管理，落实企业社会责任，积极履行环保义务，实现经济效益、社会效益和环境效益的协调发展。

（三）实现环境规制与金融政策有效协同，促进制造企业创新

（1）推动环境规制与金融体系多部门协作，放大创新激励效应。为了推进环保工作和促进制造业企业创新发展，需要推动环境规制与金融体系之间的多部门协作，以放大创新激励效应。合理的环境规制设计可以促进技术进步和环境保护，良好的金融体制可以为企业的技术创新提供资金支持。然而，有效的创新激励需要各相关部门的协作配合。在现有政策制度中，环境规制与金融制度通常相对独立，相关部门需要在政策制度设计与实施过程中具有协作意识，实现两者创新激励效应的相辅相成、相互促进。通过建立更加紧密的政策协调机制，协调环境规制和金融体系之间的关系，避免重复、冲突的政策，提高政策的执行效率。只有多部门协作，共同推进环境规制和金融体系改革，才能实现环境保护和经济发展的良性循环，推动社会的可持续发展。

（2）将金融工具纳入环境政策手段，促进金融机构参与环境规制实施。将金融工具纳入环境政策手段，可以促进金融机构参与环境规制实施，同时也为环境规制提供了新的思路。一方面，利用金融工具来支持环境规制的执行。例如设立专项基金、发行绿色债券、提供风险担保等，以降低制造业企业实施节能减排和清洁技术创新的成本和风险。另一方面，利用金融工具来监督环境规制的效果，例如建立信息披露机制、引入第三方评估机构、设立奖惩机制等，可以加强对制造业企业的信用评级和监管，为金融机构提供更加可靠的企业投资信息，从而促进企业的融资和发展。此外，将金融工具纳入环境政策也可以为金融产品的创新提供新的方向，优化金融资源的配置。同时，通过创新金融产品，可以为制造业企业研发活动提供更多的融资渠道和更加灵活的融资方式。因此，将金融工具纳入环境政策手段，可以促进金融机构参与环境规制实施，优化金融资源的配置，同时也可以为环境规制提供更多的支持和创新思路，从而推动可持续发展。

参 考 文 献

[1] 李青原，李江冰，江春，Kevin X.D.Huang. 金融发展与地区实体经济资本配置效率——来自省级工业行业数据的证据[J]. 经济学（季刊），2013, 12(2): 527-548.

[2] 靳来群. 所有制歧视所致金融资源错配程度分析[J]. 经济学动态，2015(6): 36-44.

[3] 钱雪松，康瑾，唐英伦等. 产业政策、资本配置效率与企业全要素生产率——基于中国2009年十大产业振兴规划自然实验的经验研究[J]. 中国工业经济，2018(8): 42-59.

[4] 康志勇. 金融错配阻碍了我国本土企业创新吗？[J]. 研究与发展管理，2014, 26(5): 63-72.

[5] Wurgler J. Financial markets and the allocation of capital[J]. Journal of financial economics, 2000, 58(1-2): 187-214.

[6] 鲁晓东. 金融资源错配阻碍了我国的经济增长吗[J]. 金融研究，2008(4): 55-68.

[7] 符瑞武. 金融资本错配对企业部门债务的影响研究[D]. 南京：南京大学，2021.

[8] 邵挺. 金融错配、所有制结构与资本回报率：来自1999~2007年中国工业企业的研究[J]. 金融研究，2010(9): 51-68.

[9] Hsieh C T, Klenow P J. Misallocation and manufacturing TFP in China and India[J]. The Quarterly journal of economics, 2009, 124(4): 1403-1448.

[10] Brandt L, Tombe T, Zhu X. Factor market distortions across time, space and sectors in China[J]. Review of Economic Dynamics, 2013, 16(1): 39-58.

[11] Aoki S. A simple accounting framework for the effect of resource misallocation on aggregate productivity[J]. Journal of the Japanese and International Economies, 2012, 26(4): 473-494.

[12] 陈永伟，胡伟民.价格扭曲、要素错配和效率损失：理论和应用[J]. 经济学（季刊），2011, 10(4): 1401-1422.

[13] Ozbas O. Integration, organizational processes, and allocation of resources[J]. Journal of Financial Economics, 2005, 75(1): 201-242.

[14] Eisfeldt A L, Rampini A A. Managerial incentives, capital reallocation, and the business cycle[J]. Journal of Financial Economics, 2008, 87(1): 177-199.

[15] Midrigan V, Xu D Y. Finance and misallocation: Evidence from plant-level data[J]. American economic review, 2014, 104(2): 422-58.

[16] 王欣，曹慧平.金融错配对我国制造业全要素生产率影响研究[J]. 财贸研究，2019, 30(9): 43-53.

[17] 鞠市委. 我国金融资源错配及其影响研究[J]. 技术经济与管理研究，2016(7): 80-87.

[18] 曹源芳. 金融错配对宏观经济下行风险存在异质性冲击吗？——基于规模效应与效率效应的维度[J]. 审计与经济研究，2020, 35(2): 87-97.

[19] 成力为，温源，张东辉. 金融错配、结构性研发投资短缺与企业绩效——基于工业企业大样本面板数据分析[J]. 大连理工大学学报（社会科学版），2015, 36(2): 26-33.

[20] 张庆君，李萌. 金融错配、企业资本结构与非效率投资[J]. 金融论坛，2018, 23(12): 21-36.

[21] 韩珣，李建军. 金融错配、非金融企业影子银行化与经济"脱实向虚"[J]. 金融研究，

2020(8): 93-111.

[22] Gorodnichenko Y, Schnitzer M. Financial constraints and innovation: Why poor countries don't catch up[J]. Journal of the European Economic association, 2013, 11(5): 1115-1152.

[23] 戴静，张建华. 金融所有制歧视、所有制结构与创新产出——来自中国地区工业部门的证据[J]. 金融研究，2013(5): 86-98.

[24] 张建华，杨小豪.政府干预、金融错配与企业创新——基于制造业上市公司的研究[J].工业技术经济，2018, 37(9): 11-20.

[25] 同小歌，冉茂盛，李万利. 金融错配与企业创新——基于政策扭曲与金融摩擦研究[J]. 科研管理，2022, 43(7): 69-76.

[26] 冉茂盛，同小歌. 金融错配、政治关联与企业创新产出[J]. 科研管理，2020, 41(10): 89-97.

[27] 刘斌斌，左勇华. 金融错配影响技术创新的政府补贴效应分析——基于企业控股权性质差异视角[J]. 科研管理，2022, 43(1): 61-69.

[28] 尚秀丽. 环境规制影响经济增长可持续性的机制研究——基于中介效应的实证分析[J]. 云南财经大学学报，2022, 38(7): 1-17.

[29] 宋雯彦，韩卫辉. 环境规制、对外直接投资和产业结构升级——兼论异质性环境规制的门槛效应[J]. 当代经济科学，2021, 43(2): 109-122.

[30] 秦炳涛，余润颖，葛力铭. 环境规制对资源型城市产业结构转型的影响[J]. 中国环境科学，2021, 41(7): 3427-3440.

[31] 郭然，原毅军.环境规制、研发补贴与产业结构升级[J]. 科学学研究，2020, 38(12): 2140-2149.

[32] 杨岚，周亚虹. 环境规制与城市制造业转型升级——基于产业结构绿色转型和企业技术升级双视角分析[J]. 系统工程理论与实践，2022, 42(6): 1616-1631.

[33] 王旭霞，雷汉云，王珊珊. 环境规制、技术创新与绿色经济高质量发展[J]. 统计与决策，2022, 38(15): 118-122.

[34] 张爱美，李夏冰，金杰，吴卫红，杨雪宁. 环境规制、代理成本与公司绩效——来自化工行业上市公司的经验证据[J]. 会计研究，2021(8): 83-93.

[35] 邹国伟，周振江. 环境规制、政府竞争与工业企业绩效——基于双重差分法的研究[J].中南财经政法大学学报，2018(6): 13-21; 158-159.

[36] 史永东，陈火亮，宋明勇. 环境规制影响企业融资约束吗？——基于新《环保法》的准自然实验[J]. 证券市场导报，2022(8): 8-19.

[37] 魏佳慧，耿成轩. 环境规制能提高企业融资效率吗？——基于重污染行业和清洁能源行业的研究[J]. 济南大学学报（社会科学版），2022, 32(3): 111-120.

[38] 于连超，董晋亭，王雷，毕茜. 环境管理体系认证有助于缓解企业融资约束吗？[J]. 审计与经济研究，2021, 36(6): 116-126.

[39] 杨冕，袁亦宁，万攀兵. 环境规制、银行业竞争与企业债务融资成本——来自"十一五"减排政策的证据[J]. 经济评论，2022(2): 122-136.

[40] 何凌云，祁晓凤.环境规制与绿色全要素生产率——来自我国工业企业的证据[J]. 经济学动态，2022(6): 97-114.

[41] 游达明，李琳娜. 环境规制强度、前沿技术差距与企业绿色技术创新[J]. 软科学，2022,

36(8): 108-114.

[42] Ramanathan R, Black A, Nath P, et al. Impact of environmental regulations on innovation and performance in the UK industrial sector[J]. Management Decision, 2010, 48(10): 1493-1513.

[43] Kneller R, Manderson E. Environmental regulations and innovation activity in UK manufacturing industries[J]. Resource and Energy Economics, 2012, 34(2): 211-235.

[44] 张根文，邱硕，张王飞. 强化环境规制影响企业研发创新吗——基于新《环境保护法》实施的实证分析[J]. 广东财经大学学报，2018, 33(6): 80-88; 101.

[45] 余得生，李星. 环境规制、融资约束与企业创新[J]. 生态经济，2021, 37(4): 44-49; 79.

[46] Porter M E, Van der Linde C. Toward a new conception of the environment-competitiveness relationship[J]. Journal of economic perspectives, 1995, 9(4): 97-118.

[47] Lanjouw J O, Mody A. Innovation and the international diffusion of environmentally responsive technology[J]. Research policy, 1996, 25(4): 549-571.

[48] Jaffe A B, Palmer K. Environmental regulation and innovation: a panel data study[J]. Review of economics and statistics, 1997, 79(4): 610-619.

[49] Berman E, Bui L T M. Environmental regulation and productivity: evidence from oil refineries[J]. Review of Economics and Statistics, 2001, 83(3): 498-510.

[50] Hamamoto M. Environmental regulation and the productivity of Japanese manufacturing industries[J]. Resource and energy economics, 2006, 28(4): 299-312.

[51] 何兴邦.环境规制、政治关联和企业研发投入——基于民营上市企业的实证研究[J].软科学，2017, 31(10): 43-46; 51.

[52] 熊航，静峥，展进涛. 不同环境规制政策对我国规模以上工业企业技术创新的影响[J]. 资源科学，2020, 42（7）: 1348-1360.

[53] 谢乔昕. 环境规制、绿色金融发展与企业技术创新[J]. 科研管理，2021, 42(6): 65-72.

[54] 王分棉，贺佳，孙宛霖. 命令型环境规制、ISO 14001 认证与企业绿色创新——基于《环境空气质量标准（2012）》的准自然实验[J]. 中国软科学，2021(9): 105-118.

[55] 袁丽静，郑晓凡. 环境规制、政府补贴对企业技术创新的耦合影响[J]. 资源科学，2017, 39(5): 911-923.

[56] 冯宗宪，贾楠亭. 环境规制与异质性企业技术创新——基于工业行业上市公司的研究[J]. 经济与管理研究，2021, 42(3): 20-34.

[57] 王芋朴，陈宇学. 环境规制、金融发展与企业技术创新[J]. 科学决策，2022(1): 65-78.

[58] 王国印，王动. 波特假说、环境规制与企业技术创新——对中东部地区的比较分析[J]. 中国软科学，2011(1): 100-112.

[59] 沈能，刘凤朝. 高强度的环境规制真能促进技术创新吗——基于"波特假说"的再检验[J]. 中国软科学，2012(4): 49-59.

[60] 李雨梦，周兵. 融资约束视角下"波特假说"仍有效吗——基于成渝地区双城经济圈及其他经济圈的比较研究[J]. 现代经济探讨，2022(1): 93-103.

[61] 李荣锦，杨阳. 环境规制、金融资源配置与绿色发展效率[J]. 生态经济，2020, 36(5): 147-152.

[62] 李斌. 信贷资源配置效率、环境规制强度与产业结构优化[J]. 财会通讯，2021(2): 65-68.

[63] 张月芳. 环境规制、资源配置与绿色技术创新关系研究[J]. 价格理论与实践，2022(5): 190-193.

[64] 甘雨琳. 金融资源配置、环境规制与经济增长质量[D]. 广东财经大学，2020.

[65] 韩超，张伟广，冯展斌. 环境规制如何"去"资源错配——基于我国首次约束性污染控制的分析[J]. 中国工业经济，2017(4): 115-134.

[66] 肖涵月，孙慧，王慧，辛龙. 创新抑或资源再配置：环境规制如何影响总生产率增长[J]. 生态经济，2022, 38(4): 128-136; 153.

[67] 李凯风，夏勃勃，郭兆旋. 金融错配、环境规制与工业绿色全要素生产率[J]. 统计与决策，2021, 37(18): 145-148.

[68] 李秀珍，张云，王向进. 信贷配置、环境规制与绿色技术创新[J]. 上海经济研究，2022(1): 95-103.

[69] 陆格格. 金融错配、负债结构与企业创新：国际经验证据[D]. 浙江大学，2019.

[70] 余明桂，潘红波. 政治关系、制度环境与民营企业银行贷款[J]. 管理世界，2008(8): 9-21; 39; 187.

[71] 卢峰，姚洋. 金融压抑下的法治、金融发展和经济增长[J]. 中国社会科学，2004(1): 42-55; 206.

[72] 邢志平，靳来群. 政府干预的金融资源错配效应研究——以我国国有经济部门与民营经济部门为例的分析[J]. 上海经济研究，2016(4): 23-31; 68.

[73] Hall B H, Lerner J. The financing of R&D and innovation[M]//Handbook of the Economics of Innovation. North-Holland, 2010(1): 609-639.

[74] 马光荣，刘明，杨恩艳. 银行授信、信贷紧缩与企业研发[J]. 金融研究，2014(7): 76-93.

[75] Czarnitzki D, Hottenrott H. R&D investment and financing constraints of small and medium-sized firms[J]. Small business economics, 2011, 36(1): 65-83.

[76] 谢平，陆磊. 资源配置和产出效应：金融腐败的宏观经济成本[J]. 经济研究，2003(11): 3-13; 91.

[77] 谢家智，刘思亚，李后建. 政治关联、融资约束与企业研发投入[J]. 财经研究，2014, 40(8): 81-93.

[78] Zhou W. Political connections and entrepreneurial investment: Evidence from China's transition economy[J]. Journal of business venturing, 2013, 28(2): 299-315.

[79] Aghion P, Askenazy P, Berman N, et al. Credit constraints and the cyclicality of R&D investment: Evidence from France[J]. Journal of the European Economic Association, 2012, 10(5): 1001-1024.

[80] Murphy K M, Shleifer A, Vishny R W. Why is rent-seeking so costly to growth?[J]. The American Economic Review, 1993, 83(2): 409-414.

[81] 安彦文. 环境规制对制造业产业创新效率的影响研究[D]. 云南财经大学，2022.

[82] 冯玉梅，杨瑞桐. 金融资源配置效率及其影响因素研究综述[J]. 武汉金融，2018(9): 50-56.

[83] 宋晓薇. 环境规制下金融资源空间配置对区域技术创新的作用机制研究[D]. 江西财经大学，2017.

[84] 杨熠，李余晓璐，沈洪涛. 绿色金融政策、公司治理与企业环境信息披露——以 502 家

重污染行业上市公司为例[J]. 财贸研究，22(5): 131-139.

[85]　邵长花. 环境规制下金融发展对绿色技术创新的影响研究[D]. 青岛科技大学，2021.

[86]　宋瑛，张海涛，廖蓥. 环境规制抑制了技术创新吗？——基于我国装备制造业的异质性检验[J]. 西部论坛，2019, 29(5): 114-124.

[87]　白俊，连立帅. 信贷资金配置差异:所有制歧视抑或禀赋差异？[J]. 管理世界，2012(6): 30-42; 73.

[88]　邓路，刘瑞琪，廖明情. 宏观环境、所有制与公司超额银行借款[J]. 管理世界，2016(9): 149-160.

[89]　苏冬蔚，曾海舰. 宏观经济因素与公司资本结构变动[J]. 经济研究，2009, 44(12): 52-65.

[90]　翟光宇，王瑶. 金融发展、两类代理成本与企业研发投入——基于2009—2018年A股上市公司的实证分析[J]. 国际金融研究，2022(3): 87-96.

[91]　Ang J S, Cole R A, Lin J W. Agency costs and ownership structure[J]. The Journal of Finance, 2000, 55(1): 81-106.

第二章

碳排放权交易市场

碳排放权交易来源于排污权交易，作为一种环境经济政策，各国相继将排污权交易作为污染防治管理的重要手段。具体做法为政府机构通过招标、拍卖等方式分给排污者相应排放份额，即排污权，排污者须在排放份额限度内排污，超过限额需要到交易市场上向有盈余排放份额者购买排污权，即多余的排放份额可以通过出售获益。

第一节　国际碳排放权交易市场

由于全球气候变暖问题日益严重，100 多个国家于 1997 年签订了《京都议定书》，旨在约束各国的污染排放，碳排放权交易是其中重要的减排机制。碳排放权的含义与排污权相似，其所指代的对象是能源消耗过程中产生的温室气体，碳排放权交易市场的交易对象为碳排放限额，一国若不能达到减排目标，可向其他国家购买剩余的排放限额。同样，企业如果通过技术创新，提高能源使用效率等手段减少温室气体排放，那么多余的碳排放限额就可通过向限额需求者出售来获取收益。运用碳排放权交易这一市场型环境规制手段，不仅能控制区域内碳排放总量，有利于生态环境保护，而且能激励企业进行技术创新，有利于企业自身长远发展，同时促进经济增长。

一、欧洲市场

碳排放权交易早在 2002 年就被荷兰率先运用，但碳排放权交易市场于 2005 年正式成立，2008 年其市场规模已达到 1263 亿美元，并且不断吸引着证券公司、投资银行及私募基金等金融机构，涌现出种类繁多的碳交易金融产品。

作为全球三大排放交易中心之一的欧盟排放交易体系（以下简称 EU ETS），自 2005 年成立以来，成交量和成交额持续上升，且远超其他同类碳交易市场，交易品种主要为碳期权、碳期货等衍生金融产品，是全球最大的碳排放交易市场。EU ETS 的减排单位为 EUA，参与方式为强制性参与，配额分配以免费分配为主，拍卖方式为辅，运作模式为总量控制和配额交易相结合，行业覆盖范围和温室气体涉及种类逐步扩大，为其他国家推动碳排放权交易的建立提供了经验借鉴。

二、美国与澳大利亚市场

2003 年成立以来的芝加哥气候交易所（CCX），是北美地区的自愿性碳排放交易平台，在欧洲设有分支机构，其会员来自世界各地。CCX 的减排单位为 CFI，按照基线确定减排指标进行配额分配，涉及排放行业近几十种，交易品种较为完备。

澳大利亚于 2003 年设立的新南威尔士州温室气体减排计划（NSW GGAS），属于强制性交易市场，其减排单位为减排许可证书（NGAC），按照基线确定减排指标进行配额分配，涉及排放行业主要以电力行业为主，同时借助能效项目，用于抵消温室气体排放量。

目前，已有多个国家建立起区域性的碳交易体系，碳排放权交易市场已成为国际上新兴的金融市场。

三、碳排放权交易市场分类

国际上碳排放权交易市场根据交易对象可分为两大类：一类是配额交易市场，其交易对象是碳排放配额，如欧盟配额（EUA）、国际排放权交易机制（IET）中的分配数量单位（AAU），其参与主体为发达国家；另一类是项目交易市场，其交易对象为碳信用，如联合履约机制（CDM）中的核证减排量（CER），其适用范围是发达国家和发展我国家之间进行的交易，如清洁发展机制（JI）中的排放削减量（ERU），其参与主体仅为发达国家。根据组织形式可划分为场内交易市场和场外交易市场，最初以场外交易为主，随着交易规模的扩大，越来越多的场内碳交易平台建立起来，遍布世界，其中以欧洲交易市场最为广泛。从设立碳交易市场的法律基础来看，可分为自愿交易市场和强制交易市场，我国碳排放权交易市场以强制性参与为主。

第二节 国内碳排放权交易市场建设

一、碳排放权交易试点阶段

2013 年我国全面启动的碳排放权交易试点政策,是发展低碳经济的动力机制和运行机制,作为一种市场激励型环境规制工具,能有效减少碳排放量,是我国实现双碳目标的重要政策工具。图 2-1 是我国历年来二氧化碳排放量的具体组成情况,可以看到,我国二氧化碳排放主要来自于煤炭燃烧,且随着经济的不断发展,二氧化碳排放量逐年增加。但在 2013 年我国开展试点省市碳排放权交易政策以后,由于煤炭燃烧产生的二氧化碳开始减少,相应的,碳排放总量也有所下降,可见,碳排放权交易政策对于我国减少二氧化碳排放量发挥着重要作用。

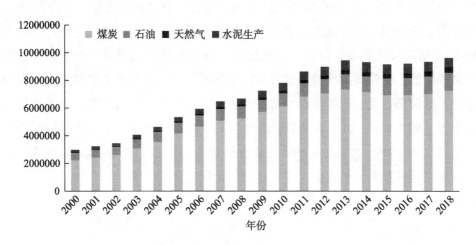

图 2-1 我国二氧化碳排放量组成情况

注:数据来源于 China Emission Accounts & Datasets:ceads.net。

(一)省市试点

2013 年,深圳、上海、北京、广东、天津率先启动了碳排放权交易,标志着我国正式开启了碳减排的新旅程;湖北和重庆分别于 2014 年 4 月和 6 月启动碳交易,随后将四川和福建也纳入试点地区,并于 2016 年先后启动碳交易。为确保试点碳市场的顺利运行,各试点省市出台了一系列相应政策措施,如《深圳经济特区碳排放管理若干规定》《湖北省碳排放权管理和交易暂行办法》《重庆市碳排放配额管理细则（试行）》《上海市碳排放管理试行办法》等等。先行的几个试点地区为碳排放权交易市场在全国顺利推广积累了宝贵的经验。

碳交易市场试点省市以传统的高耗能行业为主，但相互之间也略有差异，其中，北京和深圳以第三产业发展为主，企业碳排放量相对较少，故控排门槛也较低；相比之下，湖北的控排门槛相对较高。各试点省市碳配额交易价格差异较大，相较于国外，市场参与度不高，价格代表性有限。试点碳排放权交易市场在发电行业配额现货市场运行良好的基础上，不断纳入电力、钢铁、水泥等近 20 多个行业，累计配额成交量和成交金额不断上涨。截至 2021 年 12 月 31 日,试点碳市场配额累计成交量为 4.83 亿吨,成交额为 86.22 亿元。

图 2-2 是截至 2022 年 12 月 31 日,各试点省市碳排放权交易市场累计配额成交量和成交额的占比情况。从图中可以看到，广东省的碳配额累计成交量和成交额均位于首位,总成交额占比近 40%,其次是湖北,总成交额占比为 21.3%。重庆和上海的累计配额成交量和成交额较少。其中，重庆的总成交额占比不到 1%，表明未来发展空间巨大。相比之下，深圳的碳配额累计成交量和成交额排名较靠前，说明碳排放权交易政策效果显著。天津的总成交量和总成交额均略小于深圳市。北京的碳配额总成交量占比为 5.72%，排名第六，总成交量占比小于上海 5.90%，但其总成交额占比为 13.23%，排名第三，高于深圳的总成交额占比 11.09%，表明北京的碳交易价格较高。由此可见，各试点碳排放权交易政策实施情况差异较大。

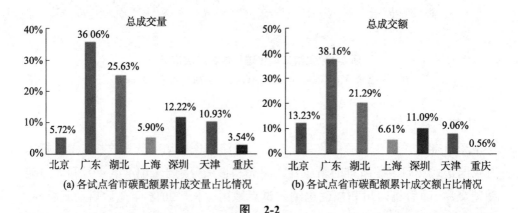

图　2-2

注：数据来源于北京环境交易所、广州碳排放权交易所、湖北碳排放权交易中心、上海环境能源
　　交易所、深圳碳排放权交易所、天津碳排放权交易所、重庆碳排放权交易中心。

（二）行业试点

2017 年，我国完成了碳交易市场电力行业的建设方案。2020 年年底，正式开启碳交易的第一个履约周期，2021 年 7 月启动发电行业全国碳排放权交易市场上线交易，并于当月 16 日启动全国碳排放权交易市场上线交易。我国首个纳入碳交易的行业是发电行业，履约期内纳入全国碳交易市场的发电行业重点排放企业共计 2161 家，排放量约占全国碳排放总量的 40%。其中有 1833 家企业按时完成配额清缴，总体配额履约率为 99.5%，这表明我国碳排放权交易市场施行较为成功。用于配额缺口的核证自愿减排量（CCER）共计约 3273 万吨，林业碳汇、风电、光伏等相关市场主体获益共计约 9.8 亿元。上述试点为激励企业节能降耗，实现我国能源结构调整，建设生态文明体系发挥了重要作用。

二、全国碳排放权交易市场运行框架基本建立

2020 年 9 月 22 日，习近平主席在联合国大会上第一次提出我国力争于 2030 年前二氧化碳排放达到峰值、2060 年前实现碳中和。目前，我国仍处在工业化进程中，实现"碳达峰""碳中和"面临巨大挑战。图 2-3 列示了 30 个省份 2019 年二氧化碳排放总量，可以发现，二氧化碳排放量较多的基本是能源大省

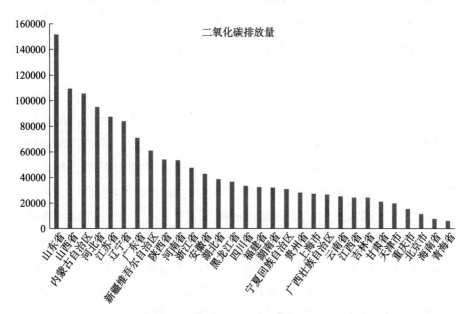

图 2-3 30 个省份二氧化碳排放总量

注：数据来源于国泰安（CSMAR）数据库。

或者制造业较多的省份。对此，我国应当大力发展低碳经济，以低能耗、低排放、低污染作为新的发展模式，逐渐摒弃传统经济增长模式，推动技术创新不断发展，并对能源、技术、产业等政策进行重大调整，实现经济发展与环境保护的有机融合。

为了保障碳排放权交易市场有序发展，国家发改委相继出台《温室气体自愿减排交易管理暂行办法》《碳排放权交易管理暂行办法》《关于落实全国碳排放权交易市场建设有关工作安排的通知》等系列政策法规。我国碳交易市场已成为世界上覆盖碳排放量规模最大的市场。其主要采取以总量控制型交易为主、以自愿减排交易为辅的模式，交易方式以现货交易为主。碳金融产品交易规模较小，难以发挥金融属性，市场价格发现功能不足，以控排企业的履约为交易目的。2022 年，碳交易主要集中在年末最后两个月，成交量占全年总交易量的 60% 以上，碳排放配额年度成交额为 28.14 亿元。截至 2022 年 12 月 22 日，全国碳交易市场累计成交额超过 100 亿元。2022 年度成交均价为 55.30 元/吨，全年交易价格波动幅度较小，市场交易价格稳中有升。

全国碳排放权交易市场运行框架基本建立，并将逐步扩大行业覆盖范围，扩大排放企业纳入范围，增加市场交易主体，提升市场活跃度。企业碳减排意识得到明显提升，控排企业碳交易意愿明显增强。随着排放认定标准与核算规则的逐步完善，碳排放数据质量有效提升，实现了预期目标。未来可对机构及公众个人的减排行为进行量化记录，将产生的减排量进行交易或者兑换商业权益、服务等方式，实现价值转化，促进整个社会的低碳化转型。

然而，全国碳排放权交易市场在发展中仍有一些问题尚待解决。第一，配额分配仍以免费分配方式发放，有偿分配比重较低，不利于企业减排意识的提升；且碳交易市场配额的过度分配，导致市场成交价格低，无法促使企业积极参与碳减排。第二，由于履约期内交易量在总交易量中占比较高，故会出现履约期前后市场成交量较大、成交价较高的现象。而非履约期内控排企业碳交易意愿不强，市场活跃度较低，导致流动性不足。第三，核证自愿减排量机制（CCER）中，个别项目不够规范，交易平台建设不够完善；碳排放的量化与数据质量保证（MRV）体系落实不到位。第四，政府委托第三方进行相关核查，可能会出现数据造假的问题；对未按时履行控排义务的企业惩罚力度偏低。第五，碳交易以现货交易为主，碳金融产品发展规模较小，交易量有限。

未来我国将构建碳排放权交易管理制度保障体系，不断丰富交易品种和交易方式，充分发挥市场机制的优势，促进绿色低碳技术创新。碳排放权交易市场不仅能有效减少温室气体排放，处理好经济发展与碳减排两者的关系，而且能促进全球碳定价机制的形成，为全球建立碳市场贡献我国智慧。

第三节　碳排放权交易理论基础

一、外部性

随着经济社会的不断发展，使用煤炭等化石燃料造成的二氧化碳过度排放对人类社会产生巨大威胁，碳排放属于经济学中典型的负外部性问题。新古典经济学家马歇尔最早提出"外部性"这一概念，把"外部性"分成正外部性和负外部性两种类别。碳排放造成的负外部性问题指经济主体在进行经济活动时，对环境造成的污染不需要付出任何成本代价，而要由整个社会承担。如图2-4 所示，经济主体在边际收益曲线 MR 和边际成本曲线 MC_1 的交点 E_1 达到均衡，最优碳排放量为 Q_1。由于经济主体并未承担污染而产生的成本代价，而由社会为之承担，故整个社会的边际成本曲线高于私人的边际成本曲线。此时，边际收益曲线 MR 和边际成本曲线 MC_2 在交点 E_2 处达到均衡，最优碳排放量为 Q_2。由于 $Q_2 < Q_1$，故负外部性导致经济主体的碳排放量增加了 $Q_1 - Q_2$。碳排放权交易利用市场机制控制和减少碳排放量，以解决负外部性的问题，是我国实现绿色低碳转型的重要举措。

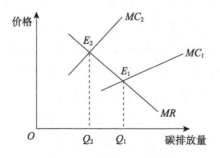

图 2-4　碳排放负外部性

二、科斯定理

为解决负外部性产生的不利影响，以庇古为首的经济学家主张通过政府干预的方式来使外部成本内部化，即命令控制型的政策工具如政府税收和补贴，相应地对污染排放者进行惩罚及对环境治理者进行奖励。然而，科斯提出的"科斯定理"与庇古的主张完全相反，其主张运用市场手段来解决资源配置的问题，即只要产权被清晰界定，在交易费用为零或很小的情况下，无论开始时将产权赋予谁，市场交易都可以实现资源的有效配置，外部性问题可以得到解决。碳排放权交易是一种市场导向型的环境政策工具，通过政府分配碳排放权配额，明确经济主体的排放权，实现碳排放的帕累托最优，从而促进碳减排。

三、公共产品理论

大气作为一种准公共产品，具有非排他性和竞争性。非排他性是指产品由全体社会成员共同享有，竞争性是指一部分人从产品中获益会影响其他人从同一产品中获益。由于大气属于公共资源，因此每个经济个体都力图享有更多的资源，这就会产生"公地悲剧"的问题，表现形式之一就是过度的碳排放。由于环境资源有限，如果不对排放行为加以约束，会对环境造成不可避免的危害。碳排放权交易通过政府控制和分配碳排放权配额，限制每个经济主体的排放量，经济主体会对排放成本和排放收益进行比较，从而做出最优排放量的选择，提高环境资源利用效率，实现环境资源的最优配置。

四、波特假说

环境规制是政府强化环境治理的重要手段。传统经济学理论认为，严格的环境规制会增加企业的成本支出，不利于其发展；与之相反，"波特假说"认为适当的环境规制会激励企业进行技术创新，从而导致企业生产力的提高。一方面，可以节约环境风险所造成的成本支出；另一方面，创新所带来的资本要素配置优化和技术进步会大幅度提升企业绩效，并且有可能使国内企业在国际市场上获得竞争优势，同时，有可能提高产业生产率。碳排放权交易政策作为一种环境规制手段，具有一定的创新激励效应。虽然进行技术创新的风险较高，且前期收益不明显，然而一旦成功，企业所获得的效益也较为可观，不仅通过绿色技术创新降低了碳排放量，达到环境规制要求，而且剩余的碳排放配额也能通过碳交易市场进行出售获得额外利润。此外，随着绿色发展的理念深入人心，环境友好型企业在市场中更能赢得竞争优势。

第三章

碳排放强度与企业研发产出

本章立足于环境规制的大背景，探讨碳排放强度与企业研发产出的关系。以2013—2019年我国试点地区纳入碳排放权交易的A股上市公司为研究对象，实证分析碳排放强度对企业研发产出的影响。在中国情境下间接验证了"波特假说"，并依据高层梯队等理论，将高管学历和薪酬激励作为调节变量，研究两者对碳排放强度与企业研发产出之间关系的调节效应；同时考虑到交互调节作用的存在，进一步研究高管学历和薪酬激励的联合调节效应。

第一节　问题的提出

碳排放权交易是一种利用市场机制控制和减少碳排放量的方式，是各国实现绿色低碳转型的重要举措（Zhang等，2017；Yan等，2020）。目前，各国都大力推广碳排放权交易，全球碳交易市场年平均交易金额已达300亿美元。已有较多实证研究结果表明，随着碳交易市场的规模不断增大，碳排放强度和总量呈现双降趋势（刘传明等，2019；任亚运等，2019）。二氧化碳减排需要克服重重困难，目前的应对方法主要有：一是用清洁能源替代传统的化石能源；二是通过绿色技术革新实现碳减排；三是运用高科技技术实现碳减排。无论采取哪一种方法，都要拥有节能减排的环保意识。当前，我国大力发展绿色经济，将节能减排、推行低碳经济作为国家发展的重要任务，旨在培育以低能耗、低污染为基础，以低碳排放为特征的新兴经济增长点。

为尽早实现"碳达峰"和"碳中和"，我国先后出台了一系列碳排放权交易政策，这些政策的实施，促进了高耗能、高污染企业产业结构升级和能源结构调整。张婕等（2022）基于我国上市公司面板数据，实证检验了碳排放权交易政策能显著提高高耗能企业碳减排，且呈现出先增后减的动态减排效果。碳排放权交易作为一种市场型环境规制手段，通过市场能有效传递碳价格信号，在市场收益诱导效应作用下，有助于推动企业进行自主技术创新，从而实现绿色低碳经济发展。胡玉凤等（2020）认为，碳交易在一定条件下能够兼顾企业效益与绿色效率，不仅能实现碳减排，还能促进企业全要素生产率和绿色全要素生产率的提高。孙建（2020）实证研究了环保政策、技术创新对碳排放的影响，认为环境治理投资冲击能有效促进碳排放，而专有技术设备投资冲击，对碳排放强度的影响较小。张翼（2017）认为，绿色技术溢出有利于降低碳排放强度，但由于各地区利用程度有较大差异，因此会加大地区碳排放强度的差距。

碳交易市场作为二级市场，能有效连接碳配额的出售方与购买方，实现双方资金融通，为碳资产提供流动性，有利于碳资产的价值实现。张涛等（2022）利用双重差分模型实证探究了碳排放权交易政策通过缓解企业投资不足的方式，促进企业投资效率的提升。一些学者从企业自主技术创新对碳减排的影响进行研究：周杰琦等（2014）从创新产出的角度考察自主技术创新对 CO_2 减排的影响，发现三种专利都显著促进了碳减排；韩坚等（2014）认为，技术创新效率与碳排放总量和碳排放强度都存在负向关系；鄢哲明等（2017）发现，影响碳强度变化的关键因素有能源使用结构和低碳技术创新，且低碳技术创新对碳强度具有显著的抑制效应。

波特假说认为，适当的环境规制有利于企业技术创新，从而导致企业生产力的提高。一方面，可以节约环境风险所造成的成本支出；另一方面，创新所带来的资本要素配置优化和技术进步会大幅度提升企业绩效，并且有可能使国内企业在国际市场上获得竞争优势，同时，有可能提高产业生产率（Porter，1995）。在环境规制的大背景下，企业能否实现绿色低碳经济发展，不仅关系到生态文明建设，同时关系到企业以何种方式参与碳排放权交易及实现碳减排目标。基于此，本书实证分析了碳排放强度与企业研发产出之间的关系，对现有的研究进一步完善。

作为企业的战略决策制定与执行层，企业高管对企业的经营管理有很大的决策权和控制权。根据高阶理论，企业高管做出的重大决策受个人背景特征影响（Hambrick 等，2015）。因此，企业的创新投入易受高管个人导向特征的影响，但目前只有少部分学者探讨高管个人特征对企业创新活动可能造成的影响。许荣等（2019）研究发现，院士（候选人）独立董事与企业创新存在显著正相关关系，且院士（候选人）独董的任期和兼职公司数量在两者关系中起正向调节作用。此外，女性院士（候选人）独董对企业创新产生的影响更大。周鹏冉等（2020）研究认为，CEO 任期与企业自主创新能力之间存在正向相关关系，且 CEO 权力集中度在其中发挥正向调节作用。张劲帆等（2017）研究表明，对高管进行股权激励的企业在 IPO 后创新活动显著提高。

除此之外，宋林等（2019）发现高管政治关联和海外背景与企业创新能力间存在正相关关系；李华晶等（2006）认为，高管团队规模和受教育程度与企业创新之间没有显著关系；郝盼盼等（2020）发现，有改革开放经历的 CEO 能显著提升企业创新投资水平。Chevalier 等（1999）认为，CEO 的受教育程度对企业绩效产生重大影响；Wiersema 等（1992）认为，高学历的高管有更强的创新意识及应对变化有更强的适应能力。

高管个人特征如何影响企业研发产出，需要进一步探讨。高管的受教育程度作为典型的个人背景特征，在很大程度上影响着高管的决策执行方式，受教育程度不同的高管往往会做出不相同的决策。高管薪酬激励的高低，能从侧面反映出企业规模的大小，而不同规模的企业由于承受环境规制压力的能力各不相同，故企业的创新投入会产生差异。冯根福等（2021）认为，决定我国企业技术创新水平的关键内部因素是企业规模。可见，对高管学历和薪酬激励进行实证分析具有重要意义，两者对碳排放强度与企业研发产出之间关系的内在影响机制也需进一步探究。

基于上述考虑，立足于环境规制的大背景，探讨碳排放强度与企业研发产出的关系，试图回答以下问题：①碳排放强度对企业研发产出产生何种影响？②高管学历和薪酬激励在碳排放强度与企业研发产出之间是否产生调节效应，如何产生调节效应？即高管学历和薪酬激励是否强化或弱化碳排放强度对企业研发产出的影响？能否进一步检验两者是否产生以及如何产生联合调节效应？即某一变量在对主效应发挥调节作用时是否受到另一变量的影响？③在不同所有制和不同行业性质企业的各种具体情况下，碳排放强度对企业研发产出的影响有无差异？高管学历和薪酬激励对两者关系的调节效应是否相同？

碳排放强度与企业研发产出的研究模型如图 3-1 所示。

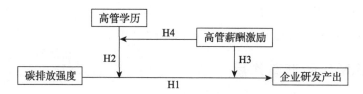

图 3-1　碳排放强度与企业研发产出的研究模型

第二节　碳排放强度对企业研发产出影响的理论分析

一、碳排放强度对企业研发产出的影响

随着我国碳排放权交易市场的逐步完善，碳排放强度呈现下降趋势（黄向岚等，2018；Zhang，2019）。碳排放强度是指每单位国民生产总值的增长所带来的二氧化碳排放量，碳排放强度低，意味着相同地区生产总值的增加所导致的二氧化碳排放量少，即该企业实现了相对的低碳发展模式。因此，碳排放强度与碳排放量之间呈现正相关关系。

碳排放强度对企业研发产出的影响，可以从企业成本压力效应和技术创新激励效应两个角度来考虑。随着碳排放量的增加，企业面临的政策性负担加重，为了达到地方环境规制的目标，企业可以通过两条途径进行碳减排。一是向其他有多余碳配额的企业购买碳排放许可，这种途径适用于所在地区碳排放价格较低的企业，一旦碳排放价格较高，考虑到成本压力较大，企业便会考虑第二种途径，即进行自主绿色技术创新。刘仁厚等（2021）指出，科技创新对我国实现碳达峰、碳中和具有重要性；孙丽文等（2020）提出，影响碳排放的主要途径是技术创新和产业结构升级。刘晔等（2017）利用三重差分模型实证检验了碳排放交易制度能显著提高实验组大规模企业的研发投资强度，具体通过提高企业资产净收益率和现金流两条途径对企业的创新行为产生影响。党的十九大报告提出要"加快生态文明体制改革，建设美丽我国"，并明确要求"构建市场导向的绿色技术创新体系"，绿色技术创新体系也是我国第一次针对具体技术领域提出的创新体系建设。虽然进行技术创新的风险较高，且前期收益不明显，然而一旦成功，企业所获得的效益也较为可观，不仅通过绿色技术创新降低了碳排放量，达到环境规制要求，而且剩余的碳配额也能通过碳交易市场进行出售获得额外利润（Gagelmann 等，2005；Ren 等，2018）。因此，在政府支持和市场引导的共同作用下，企业进行绿色技术创新是一种理性选择。综上所述，随着碳排放强度的提高，企业会选择进行绿色技术创新，从而导致研发产出的增加。因此，提出假说 1。

假说 1：碳排放强度与企业研发产出之间呈相关关系。

二、高管学历的调节作用

高管是企业中处于核心地位的人力资本，通过战略决策影响公司的战略方

向。高层梯队理论认为，由于个人的认知能力、感知能力和知识结构、阅历经验等存在差异，导致即使面对相同的问题处境，不同的个体往往会做出各不相同的决策行为。又由于信息不对称等原因，高层管理者会存在认知偏差，故只能依靠其自身经验去进行判断，并进而做出相关的战略选择，最终反映在企业的行为决策上。

人力资本理论认为，人力资源是一切资源中最主要的资源。人力资本的核心是提高人口质量，教育是提高人力资本最基本的主要手段，知识丰富的人力相较于知识缺乏的人力有更高的生产力（Schultz，1961；Welch，1970）。一些学者对学历与企业创新之间的关系进行了研究：丁重等（2018）研究表明，追求高学历能显著促进企业技术创新,且政府在其中发挥了必不可少的作用；李子彪等（2020）研究发现，学历水平对高新技术企业创新绩效的促进作用最强；鲁小凡等（2021）研究发现，不同学历层次的高管对企业创新效率的影响具有明显差异；孔晓婷（2017）研究发现，高学历总经理对企业创新规模有显著的促进作用；王昌荣等（2019）研究发现，高管学历与企业创新成果之间存在显著的正相关关系；顾元媛等（2012）研究发现，地方官员的企业家学历对地区创新投入具有显著的促进作用。郭韬等（2018）通过构建理论模型，实证检验企业家学历与创业企业技术能力之间存在正相关关系。另一些学者从高管团队垂直对的视角进行研究：张秋萍等（2018）研究发现，高管团队学历垂直对差异，能显著促进企业的创新投资，且其影响效应在高市场化进程和非国有企业组中更明显；刘亚伟等（2017）研究了高管团队垂直对与企业创新之间的关系，认为学历垂直对与专利总额及创新投入呈显著正相关关系。

基于上述分析，随着碳排放强度的增加，企业会选择通过绿色技术创新来减轻环境保护的压力，然而，受教育程度不同的高管对此做出的反应有所差异。高学历的高管善于考虑企业的价值与未来成长性（Bantel，1989；King，2016），故倾向于制定有效的创新决策，从而影响到企业的研发产出。故提出假说2。

假说2：高管学历在碳排放强度与企业研发产出的关系之间起正向调节作用。

三、高管薪酬激励的调节作用

激励行为理论认为，个人欲望取决于当时的心理状态和社会环境因素，以及个人对当时环境的认知。当一个人受到某种刺激以后，就会引起反应而产生某种行为。科学技术是第一生产力，如今要想在市场竞争中立于不败之地，就应该意识到科学技术所发挥的关键作用，塑造创新理念，不断加大创新投入，尤其是自主技术创新。余明桂等（2016）利用双重差分法实证检验了高管的激励机制与企业创新间的关系。俞静等（2021）研究表明，高管薪酬激励和股权激励均可以促进企业创新，分析师关注在其中发挥中介效应。

高管薪酬激励和控制权激励通过影响创新投入，从而对企业价值产生正向影响。加强管理层薪酬激励与股权激励是维持企业长远发展，促使管理者与所有者经营目标一致的关键手段。连燕玲等（2021）研究发现，临时 CEO 继任与企业创新投入水平之间存在负向相关关系，其中，CEO 学术背景与金融背景、高管薪酬激励、产业竞争强度对两者间的关系起负向调节作用。郭淑娟等（2019）通过倾向得分匹配法，发现高管海外背景与薪酬差距对企业技术创新投入均有正向影响，且在非国有企业中薪酬差距对两者的关系存在显著的正向调节作用。李端生等（2019）研究发现，高管薪酬激励在高管团队性别、职业和任期异质性与研发投资行为的关系中起正向调节作用。周铭山等（2016）认为政治晋升激励能有效促进国有企业的研发投入，提高企业的创新产出，其中，薪酬激励对两者的关系起正向调节作用。尹美群等（2018）提出，在技术密集型行业中，薪酬激励对企业创新投入和公司绩效的关系中起显著的正向调节作用。

面临环境规制压力时，高管薪酬激励不同的企业会有不同的表现，即薪酬激励会对企业研发产出等活动产生重要影响。高管薪酬激励低的企业相对来说规模更小，企业承受碳风险压力的能力较弱，故其自主创新意愿更强，更少的高管薪酬激励意味着有更多的资金投入到企业自主创新中。随着企业面临的政策性负担加重，企业更多地考虑自身的生存性，而不是发展性。因此，提出假说 3。

假说 3：高管薪酬激励在碳排放强度与企业研发产出的关系之间起负向调节作用。

四、高管学历与薪酬激励的联合调节作用

虽然高管学历会影响环境规制背景下企业的研发产出活动，但高管薪酬激励的不同似乎更能决定企业最终的决策行为。面对碳减排的政策负担，高学历的高管考虑更加全面长远，其不仅着眼于当下的得失，更注重企业未来所能获得的潜在收益（Papadakis，2006）。创新可以促使企业成长，带来企业绩效的提升和未来价值的提高。因此，高学历的高管更能意识到企业创新的重要性，

更加致力于提升企业的创新能力和创新水平，从而有效提高企业的经济效益。杨薇等（2019）研究表明，薪酬差距与企业创新间存在正相关关系，其中，人力资本结构发挥显著的中介效应。孔东民等（2017）研究发现，企业管理层与员工之间的薪酬差距与企业创新产出存在正向相关关系，其中，管理层薪酬溢价对两者间关系起正向调节作用。赵奇锋等（2019）通过构建模型表明企业管理层与普通员工间的薪酬差距扩大，会提高企业的技术创新水平，其中，发明家晋升发挥中介作用。

考虑到两者的联合调节作用，一方面，高管薪酬激励更高的企业，本身规模较大，拥有较多的优势资源，建设有更完备的组织管理机制，在市场竞争中已经占据优势，其承受环境规制压力的能力较强，故自主创新意愿较低，因此，高管薪酬激励更高的企业对高学历高管的创新动力有抑制作用。另一方面，高管薪酬激励更低的企业本身规模较小，其承受碳风险压力的能力较弱，故期望通过增大创新投入强度来提高技术创新水平，从而在一定程度上缓解环境规制压力，甚至获得潜在收益。此外，更少的薪酬激励意味着企业拥有更多的资金进行技术创新，导致企业研发产出的增加，故高管薪酬激励更低的企业对低学历高管的创新动力有促进作用。因此，提出假说4。

假说4：高管学历对主效应的调节作用还依赖于高管薪酬激励，当高管薪酬激励较小时，高管学历对主效应的正向调节作用会更为明显。

第三节 实证研究设计

一、样本选取

2013年，我国七省市碳排放权交易试点地区相继启动试点工作。纳入碳排放权交易的企业是参与试点地区的主体，以2013—2019年作为样本年度区间，选择北京、上海、天津、广东、湖北、重庆等6个碳排放权交易试点，深圳市作为广东省副省级市，将其并入广东省一同考虑，福建省和四川省启动时间为2016年，故本文将之排除。出于对经济数据可得性的考虑，剔除非上市企业，只选择上市企业作为研究对象，试点企业名单经手工整理各省市发改委或生态环境厅相关文件而来，共计162家上市公司作为初始样本，并对初始样本做如下筛选：（1）剔除金融保险类企业；（2）剔除ST或*ST企业；（3）剔除财务数据缺失的企业年度样本；（4）剔除碳交易试点之后上市的企业。最终确定 83 家深沪两市 A 股上市的纳入碳排放权交易企业，共 581 个样本观测值。

本研究的样本企业名单来源于各省市发改委或生态环境厅；上市公司及其经济数据来自国泰安数据服务中心(CSMAR)；部分变量通过进一步计算得出。

二、变量说明

（一）被解释变量

关于企业创新活动的衡量，目前较为常见的测度方法包括研发投入和研发产出。本研究采用研发产出来表征企业的创新绩效，为表现各企业实际的绿色技术创新水平，用企业当年联合申请的绿色发明数量来衡量，记为 Gpatent，相较于专利授权量，专利申请量更加可靠，而发明专利的申请条件更严格，故能更准确地表征企业技术创新水平。

（二）解释变量

为表现各企业为实现经济价值的增长所带来的二氧化碳排放量的增加，本研究引入碳排放强度（CEI）来表征，具体采用 IPPC 报告中的碳排放计算方法，选用天然气、煤炭、石油三种化石能源消耗产生的二氧化碳排放总和来代表各省市的碳排放量，再将其除以地区 GDP，即为本文所用 CEI。其中，各能源产生的碳排放量为该能源的消耗量、该能源的折标系数、IPCC 为该能源提供的碳排放系数三者的乘积。

（三）调节变量

高管受教育程度（Degree）为观测年份各企业高管学历的平均值，其中，中专及中专以下赋值为 1，大专赋值为 2，本科赋值为 3，硕士研究生赋值为 4，博士研究生赋值为 5，不考虑以其他形式公布的学历，如荣誉博士、函授等。高管薪酬激励（Lnsalary）采用高级管理人员前三名薪酬总额的自然对数来衡量。

（四）控制变量

为了尽可能地减少其他干扰因素对模型估计结果造成的偏误影响，需要在模型中控制一些重要变量，借鉴以往学者的研究，本研究选择企业年龄（记为 Age）、股权集中度（记为 Top1）、组织冗余（记为 Slack）、企业注册地年度 GDP 增长率（记为 RGG）、两权分离率（记为 Separ）、资产收益率（记为 ROA）、董事会结构（记为 Inde）等作为企业层面的控制变量。

变量定义如表 3-1 所示。

表 3-1　变 量 测 度

变量类型	变量名称	变量符号	测度方式
被解释变量	研发产出	Gpatent	企业当年联合申请的绿色发明数量
解释变量	碳排放强度	CEI	碳排放量/地区 GDP
调节变量	高管学历	Degree	高管平均受教育程度：1 = 中专及中专以下，2 = 大专，3 = 本科，4 = 硕士研究生，5 = 博士研究生
	薪酬激励	Lnsalary	高级管理人员前三名薪酬总额的自然对数
控制变量	企业年龄	Age	企业自成立年份起的年数取自然对数
	股权集中度	Top1	企业第一大股东持股百分比
	组织冗余	Slack	流动资产/流动负债的自然对数
	企业注册地 GDP 增长率	RGG	当期 GDP/上年同期 GDP − 100%
	两权分离率	Separ	实际控制人拥有上市公司控制权与所有权之差
	资产收益率	ROA	净利润/总资产
	董事会结构	Inde	独立董事人数/董事会人数

三、模型构建

在李大元等（2021）的研究基础上，采用个体年份双固定模型探讨碳排放强度与企业研发产出之间的关系，并进一步验证了企业高管受教育水平和薪酬激励的单独及联合调节作用。设定研究模型如下：

$$\text{Gpatent}_{it} = \beta_0 + \beta_1 \text{CEI}_{i,t} + \beta_2 \text{Control}_{i,t} + \varepsilon_{i,t} \tag{1}$$

$$\text{Gpatent}_{it} = \beta_0 + \beta_1 \text{CEI}_{i,t} + \beta_2 \text{Degree}_{i,t} + \beta_3 \text{Lnsalary}_{i,t} + \beta_4 \text{Control}_{i,t} + \beta_5 \text{CEI}_{i,t} \times \text{Degree}_{i,t} + \beta_6 \text{CEI}_{i,t} \times \text{Lnsalary}_{i,t} + \varepsilon_{i,t} \tag{2}$$

$$\text{Gpatent}_{it} = \beta_0 + \beta_1 \text{CEI}_{i,t} + \beta_2 \text{Degree}_{i,t} + \beta_3 \text{Lnsalary}_{i,t} + \beta_4 \text{Control}_{i,t} + \beta_5 \text{CEI}_{i,t} \times \text{Degree}_{i,t} + \beta_6 \text{CEI}_{i,t} \times \text{Lnsalary}_{i,t} + \beta_7 \text{Lnsalary}_{i,t} \times \text{Degree}_{i,t} + \beta_8 \text{CEI}_{i,t} \times \text{Lnsalary}_{i,t} \times \text{Degree}_{i,t} + \varepsilon_{i,t} \tag{3}$$

在以上模型中，i 代表企业、t 代表年份；被解释变量 Gpatent 表示企业的研发产出；解释变量 CEI 表示碳排放强度；Degree 表示高管学历；Lnsalary 表示薪酬激励；Control 表示控制变量的集合，包括企业年龄（Age）、股权集中度（Top1）、组织冗余（Slack）、企业注册地年度 GDP 增长率（RGG）、两权分离率（Separ）、资产收益率（ROA）、董事会结构（Inde）；β_i 表示各变量对应的回归系数；ε_{it} 表示随机误差。其中，模型（1）检验主效应的关系，若检验系数 β_1 显著为正，则表示碳排放强度能够提高企业的研发产出。模型（2）检验了高管学历和薪酬激励的调节效应，若检验系数 β_5 显著为正，则表明高管学历在碳排放强度与企业研发产出的关系之间起正向调节作用；若检验差异较小。组织冗余的平均值为 0.323，标准误为 0.740，说明多数企业存在冗余资源可利用。若系数 β_6 显著为负，则表明薪酬激励在碳排放强度与企业研发产出的关系之间起负向调节作用。模型（3）检验了高管学历和薪酬激励的联合调节效应，根据检验系数 β_8 的正负及其显著性，判断薪酬激励对具有不同学历高管的企业在面临环境规制压力下的研发产出产生何种影响。

四、描述性统计

研究变量的描述性统计如表 3-2 所示。企业申请的绿色发明数量的标准误为 79.550，可见碳排放权交易试点的样本企业的绿色发明专利申请量差异较大。碳排放强度的最小值为 0.326，最大值为 1.445，表明碳排放权交易试点地区的纳入碳交易企业为实现经济价值的增长所产生的二氧化碳排放量同样存在较大区别，这为本文的研究提供了可对比性。调节变量高管学历的最小值为 2.692，最大值为 4.500，高管薪酬激励的最小值为 13.130，最大值为 16.750，最值之间较大的差异有利于下文的实证分析结果。在控制变量中，股权集中度的最小值为 9.310，最大值为 82.550，标准误为 16.660，说明纳入碳交易企业第一大股东持股比例差异较大，董事会结构的最小值为 0.250，最大值为 0.600，

表 3-2　变量描述性统计表

变量名	平均值	标准误	最小值	最大值
Gpatent	11.170	79.550	0.000	764.000
CEI	0.836	0.241	0.326	1.445
Lnsalary	14.870	0.710	13.130	16.750
Degree	3.553	0.371	2.692	4.500
Top1	38.550	16.660	9.310	82.550
Inde	0.384	0.077	0.250	0.600
RGG	7.497	1.180	4.800	12.300
Separ	3.702	6.711	0.000	26.230
ROA	0.038	0.059	-0.178	0.216
Age	2.826	0.360	1.792	3.555
Slack	0.323	0.740	-1.535	2.507

标准误为 0.077，差异较小。企业注册地 GDP 增长率最小值为 4.800，最大值为 12.300，表明不同试点地区的经济发展水平存在较大差异。两权分离率的最小值为 0，最大值为 26.230，标准误为 6.711，说明不同样本企业实际控制人拥有上市公司控制权与所有权之差的差异较大。资产收益率的标准误为 0.059，说明样本企业的盈利能力差异较小。企业年龄的标准误为 0.360，说明不同样本企业的成立年份差异较小。

五、相关性分析

为初步判断碳排放强度（CEI）、高管学历（Degree）和薪酬激励（Lnsalary）以及企业研发产出（Gpatent）之间的关系，对研究变量的相关性进行分析，结果如表 3-3 所示。碳排放强度（CEI）与企业研发产出（Gpatent）存在显著的正相关关系，与前文的研究假设基本一致。其中，碳排放强度（CEI）与企业注册地 GDP 增长率（RGG）之间的相关系数绝对值稍大于 0.5，其余变量之间的相关系数绝对值都小于 0.5，因此，可以初步排除变量间存在多重共线性的情形。

表 3-3　变量相关系数表

	Gpatent	CEI	Lnsalary	Degree	Top1	Inde	Slack	RGG	Separ	ROA	Age
Gpatent	1										
CEI	0.115***	1									
Lnsalary	0.028	−0.138***	1								
Degree	0.204***	0.033	0.109**	1							
Top1	0.201***	0.108***	−0.032	0.128***	1						
Inde	−0.053	0.060	0.075*	−0.145***	−0.056	1					
Slack	−0.091**	−0.126***	−0.094**	−0.156***	0.058	−0.049	1				
RGG	0.098**	0.572***	−0.243***	0.018	0.022	0.010	−0.066	1			
Separ	−0.067	0.015	0.108**	−0.051	0.102**	−0.132***	−0.128***	0.012	1		
ROA	0.003	0.006	0.169***	−0.152***	0.206***	0.013	0.318***	−0.027	−0.018	1	
Age	−0.004	−0.095**	0.204***	0.227***	−0.045	−0.134***	−0.297***	−0.156***	0.221***	−0.059	1

注：***、**、*分别表示在1%、5%、10%的显著性水平上显著

为进一步排除变量间可能存在的多重共线性问题，采用方差膨胀因子 VIF 继续进行检验，结果如表 3-4 所示。可以看出，VIF 的最大值为 1.78，平均值为 1.32，远小于 10，因此可以判定变量之间不存在多重共线性问题，可以进行

多元线性回归以检验假说。

表 3-4　多重共线性诊断

变量	VIF	1/VIF
RGG	1.78	0.561
CEI	1.76	0.567
Slack	1.34	0.747
Age	1.32	0.755
ROA	1.24	0.807
Lnsalary	1.18	0.847
Degree	1.17	0.855
Separ	1.17	0.858
Top1	1.11	0.898
Inde	1.09	0.920
均值	1.32	-

第四节　高管学历与薪酬激励效应

一、碳排放强度与企业研发产出关系的回归结果

对前文的模型分别进行多元线性回归，结果如表 3-5 所示。其中，模型 1 检验了自变量碳排放强度与企业研发产出之间的关系，碳排放强度与企业绿色发明专利申请量的回归系数（CEI）为 25.750，且在 5%的水平上显著，并且在随后的调节效应中一直保持正向显著，说明企业碳排放强度越高，即增加相同经济价值所产生的二氧化碳排放量越高，此时企业面临的环境规制压力较大。由于企业成本压力效应、技术创新动力效应和市场引导效应，企业的绿色创新意愿得到提高，因而研发支出增加，假说 1 得到验证。模型 2 中加入了控制变量，自变量 CEI 的系数为 32.093，仍在 5%的水平上显著，再次验证了碳排放强度与企业研发产出之间的正向相关关系。其中，股权集中度（Top1）、董事会结构（Inde）、组织冗余（Slack）、企业注册地 GDP 增长率（RGG）、两权分离率（Separ）均与企业绿色发明专利申请量呈正向相关关系，而资产收益率（ROA）、企业年龄（Age）与企业绿色发明专利申请量呈负向相关关系，

只是不显著。

表 3-5 模型回归结果

因变量	Gpatent					
	M1	M2	M3	M4	M5	M6
CEI	25.750**	32.093**	49.985**	34.496*	35.828*	42.139**
	(1.990)	(2.260)	(2.540)	(1.690)	(1.750)	(2.050)
Top1		0.049	0.012	−0.001	0.009	0.013
		(0.340)	(0.050)	(−0.000)	(0.040)	(0.050)
Inde		5.899	6.186	4.113	3.628	3.587
		(0.500)	(0.430)	(0.290)	(0.250)	(0.250)
Slack		0.665	0.153	1.154	1.186	2.041
		(0.300)	(0.050)	(0.400)	(0.410)	(0.700)
RGG		0.453	−0.199	−0.744	−0.716	−0.504
		(0.390)	(−0.130)	(−0.480)	(−0.460)	(−0.320)
Separ		0.151	0.221	0.212	0.200	0.214
		(0.520)	(0.570)	(0.550)	(0.520)	(0.560)
ROA		−3.730	−1.690	−10.948	−10.662	−14.812
		(−0.220)	(−0.080)	(−0.520)	(−0.500)	(−0.700)
Age		−17.917	−19.245	−14.244	−15.937	−14.740
		(−1.220)	(−1.090)	(−0.790)	(−0.880)	(−0.820)
Lnsalary			0.328	−0.769	−0.525	−0.633
			(0.100)	(−0.240)	(−0.160)	(−0.200)
Degree			1.158	0.529	1.173	−1.821
			(0.190)	(0.090)	(0.190)	(−0.290)
CEIlnsa				−21.478**	−21.696**	−16.895*
				(−2.440)	(−2.460)	(−1.870)
CEIde				27.336*	23.710	−0.830
				(1.740)	(1.450)	(−0.040)
Lnsade					−4.854	−9.309
					(−0.830)	(−1.510)
CEIlnsade						−62.266**
						(−2.290)
常数项	−16.653	14.586	−0.509	26.459	23.350	24.257
	(−1.200)	(0.360)	(−0.010)	(0.380)	(0.330)	(0.350)
个体控制	YES	YES	YES	YES	YES	YES
年份控制	YES	YES	YES	YES	YES	YES

注：（1）***、**、*分别表示在 1%、5%、10%的显著性水平上显著；（2）括号内为 t 统计量。

二、高管学历的调节作用

碳排放强度与企业的研发产出呈正相关关系，在同时考虑高管层面和企业层面的因素之后，其对两者的关系将产生何种影响，还需要进一步地深入分析。模型 3 加入了调节变量高管学历与薪酬激励，由表 3-5 的结果可知，碳排放强度与企业绿色发明专利申请量的回归系数（CEI）为 49.985，且在 5%的水平上显著，两者仍是正向显著关系。在调节变量中，高管学历和薪酬激励均与企业研发产出存在正向关系，但结果均不显著。为进一步研究高管学历和薪酬激励的单独调节效应，在模型 3 的基础上又加入了自变量与调节变量的交乘项，即为模型 4；为方便系数解释，得出更为精确的实证结果，对自变量和调节变量均进行中心化处理。从模型 4 中可以看出，高管学历与企业研发产出存在正相关关系，相关系数为 0.529，但并不显著，碳排放强度×高管学历的回归系数为 27.336，且在 10%的水平上显著，说明高管学历会促进碳排放强度与企业研发产出的正向相关关系，即高管学历对两者的关系起正向调节作用。将高管学历的调节作用作图 3-2。由 3-2 图可知，两条直线斜率均为正，即不论高管受教育程度高低，碳排放强度对企业研发产出都具有显著的正向影响，但代表高学历的直线更陡峭，说明高管学历越高的企业，碳排放强度对企业研发产出的促进作用越强，"假说 2"得到验证。

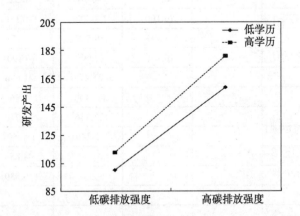

图 3-2　碳排放强度与企业研发产出：高管学历的调节作用

三、薪酬激励的调节作用

模型 4 的结果显示高管薪酬激励与企业研发产出存在负向相关关系，相关系数为-0.769，但并不显著。碳排放强度×薪酬激励的回归系数为-21.478，且在 5%的水平上显著，表明薪酬激励对碳排放强度与企业研发产出的关系起到负向调节作用，和高管学历对两者关系的调节效果相反，即高级管理人员的薪酬越低的企业，企业研发产出受到碳排放强度的促进作用越强。图 3-3 同样绘制了薪酬激励的调节作用。图中表明，不论高管薪酬激励大小，碳排放强度都明显促进了企业研发产出，且随着碳排放强度的增加，高管薪酬激励更小的企业研发产出增加的幅度明显大于薪酬激励更大的企业，"假说 3"得到验证。

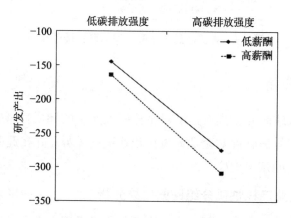

图 3-3　碳排放强度与企业研发产出：薪酬激励的调节作用

四、高管学历和薪酬激励的联合调节作用

为探讨高管学历与薪酬激励的联合调节效应，模型 5 在模型 4 的基础上增加了调节变量高管学历与薪酬激励的交乘项，结果显示两者的系数为负，但不显著。模型 6 增加了碳排放强度、高管学历和薪酬激励三者的交乘项，结果表明，该交乘项的回归系数为-62.266，且在 5%的水平上显著，其交互效应如图 3-4 所示。从图 3-4 中可以看出，在高管学历较低、薪酬激励较小时，碳排放强度对企业研发产出有着最强的促进作用。虽然高管学历正向调节碳排放强度与企业研发产出的关系，但是只有当高管薪酬激励较小时，高管学历的正向调节作用才更为明显，如图中（1）号线和（3）号线所示。当高管薪酬激励较大时，高管学历对主效应的调节作用没有高管薪酬激励较小时的情况明显，如图中（2）号线和（4）号线所示。由此可见，高管学历对碳排放强度与企业研发产出关系的调节作用还依赖于高管薪酬激励，当高管薪酬激励较小时，高管学历对主效应的正向调节作用会更为明显，"假说 4"得到验证。

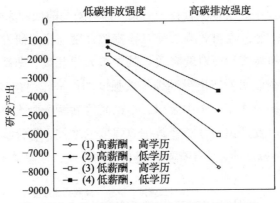

图 3-4　高管学历与薪酬激励的联合调节作用

五、进一步分析

为了更深入地研究碳排放强度对企业研发产出的异质性影响，比较分析不同类型企业间碳排放强度对企业研发产出影响的差异，并在此基础上探究高管学历和薪酬激励的调节效应。

（一）按企业产权性质分组回归结果分析

不同产权性质的企业对创新战略决策的制定有很大差异（杨林，2014），本文根据企业所有权性质将全样本具体区分为国有企业和非国有企业样本，并对两组样本分别进行多元线性回归，具体结果见表 3-6。模型 1 和模型 2 分别为国有企业样本和非国有企业样本的基准回归，从中可以看出，无论是国企还是非国企，碳排放强度与企业研发产出均为正相关关系，但国有企业样本的回归系数更大，但不显著，而非国有企业的系数在 1%的水平上显著，说明相较于国有企业，碳排放强度对非国有企业的研发产出有更显著的促进作用。模型 3 和模型 4 分别在模型 1 和模型 2 的基础上增加了控制变量，回归结果仍是非国有企业样本在 1%的水平上显著，再次验证了碳排放强度对非国有企业的研发产出影响更强。这主要是因为国有企业肩负政治职能，非国有企业较之在市场中行动更自由，自主决策更容易，从而有利于其选择改善自身经营发展的行为，技术创新动力更高（Lin，2010）。因此，碳排放强度对非国有企业的研发产出影响更强。模型 5 在模型 4 的基础上添加了调节变量高管学历和薪酬激励变量，可以看出，自变量 CEI 的系数为 10.233，在 1%的水平上显著，调节变量高管学历和薪酬激励的系数为正，但均不显著。模型 6 在模型 5 的基础上增加了自变量与调节变量的交乘项，结果显示，自变量 CEI 的系数为 10.022，仍在 1% 的水平上显著，碳排放强度×高管学历的系数为正，碳排放强度×薪酬激励的系数为负，两者均不显著，说明在非国有企业中，高管学历和薪酬激励都没有体现出调节作用。可能的原因是非国有企业在决策上更加灵活，故高管学历和薪酬激励对其影响并不明显。

表 3-6　按企业产权性质分组回归结果

因变量	Gpatent					
	M1	M2	M3	M4	M5	M6
CEI	14.178	7.000***	27.043	7.932***	10.233***	10.022***
	(0.380)	(2.910)	(0.660)	(2.930)	(3.040)	(2.940)
Top1			0.067	0.009	0.009	0.007
			(0.170)	(0.280)	(0.240)	(0.180)
Inde			11.380	1.692	1.754	1.840
			(0.280)	(1.090)	(1.030)	(1.050)
Slack			5.382	0.081	0.050	0.049
			(0.590)	(0.300)	(0.170)	(0.160)
RGG			−0.720	0.362	0.380	0.407
			(−0.250)	(1.160)	(1.090)	(1.150)
Separ			0.563	0.018	0.021	0.025
			(0.750)	(0.240)	(0.260)	(0.300)
ROA			−28.576	0.716	1.110	0.942
			(−0.460)	(0.340)	(0.500)	(0.420)
Age			−47.452	−2.558	−2.680	−2.302
			(−0.530)	(−1.370)	(−1.310)	(−1.060)
Lnsalary					0.007	0.008
					(0.020)	(0.020)
Degree					0.424	0.422
					(0.520)	(0.520)
CEIlnsa						−0.670
						(−0.540)
CEIde						0.102
						(0.040)
常数项	5.054	−6.842***	121.906	−5.934	−9.679	−10.575
	(0.130)	(−2.700)	(0.470)	(−1.060)	(−1.070)	(−1.150)
个体控制	YES	YES	YES	YES	YES	YES
年份控制	YES	YES	YES	YES	YES	YES

注：（1）***、**、*分别表示在 1%、5%、10% 的显著性水平上显著；（2）括号内为 t 统计量。

（二）按企业行业性质分组回归结果分析

根据企业所属行业将全样本具体区分为高技术密集度企业和低技术密集度企业样本，并对两组样本分别进行多元线性回归，具体结果见表 3-7。模型 1 和模型 2 分别为低技术密集度企业样本和高技术密集度企业样本的基准回归。可以看出，对于低技术密集度企业，碳排放强度与企业研发产出为正相关关系，但不显著；而对于高技术密集度企业，两者的回归系数为 56.339，且

表 3-7　按企业行业性质分组回归结果

因变量	Gpatent					
	M1	M2	M3	M4	M5	M6
CEI	7.370	56.339*	11.552	91.038**	128.498**	109.013*
	(1.035)	(1.731)	(1.546)	(2.148)	(2.251)	(1.874)
Top1			0.066	0.146	−0.200	−0.097
			(0.613)	(0.535)	(−0.278)	(−0.136)
Inde			0.915	22.272	28.327	22.083
			(0.136)	(0.795)	(0.823)	(0.649)
Slack			0.799	1.209	−0.810	5.434
			(0.608)	(0.226)	(−0.110)	(0.710)
RGG			1.210*	−2.549	−4.482	−5.705
			(1.727)	(−0.857)	(−1.107)	(−1.417)
Separ			0.123	−0.042	0.043	−0.386
			(0.870)	(−0.039)	(0.030)	(−0.275)
ROA			−10.137	−3.940	5.301	−25.957
			(−0.952)	(−0.106)	(0.101)	(−0.486)
Age			−19.033**	−20.583	−13.329	−27.231
			(−2.216)	(−0.586)	(−0.283)	(−0.565)
Lnsalary					−6.801	−7.165
					(−0.913)	(−0.971)
Degree					2.148	−0.093
					(0.160)	(−0.007)
CEIlnsa						−1.257
						(−0.063)
CEIde						108.689**
						(2.594)
常数项	−6.069	−36.321	25.890	−11.300	54.933	134.242
	(−0.788)	(−1.054)	(1.020)	(−0.130)	(0.319)	(0.772)
个体控制	YES	YES	YES	YES	YES	YES
年份控制	YES	YES	YES	YES	YES	YES

注：（1）***、**、*分别表示在 1%、5%、10%的显著性水平上显著；（2）括号内为 t 统计量。

在 10%的水平上显著。说明相较于低技术密集度企业，碳排放强度对高技术密集度企业的研发产出有显著的促进作用。模型 3 和模型 4 分别在模型 1 和模型 2 的基础上增加了控制变量，结果显示，碳排放强度对低技术密集度企业研发产出有促进作用，但并不显著，对于高技术密集度企业，回归系数为 91.038，在 5%的水平上显著，再次验证了碳排放强度对高技术密集度企业研发产出有显著的促进作用。这主要是因为与低技术密集度企业相比，高技术密集度企业的技术门槛要求更高，高技术密集度企业更注重企业创新，因此，碳排放强度对高技术密集度企业的研发产出影响更强。模型 5 在模型 4 的基础上添加了调节变量高管学历和薪酬激励，可以看出，自变量 CEI 的系数为 128.498，仍在 5%的水平上显著，调节变量高管薪酬激励的系数为负，而调节变量高管学历的系数为正，即高管薪酬激励对高技术密集度企业研发产出有负向作用，而高管学历与之相反，但两者均不显著。模型 6 在模型 5 的基础上增加了自变量与调节变量的交乘项，结果显示，自变量 CEI 的系数为 109.013，在 10%的水平上显著，调节变量高管学历和薪酬激励的系数均为负，仍不显著。碳排放强度×高管薪酬激励的系数为负，但并不显著，说明在高技术密集度企业中，高管薪酬激励没有体现出调节作用。碳排放强度×高管学历的系数为正，且在 5%的水平上显著，说明高管学历对碳排放强度与高技术密集度企业研发产出两者的关系有正向调节作用，即在高技术密集度企业中，高管学历越高，碳排放强度对企业研发产出的促进作用越明显。

六、稳健性检验

（一）增加控制变量

为进一步减少由遗漏变量导致的结果偏误，在前文研究的基础上增加控制变量，作为对研究结果的稳健性检验。具体操作如下：增加企业营业收入的年度增长率，记为 Growth；增加企业收到的政府补助，用企业收到的年度补贴金额的自然对数来衡量，记为 Lnsub。

表 3-8 为控制变量更改后的稳健性检验结果，可以看出，自变量 CEI 的系数在各个模型中均显著为正，营业收入增长率与企业研发产出存在负相关关系，政府补助对企业研发产出有正向影响，但均不显著。模型 3 显示，增加控制变量后，调节变量高管薪酬激励对企业研发产出有正向影响，高管学历对企业研发产出有负向影响，但均不显著。模型 4 增加了自变量与调节变量的交乘项，结果表明：碳排放强度×高管薪酬激励的系数为–21.309，且在 5%的水平

上显著，说明薪酬激励对碳排放强度与企业研发产出的正向相关关系有负向调节作用；碳排放强度×高管学历的系数为26.476，且在10%的水平上显著，说明高管学历对碳排放强度与企业研发产出的正相关关系有正向调节作用。模型5增加了调节变量高管学历和薪酬激励的交乘项，系数为负，但不显著。模型6在模型5的基础上增加了碳排放强度、高管学历、薪酬激励三者的交互项，结果表明：碳排放强度×高管薪酬激励的系数仍为负，且在10%的水平上显著；碳排放强度×高管学历的系数由正转为负，但并不显著；碳排放强度×高管薪酬激励×高管学历的系数为−65.011，且在5%的水平上显著。说明高管学历对

表 3-8　控制变量更改检验结果

因变量	Gpatent					
	M1	**M2**	**M3**	**M4**	**M5**	**M6**
CEI	25.750**	31.335**	47.895**	34.345*	35.800*	42.815**
	(1.986)	(2.146)	(2.378)	(1.658)	(1.721)	(2.050)
Growth		−1.965	−2.419	−2.398	−2.548	−1.983
		(−0.626)	(−0.647)	(-0.645)	(−0.684)	(−0.535)
Lnsub		0.782	1.330	1.099	1.027	0.978
		(0.991)	(1.243)	(1.029)	(0.957)	(0.917)
Lnsalary			0.829	0.070	0.285	−0.006
			(0.247)	(0.021)	(0.085)	(−0.002)
Degree			−1.755	−2.364	−1.754	−4.772
			(−0.276)	(−0.371)	(−0.273)	(−0.733)
CEIlnsa				−21.309**	−21.928**	−17.152*
				(−2.211)	(−2.266)	(−1.745)
CEIde				26.476*	23.005	−2.946
				(1.653)	(1.382)	(−0.148)
Lnsade					−4.670	−9.388
					(−0.775)	(−1.487)
CEIlnsade						−65.011**
						(−2.357)
常数项	−16.653	1.892	−21.577	6.022	5.081	7.247
	(−1.198)	(0.044)	(−0.294)	(0.081)	(0.068)	(0.098)
控制变量	YES	YES	YES	YES	YES	YES
个体控制	YES	YES	YES	YES	YES	YES
年份控制	YES	YES	YES	YES	YES	YES

注：（1）***、**、*分别表示在1%、5%、10%的显著性水平上显著；（2）括号内为t统计量。

碳排放强度与企业研发产出关系的调节作用还依赖于高管薪酬激励——当高管薪酬激励较小时，高管学历对主效应的正向调节作用会更为明显。结果均与上文呈现高度的一致性，该项稳健性检验通过。

（二）滞后解释变量

为了进一步缓解反向因果问题，将解释变量的滞后一期项代替解释变量进入回归，作为对研究结果的稳健性检验。表 3-9 为解释变量碳排放强度滞后一

表 3-9　解释变量滞后一期检验结果

因变量	Gpatent					
	M1	M2	M3	M4	M5	M6
L.CEI	34.995**	45.867**	70.549***	51.986*	54.225**	57.832**
	(2.014)	(2.319)	(2.724)	(1.947)	(2.024)	(2.166)
Top1		0.080	−0.017	−0.059	−0.050	−0.053
		(0.456)	(−0.054)	(−0.189)	(−0.159)	(−0.170)
Inde		4.881	3.821	1.906	1.055	1.751
		(0.363)	(0.235)	(0.118)	(0.065)	(0.109)
Slack		−0.322	−1.078	0.124	0.156	1.401
		(−0.120)	(−0.304)	(0.035)	(0.044)	(0.391)
RGG		−0.700	−1.910	−2.191	−2.226	−2.255
		(−0.479)	(−0.994)	(−1.149)	(−1.167)	(−1.189)
Separ		0.182	0.305	0.214	0.189	0.200
		(0.472)	(0.595)	(0.419)	(0.369)	(0.392)
ROA		1.587	5.453	−1.766	−1.573	−7.295
		(0.083)	(0.231)	(−0.075)	(−0.067)	(−0.310)
Age		−23.746	−24.544	−19.557	−22.400	−16.368
		(−1.119)	(−0.982)	(−0.767)	(−0.874)	(−0.638)
Lnsalary			−1.219	−2.644	−2.201	−1.969
			(−0.335)	(−0.712)	(−0.589)	(−0.529)
Degree			3.286	3.579	4.933	1.653
			(0.453)	(0.498)	(0.675)	(0.222)
CEIlnsa				−24.043**	−23.781**	−18.498
				(−2.176)	(−2.152)	(−1.640)
CEIde				43.719**	37.805*	11.039
				(2.054)	(1.716)	(0.435)
Lnsade					−7.010	−13.323*
					(−1.040)	(−1.813)
CEIlnsade						−74.008**
						(−2.095)
常数项	−26.005	26.226	25.032	55.608	50.044	38.816
	(−1.400)	(0.456)	(0.275)	(0.611)	(0.549)	(0.427)
个体控制	YES	YES	YES	YES	YES	YES
年份控制	YES	YES	YES	YES	YES	YES

注：（1）***、**、*分别表示在 1%、5%、10% 的显著性水平上显著；（2）括号内为 t 统计量。

期后的稳健性检验结果，可以看出，自变量 CEI 的系数在各个模型中均显著为正，表明碳排放强度与企业研发产出之间呈相关关系。模型 3 显示，解释变量滞后一期后，调节变量高管薪酬激励对企业研发产出有负向影响，高管学历对企业研发产出有正向影响，但均不显著。模型 4 增加了自变量与调节变量的交乘项，结果表明：碳排放强度×高管薪酬激励的系数为−24.043，且在 5%的水平上显著，说明薪酬激励对碳排放强度与企业研发产出的正向相关关系有负向调节作用；碳排放强度×高管学历的系数为 43.719，且在 5%的水平上显著，说明高管学历对碳排放强度与企业研发产出的正向相关关系有正向调节作用。模型 5 增加了调节变量高管学历和薪酬激励的交乘项，系数为负，但不显著。模型 6 在模型 5 的基础上增加了碳排放强度、高管学历、薪酬激励三者的交互项，结果表明：碳排放强度×高管薪酬激励的系数为负，但不显著；碳排放强度×高管学历的系数为正，同样不显著；碳排放强度×高管薪酬激励×高管学历的系数为−74.008，且在 5%的水平上显著。说明高管学历对碳排放强度与企业研发产出关系的调节作用还依赖于高管薪酬激励——当高管薪酬激励较小时，高管学历对主效应的正向调节作用会更为明显。总体来看，稳健性结果基本符合研究假设和实证结果。

第五节　结语与启示

一、结语

研究结果发现：第一，碳排放强度能显著促进企业的研发产出，且这一结果在多种稳健性检验后依然成立；第二，高管学历会正向调节碳排放强度与企业研发产出的关系，高管学历越高的企业，碳排放强度对企业研发产出的促进作用更显著；第三，高管薪酬激励会负向调节碳排放强度与企业研发产出的关系，高管薪酬激励越小的企业，碳排放强度对企业研发产出的促进作用越显著；第四，高管学历对碳排放强度与企业研发产出关系的调节作用还依赖于薪酬激励，高管薪酬激励越小，碳排放强度对高学历高管企业研发产出的促进作用越显著。并进一步分析了不同所有制和不同行业性质企业间碳排放强度对企业研发产出影响的差异，同时在此基础上探究高管学历和薪酬激励的调节效应。结果表明，相较于国有企业，碳排放强度对非国有企业的研发产出有更显著的促进作用。但无论在国有企业，还是在非国有企业中，高管学历和薪酬激励都没有体现出调节作用。相较于低技术密集度企业，碳排放强度对高技术密集度企业的研发产出有显著的促进作用，高管学历在两者的关系中起正向调节作用，而薪酬激励没有体现出调节作用。

二、启示

本研究有利于进一步理解建立全国碳排放权交易市场的意义和重要性。在环境规制的大背景下，出于对成本压力和市场收益诱导的双重考虑，企业加大创新投入强度，进行绿色技术创新是一种理性的选择，从而间接地证实了"波特假说"。为更好地发挥碳市场的功能，一要提高碳交易市场透明度，优化碳交易的市场机制，坚持公平、公开、透明的市场原则，提高碳交易市场的交易效率。二要扶持碳金融发展，加强以碳配额、碳减排量为基准锚的气候投融资创新金融工具的研究和推广，除了碳抵质押，还包括碳回购、碳掉期、碳远期、碳期权等，不断丰富碳市场投融资工具和气候投融资产品，以期通过碳金融带动整个绿色金融的发展。三要加快专业人才队伍建设，注重提供碳交易方面的教育，对从事相关行业的人员，进行定期培训和相关审核，提高参与碳交易市场的各类机构的效率和专业水平。同时向国外借鉴较为成熟的技术，进行人才引进，使之为我国碳交易市场发展提供可复制、可推广的思路。

高管薪酬激励较小的企业由于规模较小，企业面临的政策性负担相对更重，因而创新意愿较高；与之相反，高管薪酬激励较大的企业由于自身更具竞争优势，因此主动创新能力较弱。故在政策实施过程中，应对不同企业进行分类，划定不同的碳配额指标，达到促进企业自主创新的目的。对于企业自身发展而言，选用高学历的高管更能有效提高企业的自主创新能力，加大创新投入强度，从而提升企业绩效，有利于企业价值持续增长。故在企业不断发展过程中，可以更倾向于高学历人才的培养。

参 考 文 献

[1] Zhang Y J, Peng Y L, Ma C Q, et al. Can environmental innovation facilitate carbon emissions reduction? Evidence from China[J]. Energy Policy, 2017, 100: 18-28.

[2] Yan Y, Zhang X, Zhang J, et al. Emissions trading system (ETS) implementation and its collaborative governance effects on air pollution: the china story[J]. Energy Policy, 2020, 138: 111-282.

[3] 刘传明，孙喆，张瑾. 中国碳排放权交易试点的碳减排政策效应研究[J]. 中国人口·资源

与环境，2019, 29(11): 49-58.

[4] 任亚运，傅京燕. 碳交易的减排及绿色发展效应研究[J]. 中国人口·资源与环境，2019, 29(5): 11-20.

[5] 张婕，王凯琪，张云. 碳排放权交易机制的减排效果——基于低碳技术创新的中介效应[J]. 软科学，2022, 36(5): 102-108.

[6] 胡玉凤，丁友强. 碳排放权交易机制能否兼顾企业效益与绿色效率？[J]. 中国人口·资源与环境，2020, 30(3): 56-64.

[7] 孙建. 环保政策、技术创新与碳排放强度动态效应——基于三部门 DSGE 模型的模拟分析[J]. 重庆大学学报（社会科学版），2020, 26(2): 31-45.

[8] 张翼. 绿色技术溢出缩小了地区碳排放强度差距吗？——基于省级面板数据的经验分析[J]. 华东经济管理，2017, 31(10): 84-91.

[9] 张涛，吴梦萱，周立宏. 碳排放权交易是否促进企业投资效率？——基于碳排放权交易试点的准实验[J]. 浙江社会科学，2022(1): 39-47+157-158.

[10] 周杰琦，汪同三. 自主技术创新对中国碳排放的影响效应——基于省际面板数据的实证研究[J].科技进步与对策，2014, 31(24):29-35.

[11] 韩坚，盛培宏. 产业结构、技术创新与碳排放实证研究——基于我国东部 15 个省（市）面板数据[J]. 上海经济研究，2014(8): 67-74.

[12] 鄢哲明，杨志明，杜克锐. 低碳技术创新的测算及其对碳强度影响研究[J]. 财贸经济，2017, 38(8): 112-128.

[13] Porter M E, Van der Linde C. Toward a new conception of the environment-competitiveness relationship[J]. Journal of Economic Perspectives, 1995, 9(4): 97-118.

[14] Hambrick D C, Humphrey S E, Gupta A. Structural interdependence within top management teams: a key moderator of upper echelons predictions[J]. Strategic Management Journal, 2015, 36(3): 449-461.

[15] 许荣，李从刚. 院士（候选人）独董能促进企业创新吗？——来自中国上市公司的经验证据[J]. 经济理论与经济管理，2019(7): 29-48.

[16] 周鹏冉，刘海兵. CEO 任期、CEO 权力集中度与中国制造企业自主创新能力——基于中国制造业上市公司 2006—2017 年的经验证据[J]. 技术经济，2020, 39(7): 112-119.

[17] 张劲帆，李汉涯，何晖. 企业上市与企业创新——基于中国企业专利申请的研究[J]. 金融研究，2017(5): 160-175.

[18] 宋林，张丹.高管政治关联与海外背景对企业创新能力的协同影响研究[J]. 当代经济科学，2019, 41(6): 98-107.

[19] 李华晶，张玉利. 高管团队特征与企业创新关系的实证研究——以科技型中小企业为例[J]. 商业经济与管理，2006(5): 9-13.

[20] 郝盼盼，张信东，贺亚楠. 高管改革开放经历与创新决策——基于风险承担和职业路径的双重调节效应[J]. 南方经济，2020(7): 108-120.

[21] Chevalier J, Ellison G. Are some mutual fund managers better than others? Cross-sectional patterns in behavior and performance[J]. The Journal of Finance, 1999, 54(3): 875-899.

[22] Wiersema M F, Bantel K A. Top management team demography and corporate strategic

change[J]. Academy of Management Journal, 1992, 35(1): 91-121.

[23] 冯根福, 郑明波, 温军, 张存炳. 究竟哪些因素决定了中国企业的技术创新——基于九大中文经济学权威期刊和 A 股上市公司数据的再实证[J]. 中国工业经济, 2021(1): 17-35.

[24] 黄向岚, 张训常, 刘晔. 中国碳交易政策实现环境红利了吗? [J]. 经济评论, 2018(6): 86-99.

[25] Zhang W, Zhang N, Yu Y. Carbon mitigation effects and potential cost savings from carbon emissions trading in China's regional industry[J]. Technological Forecasting and Social Change, 2019(141): 1-11.

[26] 刘仁厚, 王革, 黄宁, 等. 中国科技创新支撑碳达峰、碳中和的路径研究[J]. 广西社会科学, 2021(8): 1-7.

[27] 孙丽文, 李翼凡, 任相伟. 产业结构升级、技术创新与碳排放——一个有调节的中介模型[J]. 技术经济, 2020, 39(6): 1-9.

[28] 刘晔, 张训常. 碳排放交易制度与企业研发创新——基于三重差分模型的实证研究[J]. 经济科学, 2017(3): 102-114.

[29] Gagelmann F, Frondel M. The impact of emission trading on innovation–science fiction or reality?[J]. European Environment, 2005, 15(4): 203-211.

[30] Ren S, Li X, Yuan B, et al. The effects of three types of environmental regulation on eco-efficiency: a cross-region analysis in china[J]. Journal of Cleaner Production, 2018, 173: 245-255.

[31] Schultz T W . Investment in human capital[J]. American Economic Review, 1961, 51(1): 1-17.

[32] Welch F. Education in Production[J]. Journal of Political Economy, 1970, 78(1): 35-59.

[33] 丁重, 邓可斌. 高学历追逐会推动技术创新吗?[J]. 财经研究, 2018, 44(6): 18-30.

[34] 李子彪, 孙可远, 刘爽. 人力资本特征如何影响企业创新绩效? ——基于创新合作的调节[J]. 科技管理研究, 2020, 40(6): 22-31.

[35] 鲁小凡, 窦钱斌, 宋伟, 葛章志. 海归高管与企业创新效率: 助力还是阻力? [J]. 科技管理研究, 2021, 41(1): 143-150.

[36] 孔晓婷. 高学历员工对不同所有制企业创新活动的影响——基于 Heckman 两阶段模型的实证分析[J]. 华东经济管理, 2017, 31(3): 169-178.

[37] 王昌荣, 李娜. 高管特征、自信度与企业创新成果关系研究——基于制造业企业的经验数据[J]. 经济问题, 2019(5): 83-90.

[38] 顾元媛, 沈坤荣. 地方官员创新精神与地区创新——基于长三角珠三角地级市的经验证据[J]. 金融研究, 2012(11): 89-102.

[39] 郭韬, 张亚会, 刘洪德. 企业家背景特征对创业企业技术能力的影响——创新关注的中介作用[J]. 科技进步与对策, 2018, 35(8): 143-148.

[40] 张秋萍, 盛宇华, 陈加伟. 董事长—TMT 垂直对差异与创新投资关系研究——市场化与产权性质的作用[J]. 科学学与科学技术管理, 2018, 39(10): 138-156.

[41] 刘亚伟, 翟华云. 高管团队垂直对特征与企业创新研究[J]. 科技进步与对策, 2017, 34(14): 104-111.

[42] Bantel K A, Jackson S E. Top management and innovations in banking: does the composition

of the top team make a difference?[J]. Strategic Management Journal, 1989, 10(S1): 107-124.

[43] King T, Srivastav A, Williams J. What's in an education? implications of CEO education for bank performance[J]. Journal of Corporate Finance, 2016, 37: 287-308.

[44] 余明桂, 钟慧洁, 范蕊. 业绩考核制度可以促进央企创新吗? [J]. 经济研究, 2016, 51(12): 104-117.

[45] 俞静, 蔡雯. 高管激励对企业创新影响的实证分析——基于分析师关注的中介效应研究[J]. 技术经济, 2021, 40(1): 20-29.

[46] 连燕玲, 郑伟伟, 刘依琳, 况琳.临时 CEO 继任与企业创新投入水平——基于中国上市公司的实证分析[J]. 研究与发展管理, 2021, 33(6): 124-141.

[47] 郭淑娟, 路雅茜, 常京萍. 高管海外背景、薪酬差距与企业技术创新投入——基于 PSM 的实证分析[J]. 华东经济管理, 2019, 33(7): 138-148.

[48] 李端生, 王晓燕. 高管团队异质性、激励机制与企业研发投资行为——来自创业板上市公司的经验数据[J]. 经济问题, 2019(2): 58-68.

[49] 周铭山, 张倩倩. "面子工程"还是"真才实干"? ——基于政治晋升激励下的国有企业创新研究[J]. 管理世界, 2016(12): 116-132.

[50] 尹美群, 盛磊, 李文博. 高管激励、创新投入与公司绩效——基于内生性视角的分行业实证研究[J]. 南开管理评论, 2018, 21(1): 109-117.

[51] Papadakis V M. Do CEOs shape the process of making strategic decisions? evidence from greece[J]. Management Decision, 2006, 44(3): 367-394.

[52] 杨薇, 孔东民. 企业内部薪酬差距与人力资本结构调整[J]. 金融研究, 2019(6): 150-168.

[53] 孔东民, 徐茗丽, 孔高文. 企业内部薪酬差距与创新[J]. 经济研究, 2017, 52(10): 144-157.

[54] 赵奇锋, 王永中. 薪酬差距、发明家晋升与企业技术创新[J]. 世界经济, 2019, 42(7): 94-119.

[55] 李大元, 黄鹤, 张璐. 碳交易规制强度能否促进企业创新投入? ——CEO 年龄和公司年龄的联合调节作用[J]. 中南大学学报（社会科学版）, 2021, 27(6): 17-31.

[56] 杨林. 创业型企业高管团队垂直对差异与创业战略导向：产业环境和企业所有制的调节效应[J]. 南开管理评论, 2014, 17(1): 134-144.

[57] Lin C, Lin P, Song F. Property rights protection and corporate R&D: evidence from china[J]. Journal of Development Economics, 2010, 93(1): 49-62.

第四章

碳排放权交易政策的企业绿色技术创新效应

本章以 2010～2021 年碳排放权交易试点地区 A 股上市公司为研究对象，采用双重差分模型实证分析碳排放权交易政策对先进制造业企业绿色技术创新的影响。此外，由于企业债务融资成本和无形资产可能会对企业进行技术创新产生影响，将债务融资成本和无形资产分别纳入基准模型，分析碳排放权交易政策对先进制造业企业绿色技术创新的作用机制。进一步从企业规模和市场竞争两个角度，探讨碳排放权交易政策对先进制造业企业绿色技术创新的异质性影响。

第一节　引言及文献综述

企业作为碳减排的微观主体，绿色技术创新是其减排的根本途径。面对严格的环境规制压力，企业应当加强技术创新投入，以提高能源生产和使用的效率。碳排放权交易政策对企业技术创新有何影响，能否起到促进企业技术创新以减少碳排放的效果呢，对于当前我国建设统一的碳交易市场，加快推进生态文明建设具有重要意义。

环境规制是政府强化环境治理的重要手段。传统经济学理论认为，严格的环境规制会增加企业的成本支出，不利于其发展；与之相反，"波特假说"鼓励设置合理的环境规制政策，认为环境规制可以激励企业进行技术创新，产生创新补偿效应，不仅能够抵销由于政策引致的成本，而且能提高企业的竞争力，有助于实现经济发展。目前，国内外已有大量学者对"波特假说"进行了相关研究，主要形成了两种观点：一种观点支持"波特假说"。Haščič 等（2009）研究发现，环境规制会显著推动创新活动，且其激励效应的大小取决于环境政策的特征。Lanoie 等（2008）以欧盟国家企业为研究对象，同样发现环境规制能显著提高企业的技术创新水平。环境规制显著促进了我国企业研发投入（何兴邦，2017），有利于企业创新效率的提高（乐菲菲、张金涛，2018）。另一种观点对"波特假说"提出不同的看法。Ramanathan 等（2010）以美国工业企业为研究对象，发现环境规制显著降低了企业的技术创新水平。波特假说不具有一般性，环境规制对企业技术进步的影响作用不明显（吴清，2011），甚至对创新活动有抑制作用（张根文等，2018）。"强波特假说"在我国制造业上市企业中并不成立（陈雨柯，2018）。

相比传统制造业，先进制造业是一种以技术密集为特征的新型产业，具有技术含量高、环境污染少和经济效益好等特点。先进制造业企业以高新技术产业为主，企业开展科技活动较多，技术创新水平较高；企业科技人员数量较多，专业技术人员比重较大；企业 R&D 经费投入强度较大，自主研发投入力度较大；企业发明专利申请占专利申请量的比重较大。已有众多学者对先进制造业企业创新的影响因素进行了相关研究：吴松强等（2021）研究发现，先进制造业企业通过关系资本可以实现知识共享，进而有利于自身创新能力的提升；徐伟（2022）研究发现，工业互联网赋能对先进制造业企业的创新能力有显著的正向影响作用；毛良虎、王磊磊（2015）以先进制造业企业为研究对象，实证检验了企业家精神和组织学习能力能有效提升企业的创新能力。还有学者从税收优惠（李远慧、徐一鸣，2021）、网络嵌入性和知识搜索能力（吴松强等，2020）以及政策性金融支持（万东灿，2019）等方面研究先进制造业企业创新投入和创新产出的影响因素。

然而，环境规制对先进制造业企业的技术创新少有研究，特别在实现"碳达峰""碳中和"目标背景下，碳排放权交易政策如何影响先进制造业企业的绿色技术创新水平值得深入研究。一方面，由于企业可以通过碳交易市场买卖碳配额来调节资金量。碳排放权交易机制可看作一种外部融资方式，而外部融资的主要渠道是债务融资，其规模直接取决于债务融资成本的大小，并最终影响企业的创新活动，故研究债务融资成本在碳排放权交易对先进制造业企业创新的影响中有重要意义。另一方面，先进制造业企业的无形资产较有形资产占比更高，故无形资产对企业经营活动的影响更大，即碳排放权交易可能通过无形资产机制对先进制造业企业的创新水平产生影响。此外，先进制造业企业的规模大小在一定程度上代表了企业的实力水平；市场竞争程度的大小在一定程度上反映了先进制造业企业所处的外在环境，两者都会对企业的创新活动产生影响。因此，本文主要从债务融资成本、无形资产、先进制造业企业规模和市场竞争度这四个维度探究碳排放权交易政策对先进制造业企业绿色技术创新水平的影响。

本研究的边际贡献在于：第一，实证分析碳排放权交易政策与先进制造业企业绿色技术创新之间的关系，从而对现有研究进行补充和完善；第二，区分试点地区纳入碳排放权交易和未纳入碳交易的先进制造业企业，更加精确地评估了政策效果；第三，深入探讨债务融资成本和无形资产所发挥的作用，分析碳排放权交易政策对先进制造业企业绿色技术创新的作用机制，从而为政府部门支持企业绿色技术创新提供政策建议。

第二节　理论分析与研究假设

一、碳排放权交易政策及其创新激励效应

碳排放权交易来源于排污权交易的概念。碳排放权交易的具体做法与排污权交易类似，即两者都是通过在一级市场上购买相应的排放份额来实现限额内排放，或者通过二级市场卖出获取收益。

通过碳排放权交易，既控制区域的碳排放总量，又促进企业提高技术水平，控制能源消费总量及改善能源消费结构。Calel 等（2016）研究发现，碳排放权交易显著促进了企业低碳技术创新。Hu 等（2020）研究表明，我国的碳排放权交易政策能有效提高企业的创新水平。安国俊（2021）提出构建市场化的绿色技术创新的融资体系。基于此，提出第一个假说1。

假说1：碳排放权交易政策对先进制造业企业绿色技术创新有显著的促进作用。

二、碳排放权交易对先进制造业企业绿色技术创新影响的机制分析

（一）债务融资成本机制

先进制造业企业技术创新需要大量的资金投入，其来源主要有内部自有资金和外部融资，其中，从外部获取资金是企业经营过程中的重要环节。李真等人（2020）研究发现，我国制造业上市企业更加偏向于通过外部融资来满足创

新投资需求。碳排放权交易机制作为一种外部融资方式，先进制造业企业可以通过碳交易市场实现资金的转化与利用，从而提高企业的创新水平。然而，由于先进制造业企业的技术创新活动较多，技术创新风险较高，能否成功，具有较大的不确定性，因此，先进制造业企业创新活动受到融资约束的影响更明显。融资约束理论认为，交易成本和信息不对称是导致企业面临融资约束问题的主要因素。Aghion 等（2018）研究发现，融资约束通过影响资金来源，从而抑制企业的创新能力。

融资成本是影响企业进行研发活动的重要因素之一，当融资成本较高时，先进制造业企业往往会削减研发投入，从而抑制其创新活动。Frank 等（2016）研究发现，较高的融资成本会降低企业创新；毛德凤、彭飞（2022）研究发现，融资成本下降，能显著提升企业的创新意愿。

由于债务融资是我国企业进行外部融资的主要渠道，故债务融资成本在碳排放权交易对先进制造业企业创新的影响中会发挥重要作用。已有不少文献研究债务融资成本对企业创新的影响，如有学者从债券融资（江轩宇等，2021）、外币债务融资（原盼盼等，2022）、对外担保（陈泽艺等，2022）等角度探讨债务融资成本所发挥的作用，研究结论均表明降低债务融资成本可以有效促进企业创新。基于此，提出假说2。

假说 2：企业债务融资成本越低，碳排放权交易对先进制造业企业绿色技术创新的促进作用越明显。

（二）无形资产机制

无形资产是现代经济的基础与经济增长的重要源泉之一。我国无形资产投入逐年增大，无形资产总量增长快速，且显著地促进了我国的经济增长（张俊芳等，2018）。资源基础理论认为，企业获得持续竞争优势依靠的是那些不可替代的资源，而无形资产具有独特性，能够在很大程度上增强企业的核心竞争力，为企业带来竞争优势。在知识型经济时代，无形资产占比较高的企业代表自身较高的盈利能力、发展潜力以及企业价值。Srivastava（2014）研究发现，无形资产占比多，企业业绩表现会更好。

企业的发展取决于企业的技术创新能力，无形资产是企业创新的核心战略资源，其不仅包括 R&D，同时还涉及品牌、人力资源和组织资本等多种形式，在一定程度上反映了企业的技术创新活动。无形资产越少，企业技术创新的意愿越低。先进制造业企业作为知识密集型企业，有形资产占比较低，而无形资产占比较高，因此，无形资产对其经营活动和财务状况的影响更明显。徐畅、呼建光（2022）研究发现，高新技术企业持有无形资产越多，债务融资的难度越低。还有学者研究发现，无形资产能显著提高高新技术企业的经营业绩（Cohen 等，2007）。对于先进制造企业而言，无形资产作为一项关键资源，对其长期发展有重大作用。基于此，提出假说 3。

假说 3：企业无形资产越多，碳排放权交易对先进制造业企业绿色技术创新的促进作用越明显。

三、碳排放权交易对先进制造业企业绿色技术创新影响的异质性分析

企业创新需要大量资金的长期投入，具有较高的风险。相较于规模较小的企业，大规模企业资金实力较雄厚，可获得资源较多，市场影响力更强，承担风险的能力更强，因此其创新活动更多。大规模企业更有可能产生创新的规模经济和范围经济，因而有更高的创新效率（Jefferson 等，2006），对技术创新产生至关重要的作用。Palangkaraya（2013）研究发现，信贷寻租行为增加了融资成本，导致中小企业的研发投入降低。

市场竞争度在一定程度上反映了企业所处的外界环境，能够影响企业的经济行为后果。Chhaochharia 等人（2017）研究发现，产品市场竞争有助于提升企业价值。在竞争度较高市场中，面对激烈的竞争压力，企业更倾向于选择自主技术创新，从而获得竞争优势。黄蕾（2012）认为，市场竞争度的增加能够改善国有股对企业技术创新的不利影响。基于此，提出第四个和第五个研究假说。

假说 4：相较于小规模企业，碳排放权交易对大规模企业绿色技术创新的促进作用更强。

假说 5：相较于低竞争度市场中的企业，碳排放权交易对竞争度较高的市场中企业绿色技术创新的促进作用更强。

第三节 研 究 设 计

一、变量说明

（一）被解释变量

绿色技术创新（ $Gpatent_{it}$ ）。用先进制造业企业当年联合申请的绿色专利数

量来衡量企业实际的绿色技术创新水平。由于专利申请量相对于授权量更加及时可靠，故采用专利申请量对先进制造业企业创新进行衡量，具体包括绿色发明专利申请量、实用新型专利申请量和外观设计专利申请量。

（二）解释变量

政策变量（Treat）。从各试点地区的有关政府文件中手工收集和整理了碳排放权交易试点企业名单，将碳交易试点先进制造业企业定义为处理组，Treat取值为1；将试点地区其他非试点先进制造业企业定义为对照组，Treat取值为0。时间变量（Time），表示试点地区实施碳排放权交易的年度。由于试点地区的碳排放权交易市场大多数建立于2013年，故以2013年为基准。在2013年以前，Time取值为0；在2013年及以后，Time取值为1。DID是双重差分法中政策处变量和时间变量的乘积，表示碳排放权交易政策对先进制造业企业创新产生的净效应，纳入碳交易的先进制造业企业在政策实施年份之后取值为1，否则取值为0。

（三）控制变量

由于我国参与碳排放权交易的试点地区不是随机产生的，估计结果可能存在偏误，因此在模型中控制一些重要因素。参考已有文献（李万福等，2017），选择企业规模（Size）、财务杠杆（Lev）、营业收入增长率（Grow）、全部现金回收率（OCF）、产权性质（SOE）、总资产净利润率（ROA）、现金资产比率（Cash）、固定资产比率（PPE）、企业年龄（Age）、股权集中度（Prop）、董事会结构（Indep）等作为企业层面的控制变量。

具体变量定义见表4-1。

表4-1　变量测度

变量名称	变量符号	测度方式
专利申请	Gpatent	企业当年联合申请的绿色专利数
政策变量	Treat	企业是否纳入碳排放权交易，若是Treat取1，否则取0
时间变量	Time	2013年及以后，Time取1，否则取0
企业规模	Size	企业总资产取自然对数
财务杠杆	Lev	总负债/总资产
营业收入增长率	Grow	(当期营业收入–上期收入)/上期收入
全部现金回收率	OCF	经营活动产生的现金流量净额/资产总计
产权性质	SOE	企业实际控制人为中央或地方政府取值为1，否则取0

续表

变量名称	变量符号	测度方式
总资产净利润率	ROA	净利润/总资产余额
现金资产比率	Cash	期末现金及现金等价物余额/资产总计
固定资产比率	PPE	固定资产净额/资产合计
企业年龄	Age	企业成立年限＋1，取对数
股权集中度	Prop	第一大股东持股比例
董事会结构	Indep	独立董事人数占董事会成员的比例

二、样本选择与数据来源

2013 年，我国正式开启碳排放权交易试点工作。以 2010—2021 年作为样本研究区间，选择北京、上海、天津、广东、湖北、重庆六个试点。在每个试点进一步区分碳排放权交易试点企业和非试点企业，以考察碳排放权交易政策对先进制造业企业创新的微观影响。出于对经济数据可得性的考虑，剔除非上市企业，保留 A 股上市公司作为研究样本，并对初始样本做如下筛选：剔除金融保险类上市公司；剔除 ST、*ST 公司；剔除变量缺失、数据极端的公司；剔除碳交易试点之后上市的企业。最终确定 A 股上市的 41 家碳排放权交易试点先进制造业企业作为实验组，88 家非试点先进制造业企业作为对照组，共计129 家上市企业。纳入碳交易企业名单来源于各试点地区发改委或生态环境厅的相关文件，上市公司及其经济数据来自国泰安数据服务中心（CSMAR），企业绿色专利数量来自我国研究数据服务平台（CNRDS），研究过程中的数据处理采用 Stata 16.0 完成。为降低数据极端值的干扰，对连续变量在 1% 和 99%分位处分别做了缩尾处理。

三、模型设计

双重差分模型是政策效应评估的常用方法。该法通过比较政策实施前后处理组与控制组的变化趋势，剔除不随时间变化的变量和其他不可观测的因素，从而检验政策实施对处理组的影响。碳排放权交易政策的实施可以作为一个准自然实验，从而能在一定程度上减轻由于内生性所造成的偏误影响。因此，采用双重差分模型研究碳排放权交易政策对先进制造业企业技术创新的影响，设定研究模型如下：

$$\text{Gpatent}_{it} = \beta_0 + \beta_1 \text{Treat} + \beta_2 \text{DID} + \beta_3 \text{Time} + \beta_i \text{Control}_{it} + \varepsilon_{it} + \cdots \quad （1）$$

其中，i 表示企业；t 表示时间；$Control_{it}$ 代表控制变量；ε_{it} 表示随机扰动项。

本研究主要关注交乘项 DID 的系数 β_2，表示纳入碳交易的先进制造业企业相比未纳入碳交易的先进制造业企业技术创新水平的差异，它反映了碳排放权交易政策对试点先进制造业企业绿色技术创新的影响。

四、主要变量的描述性统计

研究变量的描述性统计如表 4-2 所示。被解释变量 Gpatent 的平均值为 34.630，标准误为 122.800，相对均值而言较大，说明碳排放权交易试点的样本企业的绿色专利申请量差异较大，这为研究提供了可对比性。Treat 和 Time 的平均值分别为 0.318 和 0.750，表明样本企业中未纳入碳交易和政策实施年份之后的样本数量较多。在控制变量中，股权集中度的最小值为 8.420，最大值为 72.950，标准误为 14.810，表明样本企业第一大股东持股比例差异较大。董事会结构的最小值为 0.333，最大值为 0.600，标准误为 0.061，差异较小。企业规模的最小值为 19.550，最大值为 26.460，最值之间较大的差异有利于下文的实证分析结果。企业年龄的标准误为 0.347，说明不同样本企业的成立年份差异较小。其余控制变量与现有文献基本一致，因篇幅原因不再具体列出。

表 4-2　变量描述性统计表

变量名	样本量	平均值	标准误	最小值	最大值
Treat	1548	0.318	0.466	0.000	1.000
Time	1548	0.750	0.433	0.000	1.000
Gpatent	1548	34.630	122.800	0.000	927.000
Lev	1548	0.434	0.194	0.064	0.949
Grow	1548	0.160	0.342	−0.428	2.330
OCF	1548	0.050	0.063	−0.136	0.220
ROA	1548	0.041	0.059	−0.169	0.205
Cash	1548	0.165	0.122	0.016	0.598
PPE	1548	0.221	0.142	0.014	0.601
Prop	1548	33.760	14.810	8.420	72.950
Indep	1548	0.378	0.061	0.333	0.600
Size	1548	22.410	1.402	19.550	26.460
Age	1548	2.897	0.347	1.792	3.526

第四节 实证结果与分析

一、碳排放权交易对先进制造业企业绿色技术创新的影响

对前文的基准模型进行多元线性回归,结果如表 4-3 所示,其中的所有模

表4-3 碳排放权交易对先进制造业企业绿色技术创新的影响:双重差分检验

因变量	Gpatent					
	模型 1	模型 2	模型 3	模型 4	模型 5	模型 6
DID	18.313** (2.278)	18.559** (2.341)	26.554** (2.089)	25.115** (2.005)	15.149* (1.827)	15.074* (1.840)
Tryear11			6.776 (0.397)	4.576 (0.273)		
Tryear12			17.947 (1.052)	15.094 (0.899)		
Size		8.547** (2.146)		8.483** (2.129)		9.620** (2.250)
Lev		−27.771 (−1.358)		−27.857 (−1.362)		−15.995 (−0.731)
Grow		−3.356 (−0.615)		−3.099 (−0.567)		−2.826 (−0.487)
OCF		38.072 (1.056)		38.379 (1.064)		42.199 (1.068)
SOE		4.825 (0.361)		4.982 (0.372)		1.088 (0.070)
ROA		4.993 (0.119)		4.129 (0.099)		8.960 (0.200)
Cash		3.089 (0.130)		2.867 (0.120)		−7.107 (−0.263)
PPE		2.697 (0.099)		2.352 (0.086)		16.313 (0.556)
Age		4.715 (0.162)		5.603 (0.192)		−21.232 (−0.705)
Prop		−0.531* (−1.773)		−0.530* (−1.767)		−0.501 (−1.598)
Indep		4.220 (0.094)		4.840 (0.107)		9.444 (0.203)
常数项	11.310** (2.014)	−163.980 (−1.429)	11.310** (2.014)	−165.155 (−1.438)	15.290** (2.418)	−126.867 (−1.041)
样本量	1548	1517	1548	1517	1285	1260
个体控制	YES	YES	YES	YES	YES	YES
年份控制	YES	YES	YES	YES	YES	YES

注:(1)***、**、*分别表示在1%、5%、10%的显著性水平上显著;(2)括号内为 t 统计量。

型都控制了个体固定效应和时间固定效应。模型 1 的结果显示，在不加入任何控制变量的情况下，DID 系数为 18.313，且在 5%的水平上显著，说明碳排放权交易能显著促进先进制造业企业的绿色技术创新水平。模型 2 进一步加入了控制变量，DID 系数为 18.559，依然在 5%的水平上显著，再次验证了碳排放权交易试点先进制造业企业的绿色技术创新水平得到了显著提升，碳排放权交易政策能显著促进先进制造业企业的绿色技术创新水平。

二、稳健性检验

为保证实证结果的稳健性，进一步进行以下检验。

（一）平行趋势检验

使用双重差分模型要满足平行趋势假设，在政策实施前处理组和对照组的整体时间趋势是相同的，即试点先进制造业企业和非试点先进制造业企业的绿色技术创新水平不存在显著性差异，表明采用双重差分模型是合理的。引入 Year11 和 Year12 变量，分别表示在 2011 年和 2012 年取值为 1，其他年份取值为 0，然后将其与政策变量 Treat 作交互项进行平行趋势检验，记为 Tryear11 和 Tryear12，结果如表 3 的模型 3 和模型 4。从中可以看出，在不加入任何控制变量的情况下，DID 系数为 26.554，且在 5%的水平上显著，Tryear11 系数为 6.776，Tryear12 系数为 17.947，但都不显著。模型 4 进一步加入控制变量，DID 系数为 25.115，且在 5%的水平上显著，Tryear11 系数为 4.576，Tryear12 系数为 15.094，仍不显著。结果表明在碳排放权交易政策出台之前，处理组与对照组企业绿色技术创新水平的差异没有发生显著变化，平行趋势假设得到验证，本文使用双重差分法是有效的。

（二）平行趋势动态效应检验

为进一步检验处理组和对照组样本在政策实施前的时间趋势是否一致，借鉴 Beck 等人（2010）关于平行趋势的研究方法，采用构建各时段的虚拟变量估计回归系数，然后绘制相关图形。由图 4-1 可以看出，被解释变量 Gpatent 的虚拟变量系数在政策发生前三个时段与 0 没有显著差异，说明它们符合平行趋势假设。此外，从 2013 年开始，被解释变量的波动幅度显著扩大，且在 2013 年之后虚拟变量系数与 0 存在显著差异，即处理组和对照组满足平行趋势假设。同时，选取 2013 年作为政策试点年份也是合适的。

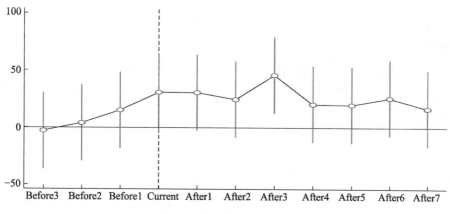

图 4-1　平行趋势动态效应图

（三）倾向得分匹配-双重差分（PSM-DID）

为有效解决样本选择偏误带来的内生性问题，进一步采用 PSM 方法对模型进行稳健性检验。检验步骤为：首先采用 Logit 模型，将政策变量 Treat 作为因变量，企业规模、营业收入增长率、全部现金回收率、总资产净利润率和托宾 Q 值作为相应的匹配变量；其次选用 1∶5 的最近邻匹配进行样本匹配；最后对匹配后的样本观测值重新进行估计。PSM 成立的前提是满足平衡性假设和共同支持假设，Rosenbaum 和 Rubin（1985）认为，平衡后均值偏差的绝对值不大于 20%，即可认为匹配符合标准。表 4-4 显示了 PSM 的平衡性检验，从中可以看出，样本匹配后，变量标准差的绝对值均小于 10%，匹配后标准化平

表 4-4　匹配前后的样本均值比较

Variable	Type	Mean treated	Mean control	%bias	%reduct |bias|	T-Test	*P*>|*t*|	V(T)/V(C)
Size	Unmatched	22.925	22.186	53.7		9.90	0.000	1.16
	Matched	22.922	22.942	−1.4	97.3	−0.21	0.831	0.93
Grow	Unmatched	0.16816	0.15536	3.8		0.70	0.486	1.23*
	Matched	0.16717	0.18544	−5.4	−42.8	−0.78	0.437	0.92
OCF	Unmatched	0.05943	0.04619	21.2		3.89	0.000	1.09
	Matched	0.05929	0.05915	0.2	99.0	0.04	0.971	1.28*
ROA	Unmatched	0.03814	0.04312	−8.4		−1.54	0.124	1.05
	Matched	0.03849	0.03994	−2.5	70.9	−0.38	0.700	1.05
Q	Unmatched	1.894	2.4583	−39.8		−6.74	0.000	0.41*
	Matched	1.8948	1.9205	−1.8	95.4	−0.38	0.707	1.07

均值差异下降幅度较大，且 t 值的概率 P 都远大于 10%，无法拒绝原假设，表明匹配后处理组与控制组不存在系统性的差异，匹配估计结果合理有效。图 4-2 显示了匹配后处理组和控制组的共同支撑区域，可以看出，匹配后大多数样本在共同取值范围，只有少数样本取值不在共同区域，表明倾向得分的匹配效果较好。

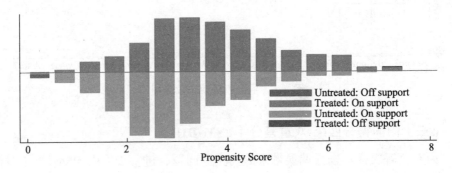

图 4-2　共同的倾向得分范围

通过 1∶5 的最近邻匹配方法进行样本匹配，对匹配后的样本再次进行 DID 模型估计，结果如表 4-3 的模型 5 和模型 6。从中可以看出，在不加入任何控制变量的情况下，DID 系数为 15.149，且在 10%的水平上显著。加入控制变量后，DID 系数为 15.074，仍在 10%的水平上显著，表明碳排放权交易政策可以显著促进先进制造业企业的绿色技术创新，与前文 DID 基准模型估计的结果一致，证明了主回归分析的稳健性。

（四）排除其他事件的干扰

第一，为了排除碳排放权交易政策出台之前因素引发本文结果的可能，选取碳交易政策出台之前的时期作为研究期间（2010—2012 年）进行时间反事实检验，检验结果如表 4-5 前 4 列所示。模型 1 和模型 3 中未加入控制变量，Tryear11 和 Tryear12 系数分别为 12.361 和 14.559，均不显著。模型 2 和模型 4 进一步加入控制变量，Tryear11 和 Tryear12 系数分别为 8.181 和 11.878，仍不显著，这表明在碳排放权交易政策出台之前，与对照组企业相比，处理组先进制造业企业的绿色技术创新水平没有发生显著变化。

第二，为排除碳排放权交易政策出台之后的因素对本文识别的干扰，选取 2012 年和 2013 年两年时间作为研究期间进行双重差分检验，检验结果如表 5 中模型 5 和模型 6 所示。模型 5 未加入控制变量，DID 系数为 15.539，且在 5%

的水平上显著，模型 6 进一步加入控制变量，DID 系数为 13.697，仍在 5%的水平上显著。结果表明，碳排放权交易政策对先进制造业企业绿色技术创新水平的影响在政策出台当年（即 2013 年）就开始显现。

表 4-5　排除其他事件干扰的稳健性检验

因变量	Gpatent					
	模型 1	模型 2	模型 3	模型 4	模型 5	模型 6
Tryear11	12.361 (1.341)	8.181 (0.882)				
Tryear12			14.559 (1.582)	11.878 (1.294)		
DID					15.539** (2.510)	13.697** (2.080)
Size		3.139 (0.171)		3.589 (0.196)		−12.900 (−0.583)
Lev		−4.030 (−0.084)		−5.100 (−0.106)		47.415 (0.924)
Grow		12.436 (1.315)		12.464 (1.325)		6.839 (0.755)
OCF		39.962 (0.811)		39.097 (0.795)		68.249 (1.338)
SOE		19.467 (0.562)		18.841 (0.545)		−21.021 (−0.816)
ROA		53.224 (0.676)		49.521 (0.629)		−24.057 (−0.356)
Cash		46.862 (0.957)		48.598 (0.999)		6.633 (0.123)
PPE		143.512*** (2.615)		145.953*** (2.679)		−25.094 (−0.521)
Age		−127.582 (−1.359)		−122.206 (−1.304)		−93.685 (−0.777)
Prop		−1.758 (−1.471)		−1.721 (−1.442)		0.162 (0.141)
Indep		−36.861 (−0.333)		−29.783 (−0.269)		−249.455** (−2.525)
常数项	11.310*** (3.228)	286.416 (0.622)	11.310*** (3.232)	259.014 (0.563)	21.116*** (10.361)	637.540 (1.258)
样本量	387	385	387	385	258	255
个体控制	YES	YES	YES	YES	YES	YES
年份控制	YES	YES	YES	YES	YES	YES

注：（1）***、**、*分别表示在 1%、5%、10%的显著性水平上显著；（2）括号内为 t 统计量。

（五）改变因变量度量方式

采用研发投入占资产总额的比重及研发投入占营业总收入的比重来度量

先进制造业企业创新水平，重新检验碳排放权交易对先进制造业企业绿色技术创新的影响。其中，研发投入占资产总额的比重记为 Inputa，研发投入占营业总收入的比重记为 RD，回归结果如表 4-6 中前四列所示。可以发现，在控制个体固定效应和时间固定效应下，无论是否加入控制变量，DID 系数都至少在10%的水平上显著为正，与前文的结论相一致，说明本文的回归结果并不依赖于因变量的度量方法，所得到的基准结论是比较稳健的。

表 4-6　改变因变量度量方式的稳健性检验

因变量	Inputa		RD		L.Gpatent	
	模型 1	模型 2	模型 3	模型 4	模型 5	模型 6
DID	0.003** (1.991)	0.003** (2.291)	0.004* (1.728)	0.005** (2.161)	24.859*** (2.659)	25.454*** (2.788)
Size		0.000 (0.734)		0.004*** (3.537)		6.572 (1.580)
Lev		−0.008** (−2.289)		−0.012** (−2.030)		−17.801 (−0.828)
Grow		0.000 (−0.406)		−0.006*** (−3.922)		−7.185 (−1.269)
Ocf		0.019*** (3.196)		0.004 (0.409)		20.801 (0.548)
Soe		0.003 (1.399)		0.004 (0.944)		−2.759 (−0.190)
Roa		0.008 (1.172)		−0.045*** (−3.791)		−69.748 (−1.639)
Cash		−0.007* (−1.809)		−0.005 (−0.675)		18.683 (0.725)
PPE		0.007 (1.586)		0.015* (1.919)		−24.512 (−0.860)
Age		−0.019*** (−3.891)		−0.035*** (−4.199)		9.047 (0.281)
Prop		0.000*** (2.966)		0.000 (−0.697)		−0.717** (−2.318)
Indep		0.011 (1.417)		−0.007 (−0.553)		10.122 (0.215)
常数项	0.016*** (17.556)	0.045** (2.351)	0.028*** (17.391)	0.040 (1.229)	11.310** (2.031)	−120.137 (−0.948)
样本量	1548	1517	1548	1517	1419	1389
个体控制	YES	YES	YES	YES	YES	YES
年份控制	YES	YES	YES	YES	YES	YES

注：（1）***、**、*分别表示在 1%、5%、10%的显著性水平上显著；（2）括号内为 t 统计量。

（六）滞后被解释变量

为避免变量滞后性对基准回归结果造成的影响，将被解释变量绿色专利申请量滞后一期，重新进行回归以检验碳排放权交易对先进制造业企业绿色技术创新的影响，回归结果如表 4-6 中模型 5 和模型 6 所示。从中可以看出，在不加入任何控制变量的情况下，DID 系数为 24.859，且在 1% 的水平上显著，加入控制变量后，DID 系数为 25.454，仍在 1% 的水平上显著。与前文的结论相一致，说明回归结果稳健。

第五节　进一步研究

一、机制检验

为了进一步探究碳排放权交易政策对先进制造业企业绿色技术创新的影响机制，从债务融资成本和无形资产两个角度来分析碳排放权交易政策对先进制造业企业绿色技术创新的影响。企业进行绿色技术创新所投入的资金，一方面来源于企业自身的留存收益；另一方面来源于外部资金，向外借款是其外部资金来源的重要渠道之一。因此，债务融资成本直接影响企业进行绿色技术创新的意愿。无形资产作为先进制造业企业一项重要的资产，在一定程度上反映企业的创新能力，无形资产高，说明企业技术性、商誉性价值高，更有利于企业进行绿色技术创新。

为利用企业债务融资成本和无形资产检验碳排放权交易政策对先进制造业企业绿色技术创新的影响机制，设计如下待检验模型：

$$\text{Gpatent}_{it} = \beta_0 + \beta_1\text{DID} + \beta_2\text{DIDCost(DIDLninc)} +$$
$$\beta_3\text{Cost(Lninc)} + \beta_i\text{Control}_{it} + \varepsilon_{it} + \cdots \quad （2）$$

其中，变量 Cost 代表先进制造业企业债务融资成本，用利息支出加上手续费及佣金支出和其他费用占负债总计的比重来衡量；变量 Lninc 代表先进制造业企业无形资产，用企业无形资产净额加一取对数来衡量。

此外，本文还引入 DID 与 Cost(Lninc) 的交乘项，记为 DIDCost(DIDLninc)，表示纳入碳排放权交易对先进制造业企业绿色技术创新的边际效果受到债务融资成本（无形资产）的影响，β_2 即为本文主要关心的系数，回归检验结果如表 4-7 所示。表 4-7 中的所有模型都控制了个体固定效应和时间固定效应。模型 1 和模型 2 检验先进制造业企业的绿色技术创新水平是否通过债务融资成本机制受到碳排放权交易政策的影响，可以看到，在不加入任何控制变量的情况下，DIDCost 系数为 –38.974，且在 5% 的水平上显著，加入控制变量后，DIDCost

系数为−42.482，且在1%的水平上显著。说明当企业债务融资成本更高时，会在一定程度上约束碳排放权交易政策对先进制造业企业的绿色技术创新的正向影响。债务融资成本更高时，企业获取外部资金进行绿色技术创新所付出的代价较高，故先进制造业企业进行绿色技术创新的意愿有所降低。模型3和模型4检验纳入碳排放权交易的先进制造业企业无形资产的变化对绿色技术创新水平的影响。可以看到，在不加入任何控制变量的情况下，DIDLninc系数为8.867，且在1%的水平上显著，加入控制变量后，DIDLninc系数为9.901，仍在1%的水平上显著。说明当企业无形资产更多时，会在一定程度上加强碳排放权交易政策对先进制造业企业的绿色技术创新的正面影响。企业的无形资产能在一定程度上反映企业的创新能力，先进制造业企业无形资产更多时，代表企业进行绿色技术创新的能力更强，更有利于其进行自主技术创新。

表4-7　机制检验结果

因变量	Gpatent			
	模型1	模型2	模型3	模型4
DID	31.568*** (3.247)	33.154*** (3.441)	−157.287*** (−2.987)	−178.072*** (−3.345)
DIDCost	−38.974** (−2.395)	−42.482*** (−2.599)		
Cost	1.282 (0.196)	−1.453 (−0.205)		
DIDLninc			8.867*** (3.374)	9.901*** (3.729)
Lninc			0.723 (0.390)	0.984 (0.371)
常数项	10.702* (1.669)	−179.796 (−1.559)	−1.643 (−0.049)	−71.625 (−0.598)
样本量	1548	1517	1544	1515
控制变量	NO	YES	NO	YES
个体控制	YES	YES	YES	YES
年份控制	YES	YES	YES	YES

注：（1）***、**、*分别表示在1%、5%、10%的显著性水平上显著；（2）括号内为t统计量。

二、异质性分析

深入地研究碳排放权交易政策对先进制造业企业绿色技术创新的异质性影响，比较分析不同类型先进制造业企业间碳交易政策对样本企业绿色技术创新影响的差异，将有助于更进一步理解碳排放权交易政策的作用机制。

（一）企业规模异质性

企业规模的大小可能会影响碳排放权交易政策对企业创新行为的作用效果。基于行业平均企业规模，将规模大于平均企业规模的先进制造业企业视为大规模企业，而将小于平均规模的先进制造业企业视为小规模企业，并对两组样本分别进行多元线性回归，具体结果如表 4-8 所示。表 4-8 中的所有模型都控制了个体固定效应和时间固定效应，模型 1 和模型 3 分别为小规模样本企业和大规模样本企业的基准回归：在小规模样本企业中，DID 系数为 3.561，但不显著；而大规模样本企业的 DID 系数为 31.500，且在 10%的水平上显著，

表 4-8 按企业规模分组回归结果

因变量	Gpatent			
	模型 1	模型 2	模型 3	模型 4
DID	3.561 (1.156)	2.141 (0.614)	31.500* (1.878)	33.703* (1.757)
Size		−1.637 (−0.173)		74.663 (0.695)
Lev		−8.979 (−0.402)		128.474 (0.642)
Grow		8.392** (2.298)		−5.608 (−0.122)
OCF		28.870 (1.341)		277.264 (1.464)
SOE		−15.384 (−1.001)		16.793 (0.293)
ROA		−11.745 (−0.439)		−620.093 (−1.533)
Cash		−17.736 (−0.827)		222.030 (0.889)
PPE		44.356* (1.966)		17.026 (0.108)
Age		−20.840 (−0.383)		−240.966 (−0.589)
Prop		−0.035 (−0.077)		3.458 (0.491)
Indep		−33.035 (−0.754)		−1,338.994*** (−3.190)
常数项	1.897** (2.035)	107.177 (0.483)	60.929*** (10.284)	−745.765 (−0.291)
样本量	174	173	84	82
个体控制	YES	YES	YES	YES
年份控制	YES	YES	YES	YES

注：（1）***、**、*分别表示在 1%、5%、10%的显著性水平上显著；（2）括号内为 t 统计量。

表明碳排放权交易政策对大规模样本企业绿色技术创新的促进作用更明显。模型 2 和模型 4 进一步加入相关控制变量,结果显示小规模样本企业的 DID 系数为 2.141,但仍不显著,而大规模样本企业的 DID 系数为 33.703,仍在 10%的水平上显著,再次证实了碳交易政策对大规模样本企业绿色技术创新有更强的激励作用,而对小规模样本企业创新的影响不明显。这与已有文献(刘晔、张训常,2017)的研究结论相一致。一方面,大规模企业拥有较多的优势资源,建设有更完备的组织管理机制,故进行绿色技术创新获得成功的可能性更高;另一方面,由于规模经济的存在,大规模先进制造业企业的边际减排成本较低,故其更容易通过自主技术创新获得潜在收益。相比之下,小规模企业由于进行技术创新的成本较高,故其进行绿色技术创新的意愿较低。

(二)市场竞争度异质性

竞争程度不同的市场通过影响企业的议价能力和在市场中的地位,导致企业在面对碳减排压力时所做出的反应不尽相同。为验证市场竞争度对先进制造业企业绿色技术创新所产生的影响,参考已有文献(胡珺等,2020),根据证监会上市公司行业分类指引(2012 年版),以国民经济二位行业代码作为分类标准,进而计算赫芬达尔指数以测量市场竞争度,将先进制造业企业所在市场划分为高竞争度市场和低竞争度市场进行分组检验,结果如表 4-9 所示。表 4-9 中的所有模型都控制了个体固定效应和时间固定效应,模型 1 和模型 3 分别为低竞争度市场中样本企业和高竞争度市场中的样本企业的基准回归,从中可以看出,在低竞争度市场中,样本企业的 DID 系数为 18.462,但不显著,而高竞争度市场样本企业中,DID 系数为 14.912,且在 5%的水平上显著,表明碳排

表 4-9　按市场竞争度分组回归结果

因变量	Gpatent			
	模型 1	模型 2	模型 3	模型 4
DID	18.462 (1.707)	19.902 (1.242)	14.912** (2.078)	13.907* (1.828)
Size		−0.033 (−0.000)		−18.469 (−0.733)
Lev		314.590 (1.832)		15.868 (0.269)
Grow		11.651 (0.652)		7.047 (0.577)
OCF		54.606 (0.282)		84.884 (1.373)

续表

因变量	Gpatent			
	模型 1	模型 2	模型 3	模型 4
SOE		−25.440 (−0.794)		−43.670 (−1.027)
ROA		82.548 (0.818)		−71.103 (−0.624)
Cash		286.204 (1.675)		−3.467 (−0.058)
PPE		−54.882 (−0.301)		−30.626 (−0.547)
Age		−279.142 (−0.922)		−112.052 (−0.782)
Prop		6.394 (1.816)		−0.345 (−0.253)
Indep		−59.635 (−0.141)		−288.852** (−2.501)
常数项	29.048*** (7.821)	378.988 (0.264)	19.574*** (8.376)	870.838 (1.400)
样本量	42	41	216	214
个体控制	YES	YES	YES	YES
年份控制	YES	YES	YES	YES

注：（1）***、**、*分别表示在 1%、5%、10%的显著性水平上显著；（2）括号内为 t 统计量。

放权交易政策对高竞争度市场中样本企业绿色技术创新的促进作用更明显。模型 2 和模型 4 进一步加入相关控制变量，结果显示低竞争度市场中，样本企业的 DID 系数为 19.902，仍不显著；高竞争度市场中，样本企业的 DID 系数为 13.907，在 10%的水平上显著。再次证实了碳交易政策对高竞争度市场中的样本企业绿色技术创新有更强的激励作用，而对低竞争度市场中的样本企业创新的影响不明显。这可能是因为市场竞争程度越高，先进制造业企业在面临激烈的竞争压力时会更倾向于选择自主技术创新，从而获得竞争优势，有利于企业长远发展。

第六节　结语和启示

一、结语

研究结果表明：①碳排放权交易政策对先进制造业企业的绿色技术创新水平具有显著的促进作用，在进行多种稳健性检验后，结论依然成立，从而间接地验证了"波特假说"。②碳排放权交易政策能够通过债务融资成本和无形资产两种机制促进先进制造业企业的绿色技术创新水平。当企业债务融资成本更低时，碳交易政策对先进制造业企业绿色技术创新的促进作用更明显；当企业无形资产更多时，碳交易政策对先进制造业企业绿色技术创新的促进作用更明显。③考虑企业规模异质性时，碳排放权交易政策对大规模样本企业的绿色技术创新具有显著的促进作用，但对小规模样本企业的绿色技术创新没有显著的促进作用，这说明碳排放权交易政策有效地提高了大规模先进制造业企业的绿色技术创新水平。④考虑市场竞争度时，碳排放权交易政策对高竞争度市场中样本企业绿色技术创新具有显著的促进作用，但对低竞争度市场中样本企业绿色技术创新没有显著的促进作用，这说明碳排放权交易政策有效地提高了高竞争度市场中先进制造业企业的绿色技术创新水平。

二、政策启示

本研究具有以下政策启示。

第一，我国应继续推行碳排放权交易政策。逐步建立全国碳排放权交易市场运行框架，扩大行业覆盖范围和排放企业纳入范围，增加市场交易主体；构建碳排放权交易管理制度保障体系，充分发挥市场机制的优势，促进企业绿色技术创新。为保证我国碳排放权交易市场快速、健康发展，一要合理制定碳定价机制，在合理区间内提高碳价格，激励企业进行绿色技术创新。二要提高对监督管理碳排放权交易市场数据质量重要性的认识，做好数据质量监督管理相关工作，建立数据质量管理长效机制。三要借鉴国内国际经验，加强专门立法，完善相关法律和行政法规，同时加强组织领导与统筹协调，积极开展碳排放配额分配、核查、企业清缴履约及有关监督管理，优化碳交易机制的内在设计，健全碳排放信息披露，确保政策实施过程的公正性、规范性、科学性。四要借鉴不同碳市场的建设经验，统筹国内国际两个市场，逐步与国际碳市场相连接，为建立全球统一的碳市场做出我国的贡献。

第二，先进制造业企业的绿色技术创新水平通过债务融资成本和无形资产机制受到碳排放权交易政策的影响。当债务融资成本更低，无形资产更多时，碳交易政策对先进制造业企业绿色技术创新的促进作用更明显。为有效降低先进制造业企业的融资成本，增加企业的经济效益，提升企业的绿色技术创新水平，先进制造业企业应该加强经营管理，努力提升自身信用度，降低自身信用风险；此外，也可借助于互联网进行融资，提高融资效率。政府应加快资本市场建设，拓宽融资渠道，提高金融机构的融资效率水平以降低企业融资成本。为进一步提升先进制造业企业的无形资产比重，先进制造业企业应增加对无形资产的研发投入，加快无形资产的研究与开发，不断提高无形资产的科技含量，同时吸收国内外的先进技术和管理经验，提高创新活动水平，推动我国经济高质量发展。政府应加大对无形资产投资规模和投资强度的支持力度，制定和出台相关鼓励政策，从而有效促进企业自主进行无形资产投资。

第三，碳排放权交易政策对不同类型的先进制造业企业具有差异化的影响效果。参与碳排放权交易的大规模试点企业相较于小规模试点企业的绿色技术创新效应更强，高竞争度市场中的试点企业相较于低竞争度市场中的试点企业更强。因此，政策制定者应设计差异化的政策，鼓励大规模企业、高竞争度市场中的企业积极开展绿色技术创新活动，加强对其技术创新的支持力度，营造有利于其技术创新的良好环境，积极为企业提供信贷支持，落实技术创新税收优惠政策。发挥大规模企业的示范引领作用，引导小规模企业、低竞争度市场中的企业对绿色技术创新的关注，健全其获得创新资源的公平性和便利性措施，提升创新能力和专业化水平，充分发挥碳排放权交易的政策优势。

参 考 文 献

[1] Haščič I, Vries F D, Johnstone N, et al. Effects of environmental policy on the type of innovation: the case of automotive emission-control technologies[J]. Oecd Journal Economic Studies, 2009, (1): 49-66.

[2] Lanoie P, Patry M, Lajeunesse R. Environmental Regulation and Productivity: Testing the Porter Hypothesis[J]. Journal of Productivity Analysis, 2008, 30(2): 121-128.

[3] 何兴邦. 环境规制、政治关联和企业研发投入——基于民营上市企业的实证研究[J]. 软科学，2017, 31(10): 43-46; 51.

[4] 乐菲菲，张金涛. 环境规制、政治关联丧失与企业创新效率[J]. 新疆大学学报（哲学·人文社会科学版），2018, 46(5): 16-24.

[5] Ramanathan R, Black A, Nath P, et al. Impact of environmental regulations on innovation and performance in the UK industrial sector[J]. Management Decision, 2010, 48(10): 1493-1513.

[6] 吴清. 环境规制与企业技术创新研究——基于我国 30 个省份数据的实证研究[J]. 科技进步与对策，2011, 28(18): 100-103.

[7] 张根文，邱硕，张王飞. 强化环境规制影响企业研发创新吗——基于新《环境保护法》实施的实证分析[J]. 广东财经大学学报，2018, 33(6): 80-88; 101.

[8] 陈雨柯. 财政分权下"强波特假说"的再验证——企业环保创新和非环保创新的视角[J]. 商业研究，2018(1): 143-152.

[9] 吴松强，黄盼盼，曹新雨. 企业关系资本、知识共享与企业创新能力——基于先进制造业产业技术联盟的实证研究[J]. 科学管理研究，2021, 39(1): 123-131.

[10] 徐伟. 工业互联网赋能先进制造业企业转型影响因素——基于山东省先进制造业企业的研究[J]. 济南大学学报（社会科学版），2022, 32(5): 94-107.

[11] 毛良虎，王磊磊. 企业家精神、组织学习与企业绩效——基于先进制造业的实证研究[J]. 科技管理研究，2015, 35(15): 136-140.

[12] 李远慧，徐一鸣. 税收优惠对先进制造业企业创新水平的影响[J]. 税务研究，2021(5): 31-39.

[13] 吴松强，曹新雨，蔡婷婷. 网络嵌入性、知识搜索与企业创新能力关系研究——基于江苏先进制造业集群的实证检验[J]. 科技进步与对策，2020, 37(22): 99-105.

[14] 万东灿. 政策性金融、产权性质与先进制造业企业创新[J]. 苏州大学学报（哲学社会科学版），2019, 40(4): 111-121; 192.

[15] Calel R, Dechezleprêtre A. Environmental policy and directed technological change: evidence from the european carbon market[J]. Review of Economics and Statistics, 2016, 98(1): 173-191.

[16] Hu J, Pan X, Huang Q. Quantity or Quality? The Impacts of Environmental Regulation on Firms' Innovation–Quasi-natural Experiment Based on China's Carbon Emissions Trading Pilot[J]. Technological Forecasting and Social Change, 2020, 158: 120-122.

[17] 宋德勇，朱文博，王班班. 中国碳交易试点覆盖企业的微观实证：碳排放权交易、配额分配方法与企业绿色创新[J]. 中国人口·资源与环境，2021, 31(1): 37-47.

[18] 安国俊. 碳中和目标下的绿色金融创新路径探讨[J]. 南方金融，2021, (2): 3-12.

[19] 李真，席菲菲，陈天明. 企业融资渠道与创新研发投资[J]. 外国经济与管理，2020, 42(8): 123-138.

[20] Aghion P, Bechtold S, Cassar L, et al. The Causal Effects of Competition on Innovation: Experimental Evidence[J]. The Journal of Law, Economics, and Organization, 2018, 34(2): 162-195.

[21] Frank M Z, Shen T. Investment and the Weighted Average Cost of Capital[J]. Journal of Financial Economics, 2016, 119(2): 300-315.

[22] 毛德凤，彭飞. 降成本政策能激发企业创新意愿吗?——基于2020年我国私营企业调查的证据[J]. 广东财经大学学报，2022, 37(5): 43-54.

[23] 江轩宇，贾婧，刘琪. 债务结构优化与企业创新——基于企业债券融资视角的研究[J]. 金融研究，2021(4): 131-149.

[24] 原盼盼，丁竞男，卢爽. 外币债务融资促进企业创新了吗?——来自中国上市公司的经验证据[J]. 现代财经（天津财经大学学报），2022, 42(4): 52-66.

[25] 陈泽艺，李常青，李宇坤. 对外担保与企业创新投入[J]. 金融研究，2022(4): 133-150.

[26] 张俊芳，郭戎，郭永济. 我国无形资产测度及其对科技进步贡献率影响的研究[J]. 科学学与科学技术管理，2018, 39(1): 46-54.

[27] Srivastava A. Why Have Measures of Earnings Quality Changed Over Time?[J]. Journal of Accounting & Economics, 2014, 57(2): 196-217.

[28] 徐畅，呼建光. 无形资产如何影响高新技术企业债务融资?——价值创造、抵押价值与税盾效应[J]. 科技管理研究，2022, 42(11): 162-172.

[29] Cohen S, Kaimenakis N. Intellectual Capital and Corporate Performance in Knowledge-intensive SMEs[J]. The Learning Organization, 2007, 1(1): 241-262.

[30] Jefferson G H, Huamao B, Xiaojing G, et al. R&D Performance in Chinese Industry[J]. Economics of Innovation and New Technology, 2006, 15(4): 345-366.

[31] Palangkaraya A. On the Relationship between Innovation and Export: The Case of Australian SMEs[J]. Melbourne Institute Working Paper Series, 2013.

[32] Chhaochharia V, Grinstein Y, Grullon G, et al. Product Market Competition and Internal Governance: Evidence from the Sarbanes–Oxley Act[J]. Management Science, 2017, 63(5): 1405-1424.

[33] 黄蕾. 股权治理与企业技术创新的实证研究——基于不同产品市场竞争度的视角[J]. 江西社会科学，2012, 32(2): 241-245.

[34] 李万福，杜静，张怀. 创新补助究竟有没有激励企业创新自主投资--来自我国上市公司的新证据[J]. 金融研究，2017, (10): 130-145.

[35] Beck T, Levine R, Levkov A. Big Bad Banks? The Winners and Losers From Bank Deregulation in the United States[J]. The Journal of Finance, 2010, 65(5): 1637-1667.

[36] Rosenbaum P R, Rubin D B. Constructing a Control Group Using Multivariate Matched Sampling Methods That Incorporate the Propensity Score[J]. American Statistician, 1985, 39(1): 33-38.

[37] 刘晔，张训常. 碳排放交易制度与企业研发创新——基于三重差分模型的实证研究[J].经济科学，2017(3): 102-114.

[38] 胡珺，黄楠，沈洪涛. 市场激励型环境规制可以推动企业技术创新吗？——基于中国碳排放权交易机制的自然实验[J]. 金融研究，2020(1): 171-189.

第五章

绿色信贷概述

第一节　绿色信贷含义

绿色信贷的概念源于赤道原则。该项准则要求银行等金融机构在面对一个项目投资时，要对该融资项目可能对环境和社会的影响进行综合评估，调查该项目所可能产生的环境及社会风险问题。

在国际上，绿色信贷又被称为可持续性融资。国外的学者对绿色信贷的研究相对较为成熟，认为绿色信贷是银行为实现可持续发展而进行的一种信贷手段，银行会将绿色信贷作为考核标准，在审批企业贷款时，会考核其有关项目计划、经营公司和环保的有关资料，并最终参考相关信息并做出贷款决定。

2007 年，我国出台的信贷政策《关于落实环境保护政策法规防范信贷风险的意见》（以下简称《意见》），首次提及"绿色信贷"这一概念，指出要利用信贷手段，遏制污染企业的盲目扩张，促进环保企业和项目的发展。该项政策的颁布，意味着我国绿色信贷开始正式起步，同时，国内学者开始围绕绿色信贷进行了大量的研究。其中，何德旭等人（2007）认为，绿色信贷作为一种政策手段，可以通过银行等金融机构加大污染产业的融资成本，向绿色产业提供贷款扶持，最终引导资金从污染产业中适当剥离并投向环保产业。陈柳钦等人（2010）认为，绿色信贷是一种调控手段，银行通过这种金融杠杆来收回已发放的贷款并停止对重污染项目的信贷支持，从而解决环境问题。胡荣才等人（2016）则将绿色信贷看作是商业银行落实国家的环保政策，将信贷资金引至环境评估合格的贷款项目，最终实现自身利润扩大、信贷结构优化的一种方式。

第二节 绿色信贷发展现状

从全球范围来看，2003 年"赤道原则"出现以来，世界各大金融机构纷纷开始效仿，已经有了大量成功的案例。截至 2020 年，全球有 100 多家金融机构采用该原则，绿色、可持续已经成为各国共识。从国内来看，2007 年《意见》发布之后，在国家的大支持下，银行、信托等金融机构积极开展绿色信贷业务，绿色信贷得到了更深入的研究。

一、绿色信贷发展历程

绿色信贷是绿色金融的一类重要分支。我国人民银行于 1995 年出台的《关于贯彻信贷政策与加强环境保护工作有关问题的通知》中，提到为保护社会环境与自然资源，需要金融机构在为企业或项目提供贷款时进行审核，通过调查企业或者项目在生产实施过程中是否对生态环境进行破坏或产生影响，明确对违反相关环境法律法规的项目不给予批准贷款，这标志着我国绿色信贷开始进入发展的起步阶段，为我国后续绿色信贷业务的开展奠定了基础。

2007 年，国家环保总局等部门颁布《关于落实环境保护政策法规防范信贷风险的意见》，其中提到环保部门和银行机构之间要积极配合，监督相关企业的生产经营，提高银行的信贷审批标准，最终限制污染企业的生产经营。此次政策的颁布标志着我国绿色信贷政策的框架开始构建。同年银监会颁布了《节能减排授信工作指导意见》（银监发〔2007〕83 号），在该政策中明确提出，要求银行等金融机构在进行信贷审批工作时，将一些环保满足要求的企业纳入提供信贷服务的名单，并惩罚不合规的企业，将其信贷资金收回。通过上述我国实施的一系列绿色信贷政策，可以看出国家对绿色信贷越来越重视，同时表明我国绿色信贷进入发展阶段。

2012 年，银监会颁布了《绿色信贷指引》，其中提出在绿色信贷发展过程中引入监督部门，要求对银行开展的绿色信贷业务进行评价，将绿色发展理念与银行业金融机构经营方式进行融合，《绿色信贷指引》作为对银行业等金融机构实施绿色信贷政策规定最为具体的一项政策，它的颁布确定了我国绿色信贷的政策体系，2012 年成为绿色信贷具有标志性的一年。随后，银监会相继颁布了《绿色信贷统计制度》《绿色信贷实施情况关键评价指标》《关于构建绿色金融体系的指导意见》和《绿色产业指导目录（2019 年版）》。这些指导意见和政策的颁布，在解决我国绿色信贷基本问题时起到了至关重要的作用，首次明确界定绿色金融的范围。

随着有关绿色信贷政策的颁布，我国的绿色信贷政策逐渐丰富完善，相关制度法规也逐渐正式化，很多有关绿色信贷问题得到了解决，环保产业持续扩大，我国逐渐进入绿色信贷的完善阶段。

二、绿色信贷发展现状分析

绿色信贷概念不断提出，相关信贷政策不断实施。绿色信贷由于其政策属性和信贷属性，一定程度上具有公益性，可以满足大部分环保企业的资金需求。截至 2020 年年末，我国的绿色信贷数额达到 11.59 万亿元，已经达到世界第一的水平。下文将详细分析绿色信贷近几年的增长状况和绿色信贷的投放结构。

（一）绿色信贷增长状况

银监会 2012 年颁布《绿色信贷指引》之后，银行等金融机构逐渐把绿色信贷作为绿色金融的重要分支，对绿色信贷的重视程度越来越高，我国绿色信贷的规模逐年扩大。

如图 5-1 绿色信贷余额所示，2013 年 6 月到 2019 年 6 月，我国绿色信贷余额水平越来越高，规模越来越大，并且近几年增长趋势依旧明显。在相关统计报告中，我国本外币绿色信贷余额在 2021 年末已达到近 16 万亿元，比 2020 年增加 3.86 万亿元，比 2020 年末高出 12.7%，相比其他各项贷款，绿色信贷的贷款增速高出 21.7%。

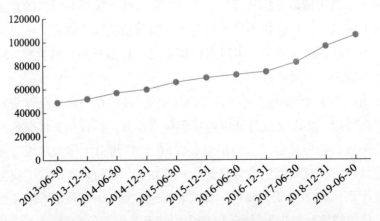

图 5-1　2013 年 6 月至 2019 年 6 月绿色信贷余额（亿元）

图 5-2 是我国绿色信贷增长率及绿色信贷占比的变化趋势图。从图中可以看出，绿色信贷的增长率始终大于 0，说明绿色信贷数额持续增长，但增长率波动较大，增幅不稳定。绿色信贷余额占贷款的比例基本上在 7%左右，占比的波动幅度不大。

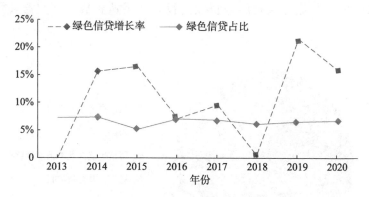

图 5-2 绿色信贷增长率及绿色信贷占比

图 5-3 是我国六大国有银行 2012 年到 2020 年绿色信贷余额的变化折线图，可以看出，国有银行的绿色信贷投放量均逐年递增，其中工商银行在六大行中一直处于领先水平。截至 2020 年年末，六大银行的绿色信贷余额已达到近 6 万亿元。

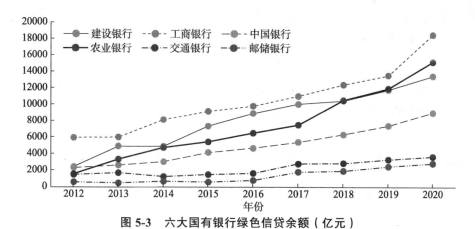

图 5-3 六大国有银行绿色信贷余额（亿元）

（二）绿色信贷投放结构

绿色信贷主要投放于具有 12 类项目的节能环保及服务贷款和 3 类项目的战略新兴产业贷款两部分。通过图 5-4 可以看出，绿色信贷更多地投放到了节能环保及服务贷款类项目，投放总额由 2013 年 6 月份的 34 293.74 亿元增长到 2017 年 6 月份的 65 312.6 亿元，涨幅 3.1 万亿元，投放总额的增幅较大；而战略新兴产业，截至 2017 年 6 月共投入 17 644.00 亿元，比 2013 年 6 月份增长 3410.9 亿元。可以看出节能环保服务贷款的投放资金上升趋势不断增加，在 2017 年，节能环保及服务贷款的投入几乎达到战略新兴产业资金投入的四倍。

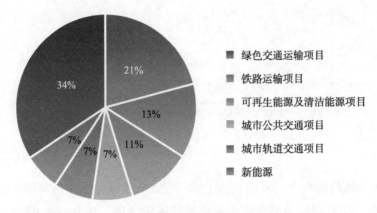

图 5-4　绿色信贷投放结构

图 5-5 是绿色信贷投放项目的比例饼图，其中资金比重最大的六个项目分别是绿色交通运输项目、铁路运输项目、可再生能源及清洁能源项目、城市公共交通项目、城市轨道交通项目和新能源。绿色信贷的大部分资金，都流向了绿色交通运输业，占总体投放结构的 21%。其中，绿色信贷的投放在其他行业也有了一定占比，例如邮政业，及水生产和供应业等众多行业，上述说明，绿色信贷的投放结构越来越丰富，投放行业越来越多元化。

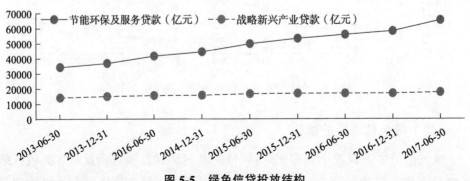

图 5-5　绿色信贷投放结构

（三）绿色信贷发展中存在的主要问题

目前，我国绿色信贷规模已经位居世界前列，整体资产质量正在逐步改善，绿色信贷所带来的环境效益逐步显现。但由于我国对绿色信贷的研究起步较晚，与绿色信贷相关的法律法规并不完善，在现阶段开展绿色信贷中，还存在着如下问题。

1. 绿色信贷法规制度不健全

目前，我国商业银行等金融机构在开展绿色信贷业务时，由于国家未出台相关的法律法规，基本围绕的是此前出台的《绿色信贷指引》，因此在解决相关问题时，缺乏强制性与规范性。同时，国内大部分金融机构对具有长远意义的绿色金融投入不足，相关企业很少主动配合金融机构的绿色信贷业务，有关部门没有对相关企业或者银行提出强制性要求，最终导致大部分资本流向了周期短、收益高的项目。

2. 绿色信贷产品单一，创新力度不够

目前，国际上流通绿色信贷产品的种类已经非常多，但我国绿色信贷产品大多投向的是企业或者大型项目，并且由于绿色信贷在传统能源和环境保护方面的投资倾向，最终使我国绿色信贷的客户群体比较单一，在市场中的业务份额相对较少，产品同质化的现象比较突出，难以适应不同客户的多元化要求。

3. 缺乏专业性人才

由于我国的绿色信贷起步较晚，国内只有兴业银行等几家金融机构的内部具备相应的组织管理部门和专业人员，大部分商业银行尤其是本地的城市商业银行并没有专门的机构和人员。而当今绿色信贷的业务迅速发展，对从业人员的素质要求越来越高，但由于缺少专门的人才，银行不能进行具体的、准确的信用评级，因而很难制定出较为合适的信贷方案。

第三节　绿色信贷理论基础

一、赤道原则

2002 年，在一次国际知名商业银行会议中提出了首个为金融机构做向导的、自愿性的企业社会责任原则——"赤道原则"。其主要目的是为了避免和预防大型工程项目融资后，由于环境污染、生态破坏等问题对金融机构的信誉

造成不良影响。

"赤道原则"源于金融机构在履行公司社会责任方面的压力。金融机构只要宣布接受了"赤道原则",就可以加入到遵循"赤道原则"的行列,而无须签订任何协定。尽管"赤道原则"仅仅是一种自我约束的规范,并不具有强制性,但作为一种规范,已被世界各大银行普遍接受,并在世界范围内得到了广泛运用。

二、企业社会责任理论

古典经济学认为,企业的目标是实现利润最大化。然而,在环境问题日趋严峻的今天,人们越来越认识到,企业不应仅追求经济利益,更应承担起保护环境、节约资源的社会责任。20 世纪,英国著名学者谢尔顿创立的企业社会责任理念一经提出,便得到了世界各地的专家和学者的广泛认同,并逐渐成为公司治理的重要组成部分。企业社会责任是指在经营过程中,企业在满足股东、员工和顾客需求的同时,也要遵守商业道德,为慈善事业提供资金,维护和改善生态环境。由于银行在资源配置中承担着重要角色,是市场经济发展中不可或缺的一部分,因此,应当为实现经济效益、社会效益和环境效益的统一,积极承担起社会环境责任。同时,商业银行是具有代表性的公共服务企业,特别是在当今,经济高速发展,但同时伴随着一系列环境问题,两者之间相互矛盾,我国高效开展绿色信贷业务,积极促进两者之间的协调发展,正是践行企业社会责任的重要体现。

三、可持续发展理论

可持续发展理论在 1987 年由世界和环境发展理事会首次提出,从此,"可持续发展"成为全球范围内的重点话题。作为一种全新的发展观,"可持续发展"的提出,使人们认识到传统的、野蛮的、粗放型的经济发展方式使生态环境和人类社会之间的矛盾越来越突出。政府利用绿色信贷,可以促进资源、能源、社会资源的合理分配,促进落后企业的转型,从而达到节能减排的目的。

四、环境经济学理论

环境资源的可持续利用和环境保护的经济手段是环境经济学的主要内容。环境经济学认为,可以通过调控价格、行政等手段来控制人类对资源和环境的利用,以此实现环境和资源的可持续利用,从而将人为环境所带来的负面外部性的代价转化为经济、资源和环境的可持续发展。

环境经济学的观点是，在生产活动没有得到补偿的情况下，生产活动会对外部环境产生不利的影响。而"高能耗高污染"产业的迅速发展，使得污水排放日益增多，污染环境日益严重，对环境产生了负面的外部性。

绿色信贷的提出，不仅是环境经济学在金融领域的延伸，而且是环境经济学在金融领域的有效创新。它是由政府和银行的资金定价机制，通过直接或间接影响企业的投融资行为，最终促使"高能耗、高污染"产业所带来的负面外部性实现内部化。同时，节能环保与低碳产业可以享受到银行等金融机构优惠的利率政策，这一政策能够有效地减少私营企业的生产成本。

参 考 文 献

[1]　Thompson, P. Cowton, C. J. Bringing the environment into bank lending: implications for environmental reporting[J]. The British Accounting Review, 2003, 36(2): 197-218.

[2]　Weber O. Sustainability bench marking of European banks and financial service organizations[J]. Corporate Social Responsibility and Environmental Management, 2005, 12(2): 73-87.

[3]　Jeucken Marcel. Sustainable finance and banking: the financial sector and the future of the planet[M]. Taylor and Francis, 2010: 320

[4]　陈柳钦. 国内外绿色信贷发展动态分析[J]. 决策咨询通讯，2010(6)：1-10；15.

[5]　胡荣才，张文琼. 开展绿色信贷会影响商业银行盈利水平吗？[J]. 金融监管研究，2016(7)：92-110

[6]　何德旭，张雪兰. 对我国商业银行推行绿色信贷若干问题的思考[J]. 上海金融，2007(12)：4-9.

第六章

绿色信贷如何影响制造业企业技术创新

本章立足于我国制造业企业的财务数据，以企业绿色专利数度量企业技术创新水平，以银行绿色信贷余额衡量我国绿色信贷水平，通过构建实证模型检验我国绿色信贷对制造业企业技术创新的影响，并基于中介效应和调节效应分析这两者间的作用机制。

第一节 引 言

改革开放以来，我国经济高速增长的同时，生态环境受到了一定程度的影响。《2020 年全球环境绩效指数（EPI）报告》对 180 个国家和地区的环保绩效进行了量化测量，我国在此次评估中得到了 37.3 分，位列第 120 位，这反映了我国生态环境绩效状况依然不容乐观，环境保护依然是我国经济可持续发展的重要研究课题。

近年来，我国正在努力进行经济转型和生态文明建设，将生态文明建设摆在全局工作的突出地位，先后提出了"碳达峰""碳中和"目标，并写入政府工作报告，做出庄严的减碳承诺。2017 年，我国首次提出了关于建立以市场为导向的技术创新体制和发展绿色金融的建议。2019 年，李克强总理颁布税收优惠政策，大力支持企业进行技术创新，维持市场健康持久的发展（何凌云等，2019）。制造业企业作为我国实体经济的重要组成部分，在进行技术创新等企业绿色发展过程中，起着引领带头等作用。但是，技术创新作为制造业企业绿色发展的重要途径，具有研发周期长、风险大等特点，往往需要企业投入大量的人力、物力和财力，传统信贷融资已经难以满足其研发资金需求。绿色信贷是金融市场融资的一种绿色金融产品，也是融资体系最具代表性的一种融资工具，兼具政策属性和信贷属性，又具有公益性及低利率特征，可以有效满足制造业企业项目研发的资金需求。目前，我国处在经济转型的关键时期，促进制造业与绿色信贷融合，提高我国制造业企业技术创新水平，加快制造业转型升级，已逐渐成为学术界研究的热点问题。

绿色信贷是环保背景下银行信贷资源有效配置的关键问题。本章重点研究绿色信贷对制造业技术创新的影响效应及作用机制，主要解决三个问题：①绿色信贷是否提升了制造业企业技术创新水平吗；②这种影响如何通过企业动态能力这个中介变量促进制造业企业创新；③这些影响受到哪些因素的调节，其作用机制是什么。

第二节 绿色信贷影响企业创新的文献综述

一、绿色信贷相关研究

绿色信贷是绿色金融的一类重要分支，国际上对绿色信贷的研究历史开始于 1987 年。当时，绿色信贷被解释为"可持续金融""环境金融"或"碳金融"等术语。Jeucken（2010）将绿色信贷定义为"可持续性融资"，即银行为实现可持续发展而进行的一种信贷手段。Thompson 等（2004）提出，银行会将绿色信贷作为考核标准，在审批企业贷款时，会考核其有关项目计划、经营公司和环保的有关资料，并最终参考相关信息作出贷款决定。Hart（1995）和 Siegel（2007）根据竞争战略理论，认为绿色信贷有助于商业银行抓住绿色经济增长带来的机遇，拓展新的利润增长点，帮助商业银行建立竞争优势。Xu 等（2020）通过对我国企业构建面板数据，并使用固定效应模型和中介效应分析方法，最终发现绿色信贷会增加高污染企业的债务融资成本，但降低了绿色企业的债务融资成本。

在国内，对绿色信贷的研究正处于逐步完善的学习过程中，运用实证研究方法居多，研究内容主要集中在两方面：

第一，微观角度分析绿色信贷的影响，即绿色信贷对企业或商业银行的影响。苏冬蔚等（2018）研究发现，绿色信贷政策会对重污染企业的投融资行为产生负向影响，这种影响在高污染地区的大型国有企业中更为显著。斯丽娟等（2022）认为，绿色信贷政策可以有效提高企业环境承担责任，这种正向影响是通过提高企业资本成本、收窄融资渠道的外部约束，提高企业的环境关注度两种路径来实现的。

第二，从宏观角度分析绿色信贷的效用。徐胜等（2018）通过灰色关联分析法验证了绿色信贷的发展与产业结构升级之间确实存在关联关系，并通过回归得出绿色信贷主要通过企业的资本与资金渠道影响产业结构，认为这一影响在东、中、西三大地区中存在差异。谢婷婷等（2019）通过动态面板 GMM 模型进行实证分析，认为绿色信贷对绿色经济增长具有显著促进作用，这一促进作用是通过技术进步实现的。刘海英等（2020）基于绿色低碳技术进步指标，在绿色信贷与绿色低碳技术进步之间构建实证分析模型，并发现两者之间存在显著的"U"形关系。

二、企业技术创新相关研究

创新是促进经济持久发展的重要动力因素，在当今双循环的发展下，我国逐渐由经济高速度发展转向高质量发展，国家也越来越重视技术创新，不断推出相关政策和战略。制造业企业作为技术创新和创新项目的重要组成部分，目前对制造业企业技术创新的要求也愈加迫切，同时，学术界对企业技术创新的研究也越来越丰富。

目前的研究认为，企业技术创新受到的影响与制约可分为宏观、中观、微观三个层面，影响因素也可以分为根本因素、直接因素、关键因素与调节因素。宏观层面的影响因素主要是企业外部创新环境和国家层面的战略制定等，例如Mukherjee 等（2016）利用美国各州级企业税率的交错变化，发现税收会显著影响企业的创新和研发投入。千慧雄等（2022）通过我国金融市场三个方面的深化程度对企业技术创新影响的作用机制，进行理论分析并实证检验，最终发现加强金融市场建设，可以有效地为企业提供创新资金，最终提升企业创新水平。蔡庆丰等（2020）以企业周围银行网点数量作为衡量企业信贷资源可得性的代理变量，发现企业信贷资源可得性的提高反而抑制了企业的技术创新。金友森（2020）却得出相反的结论，其通过实证发现，银企距离的缩短会使企业的交易成本下降，最终促进企业创新。

中观层面的影响因素主要是企业的类型、自身的规模和文化等，研究发现，一般规模大的国企由于其自身传统生产设备较多，生产和管理也比较成熟，技术创新水平相对于其他企业都有较高水平（海本禄等，2021）。

微观层面的影响因素有研发投入这一环节的根本影响因素和知识控制等关键因素。尚洪涛等（2021）从风险承担视角分析政府补贴与企业创新的内在机理，并最终发现，政府补贴通过提高企业风险承担能力从而促进企业技术创新。胡凤玲等（2014）通过动态资源理论，分析和阐释了人力资本与企业技术创新之间的关联性和作用机理，并通过回归分析发现人力资本通过知识创造的中介作用对企业创新绩效产生显著的正向影响。吴强等人（2021）通过构建中介效用模型实证分析我国不同类别的税收负担对企业研发投入的影响效果及机制，最终发现企业的税负会通过影响企业营运资金流转和成本，使资金不能很好地流入研发投入中，最终阻碍企业的创新研发投入。

三、绿色信贷与企业技术创新

目前，学术界研究绿色信贷对企业技术的影响主要分为两类：一类是对绿色信贷政策的研究，此类研究居多，并且得到的结论也各有不同。例如，田超等（2021）利用双重差分法，发现绿色信贷会导致企业长期债务融资约束及股权融资上升，最终显著抑制企业的技术创新。曹廷求等（2021）得出与上述学者相同的结论，并且通过机制检验发现这影响是通过抑制企业信贷融资来实现的。孙焱林等（2019）则发现，绿色信贷政策将有助于企业通过获取信贷资金促进企业研发创新，这种影响在民营企业和东部地区更加显著。Hong M 等（2021）发现绿色信贷政策主要通过减少债务融资来促进绿色技术创新，而不是通过融资约束。另一类则是将绿色信贷视为企业外源融资，从而研究其对企业技术创新的研究。目前，相关研究证实了绿色信贷会有效促进企业的技术创新，何凌云（2019）通过构建中介效用模型，证实了绿色信贷会提高企业的研发投入，从而促进企业的技术创新。融资约束在这一活动中存在调节作用，企业的融资约束越高，绿色信贷对企业技术创新的促进作用越强。

综上所述，在已有的关于绿色信贷与企业技术创新的相关研究中，多数学者的研究结果证实了绿色信贷有助于提升企业技术创新水平，但也有部分学者得出相反结果。因此，关于绿色信贷对企业技术创新的影响及差异性仍没有取得一致性结论，并且研究主要集中在绿色信贷政策上，关于构建绿色信贷统计性指标的分析较少。本文结合我国制造业企业发展现状，拟运用动态能力理论，通过构建中介效应和调节效应等多种机制来进行实证分析。

第三节　绿色信贷支持企业创新的理论分析

一、绿色信贷对制造业企业技术创新的影响

企业的技术创新作为一种资本密集型活动，往往需要进行巨额的投资，如果企业自身没有足够的资金来支持创新，而外部的资金又受到了很大的限制，那么就必须延迟或者退出（陈旭东等，2017）。创新研发项目收益低、周期长、风险高，同时需要大量的资金投入，企业通常不愿意将大量的内部资金投入其中。特别是制造业企业，由于处在我国经济转型的关键时期，制造业企业往往需要进行大量的技术创新和研发投入工作，导致融资约束等问题越来越严重。因此，制造业企业要想进行研发和创新工作，就需要银行业等金融机构提供一定数额的外源融资。此时，随着绿色信贷业务的不断开展与实施，绿色信贷通过银行信贷业务为企业创新活动提供稳定持续的外部资本供给，可以有效缓解资金约束问题，从而使企业市场竞争力和抵御风险的能力得到提升，保证制造业企业更加长远且持久地发展。绿色信贷作为政府和金融机构实现宏观调控的一种信贷手段，对银行进行信贷审批过程增加了一些要求，使高污染的企业在贷款时受到一定限制。银行信贷资金在政策导向下使污染生产项目和污染企业流向循环经济生产、绿色制造和生态农业等企业，使得"两高一剩"企业面临着融资困难，必须进行绿色转型（何凌云，2019）。与此同时，随着绿色信贷的逐渐推行，人们越来越关注企业的环保行为，企业也会认真面对公众的监督和舆论，以维护自己的社会信誉。综上所述，提出假说1。

假说1：绿色信贷对我国制造业企业技术创新水平有显著提升作用。

二、绿色信贷、动态能力与企业创新

Teece 等（1994）提出动态能力理论，将动态能力定义为企业整合和重构资源的一种能力。Eisenhardt 等（2000）进一步丰富动态能力理论，指出企业的动态能力表现为在变化的经营过程中能够及时做出反应，并保持竞争优势的能力。董俊武（2004）对动态能力进一步定义，认为"动态"是指企业为了适应外部环境的变化，需要不断地进行能力更新；"能力"是指在适应环境变化时，战略管理在对企业能力进行更新、整合、重组内部和外部组织技术和资源中起着至关重要的作用。

动态能力提升企业技术创新主要基于四个方面：（1）机会感知的能力，通过提高企业获取外部信息和机遇，来规避风险大的创新项目，从而使企业技术创新水平提升。（2）环境适应的能力，通过调整企业创新战略来适应外部竞争压力和动荡环境，从而使自身的创新研发工作能够稳定的进行。（3）协调整合的能力，企业内外部资源重构和对组织架构变革的能力，使企业更高效地开展新产品研发等创新项目；学习吸收的能力，技术与产品的创新实质上是知识的创造，而知识的转换和使用效率依赖于学习吸收的能力，这一能力越强大，企业就可以通过国外的研发网络获得越多的资源，将更多的知识和技术导入创新项目中，从而达到技术的突破和新产品的开发（李梅，2022）。

关于绿色信贷对企业行为影响研究主要基于波特假说。绿色信贷的发布，通常会伴随着大量的环境规制和绿色信贷政策，这些政策和规制鼓励公司在提高生产力的同时，通过创新增强竞争力，以此抵消因环保所增加的成本，并在市场中增加利润，改善产品品质。绿色信贷政策通过市场选择效应和市场份额效应影响企业资源配置效率。绿色信贷是一种环境调控手段，它可以通过降低环境成本来降低环境的消极效应，从而淘汰企业创新效用低下的项目（陆菁等，2021）。绿色信贷还会对企业的市场占有率产生影响。银行作为绿色信用政策的执行主体，一方面能够减轻对信用歧视而又具有较高利润的公司的信用约束；另一方面，在有效履行债权人监督责任的同时，也会强化对企业的资源利用和经营状况的监控，以推动高生产力企业的市场份额，有效提高企业的资源整合能力（刘传江、李雪，2022）。从某种意义说，企业进行绿色信贷融资的过程也是企业动态能力构建和提升的过程。绿色信贷机制对内部和外部资源进行有效的整合与配置，使得企业机会感知和协调整合等动态能力得到提升，进而提高自身技术创新水平。基于此，提出假说2。

假说2：动态能力作为中介影响绿色信贷对企业创新的过程。

三、风险承担的调节效应

企业在进行创新项目投资决策时，自身的风险承担能力是一个重要的影响因素。目前学术界普遍认为，在面临高风险的创新项目时，企业往往会因自身风险承受能力不足而导致没有积极性，并且为了规避风险而产生的决策和态度，也会阻碍公司的创新能力。那些具有更高风险承担能力的企业，则更倾向于在高风险的项目上进行投资，以谋求更高的利润（张桂玲，2020）。本文认为，企业的风险承担能力会削弱绿色信贷对技术创新的推动作用。风险承担能力高的制造业企业，其生产规模和投资规模较大，对创新项目的投资和企业研发工作的投入都已经接近饱和。如果这些企业仍然把大量的资金，例如绿色信贷，用于高风险的创新项目，那么它们的日常运营所需的资金就会出现严重的不平衡，致使企业当前的业绩恶化（Hilary，2009），最终导致高风险承担的企业为维持企业绩效，将企业资金流向风险较小且可短期获利的项目进行投资，以改善企业业绩，促使其技术创新水平降低。同时，企业研发创新项目由于风险高、研发周期较长等特点，促使一些风险承担能力较低的企业产生融资约束等问题，难以持续进行创新项目（李健等，2018）。因此，相较于高风险承担能力的企业，绿色信贷对低风险承担能力的企业技术创新影响更显著，基于此，提出假说3。

假说3：风险承担在绿色信贷对制造业企业创新的关系中具有负向调节作用。

四、资本密集度的调节效应

企业资本密集度一般通过企业的固定资产占比来反映，企业的资本密集度越高，固定资产比例就越高。对于资本密集度高的企业，往往上市年限较长，并且拥有大量的传统设备，生产和管理也比较成熟，所以在获得绿色信贷之前，这些公司已经具备了一定的技术和规模效益（徐向龙，2022）。因此，从客观上讲，资本密集度高的企业对高技术工人的需求是巨大的，为了提高劳动生产率，企业在选择和训练雇员方面会投入更多的精力。把高技术工人聚集到自己的创新项目上，从而使自己的研发创新水平得到提高。与此同时，高资金密集型产业的公司往往会因为具有较长的投资期限、较高的特殊风险以及较高的回报率而面临更高的风险和反向选择（BROWNJR，2013）。但是，由于绿色信贷具有资金引流的功能，它会对公司的项目进行评价，将资金导向高风险、高收益的创新领域，从而为技术密集型企业提供大量的资金支持。此外，知识要素是边际递增的，高技术密集型企业会随着研发与生产活动的增加，企业研发和生产变得越来越智能，企业的技术创新水平也会随之提高。因此，在高资金密度企业中，其技术创新能力的提升将更为明显。基于此，提出假说4。

假说4：资本密集度在绿色信贷对制造业企业创新的关系中具有正向调节作用。

五、行业市场竞争的调节效应

市场竞争是指企业在进行日常经营活动或研发创新等活动时，所面临的来自同行业的竞争程度，特点就是每一个同行企业都会作为竞争者在该行业的市场上争夺份额。如今我国不断进行着市场化改革，市场环境也一直在变化，市场竞争也愈演愈烈（王永健，2015）。激烈的市场竞争会严重影响企业的外部经营环境，导致企业原有产品的市场份额被挤压，影响企业管理判断，使原有企业的实业投资和研发资金减少。谢懿等人（2022）认为，我国传统制造业企业已进入研发瓶颈期，激烈的行业市场竞争会使企业将目光放在短期利益上，此时，企业还缺乏应对各利益相关者的动机，从而会减少社会责任投入。基于此，提出假说5。

假说5：行业竞争在绿色信贷对制造业企业创新的关系中具有负向调节作用。

第四节　研究设计

一、数据来源与样本选择

最终选取在 A 股上市的 360 家制造业企业 2012～2020 年的平衡面板数据做样本，其中企业各项财务指标数据来自国泰安数据和 Wind 数据库，并对存在极端值的变量进行缩尾处理；对存在缺失值的变量进行插值处理。

二、变量选取

（一）被解释变量

技术创新水平 PAT。目前，企业专利数是衡量企业技术创新水平的重要指标。因此，借鉴众多相关文献，选取专利数量作为企业技术创新的替代指标。

（二）解释变量

绿色信贷 GCL。目前，衡量绿色信贷的方式主要有以下三种：一是根据我国六大高耗能产业的利息支出占比，最终反向衡量绿色信贷；二是根据《社会责任报告》中的环保项目贷款来反映绿色信贷水平；三是根据我国银行年报中披露的绿色信贷余额，进行整理综合来反映我国绿色信贷水平。银行作为提供企业绿色信贷的主体，选用银行年报中披露的绿色信贷余额，对研究绿色信贷对企业创新影响更具有针对性。银行的绿色信贷余额，相比于其他指标，更加准确、完整。本文选择了我国五大国有银行、股份制商业银行、其他银行等 36 家上市银行披露的绿色信贷余额作为衡量本文绿色信贷水平的指标，绿色信贷余额越大，说明商业银行没有回收的绿色信贷数额越多，企业能够得到的绿色信贷资金也就越多。

（三）中介变量

动态能力 DC。当前，学术界对动态能力指标的选取主要有两种：一是以问卷调查和个案分析为主，二是利用企业财务指标来衡量动态能力。宋哲等人（2017）以 Teece 等人（1994）所提出的动态能力分析为基础，运用组织管理中的机会感知、资源整合、组织成长能力三项指标进行定量研究。

借鉴宋哲等人（2017）的经验，我们认为在机遇感知方面，企业可以通过增加研发投资来有效地感知内部和外部环境的改变，从而获得竞争优势，因此选择研究开发费用的比重来度量企业的动态能力。企业在投入资源、技术、资金之后，形成对应的资产，从而达到最终产出，选择以企业的无形资产比例为衡量企业的动态能力资源整合程度。企业运用组织与行为科学的技术与理论，对组织内部的改革与创新进行系统的规划与设计，以促进组织的发展，提升员工的工作热情与自觉性，有效地提升组织效能。参考徐向龙等人（2022）的做法，运用因子分析合成动态能力综合得分，最终得到企业动态能力得分。

（四）调节变量

风险承担 RiskT。对于企业的风险承受程度，国内外学者对其风险承担的度量方法有：①收益波动；②股价收益波动；③债务比率。风险承担越大，对公司未来现金流的影响也就越大，所以我们借鉴周竹梅（2020）的经验，利用公司收益的波动来度量公司的风险。通过公司收益波动来度量公司的风险承担水平。ROA 是指该公司在该年总资产的利息和税前收益。在计算波动率时，首先用行业年均值对各公司的 ROA 进行修正，再根据各观察期的行业调整，得出各公司 ROA 的标准偏差和极差。鉴于我国上市公司的高管任职时间通常为三年，我们采用三年一次的观察周期（T、$T+1$、$T+2$），以 T 年至 $T+2$ 年为观察周期，对 ROA（ADJ_ROA）进行滚动计算，并根据行业调整后的 ROA（ADJ_ROA）的标准偏差和极端偏差，作为衡量企业风险承担能力水平的指标，该指标越大，说明企业的风险承担能力越高。

资本密集度 KI。固定资产占比的高低反映了制造企业资本密集程度。本文借鉴徐向龙（2022）的做法，采用固定资产占资产总计比来测度资本密集度。其计算公式为：固定资产/资产总计行业竞争 IH。

借鉴连燕玲等（2019）的做法，该产业的竞争水平是以 Herfindahl-Hirschman 指数（HHI）为指标。首先，将制造业的各个行业按照我国证监会的行业编码进行归类，然后再根据行业的利润来确定其在各个行业中的市场份额，最终得出行业的平均利润率，HHI 越大，则行业的竞争力越弱。为了更好地说明后面的实证研究和后续检验结果的解释，我们将 HHI 指数乘以负 1，进行一个正向处理，得到新的行业竞争指标 HI，IH 的数值越高，说明行业的竞争程度越高。

（五）其他变量

信贷融资 Debt。借鉴海本禄等人（2021）的研究，通过计算企业信贷与资产总额的比率来衡量企业外源融资水平。与衡量绿色信贷水平不同的是，企业信贷融资水平是通过企业层面计算，数据皆来自企业年报。同时，考虑信贷偿还期限的不同可能对企业创新产生不同影响，本文进一步将信贷细分为短期和长期，分别除以资产总额，得出长期借贷比和短期借贷比，分析不同外源融资和绿色信贷对企业技术创新影响的不同。

为控制其他与制造业企业技术创新相关的变量，参考众多文献的做法，并分析不同内部影响因素，最终控制变量选择资本结构、股权集中度、公司规模、人力资本、资产规模折旧、资本支出、应收账款比等指标。

具体变量汇总见表 6-1。

表 6-1　变　量　汇　总

变量类型	变量符号	变量名称	变量衡量指标
被解释变量	PAT	企业技术创新	绿色专利发明量
解释变量	GCL	绿色信贷	36 家上市银行绿色信贷余额
中介变量	DC	动态能力	组织管理过程生成的综合因子
调节变量	RiskT	企业风险承担	经行业调整 ROA 的标准差
	KI	资本密集度	固定资产/资产总计
	IH	行业竞争	企业所占的市场份额
控制变量	Lev	资本结构	负债总额/资产总额
	SH	股权集中度	前十大股东持股比例
	Size	公司规模	员工人数
	HC	人力资本	本科生占比
	Depr	资产规模	资产的折旧摊销
	Cape	资本支出	资本支出与折旧摊销比
	CSR	应收账款比	应收账款与收入比
其他变量	L-Debt	长期借贷比	长期信贷与资产总额
	S-Debt	短期借贷比	短期信贷与资产总额

三、实证模型

为考察绿色信贷对制造业企业技术创新的影响，根据 Hausman 检验结果，构建如下年份固定效应模型。

$$PAT_{i,t} = \beta_0 + \beta_1 GCL_{i,t} + \beta_2 Controls_{i,t} + \mu_t + \theta_i + \varepsilon_{i,t}$$

式中　第一个模型为基准回归模型；$GCL_{i,t}$ 表示第 t 期的绿色信贷水平；$PAT_{i,t}$ 表示企业 i 第 t 期的技术创新水平；$Controls_{i,t}$ 代表控制变量；θ_i 表示个体固定效应；$\varepsilon_{i,t}$ 表示随机扰动项。

在基准回归模型显著的情况下，在此基础上，通过引入中间变量，构建了一种中介效果模型。该模型将解释变量与被解释变量的关系结合起来，其机理如下：绿色信用的变动导致了中间变量的改变，而中介因素的改变则对被解释变量产生影响。参考温忠麟等人（2005）的研究方法，选择逐步检验法来建立模型。构建中介效应模型如下：

$$M1: PAT_{i,t} = \beta_0 + c_i GCL_{i,t} + \beta_1 Controls_{i,t} + \mu_t + \theta_i + \varepsilon_{i,t}$$
$$M2: DC_{i,t} = \beta_0 + \alpha_i GCL_{i,t} + \beta_1 Controls_{i,t} + \mu_t + \theta_i + \varepsilon_{i,t}$$
$$M3: PAT_{i,t} = \beta_0 + c_i' GCL_{i,t} + b_i DC_{i,t} + \beta_1 Controls_{i,t} + \mu_t + \theta_i + \varepsilon_{i,t}$$

模型 M1 是基准回归模型，首先对模型 M1 中绿色信贷的系数进行检验，若绿色信贷的系数显著，则说明绿色信贷会对制造业企业的技术创新产生影响。随后对模型 M2 和模型 M3 进行检验。模型 M2 是检验绿色信贷对中介变量动态能力系数的显著性，模型中的 DC 为企业动态能力，若显著，则证明绿色信贷能够影响企业动态能力；检验模型 M3，模型 M3 是在 M1 的基础上引入中介变量 DC，若此时绿色信贷和动态能力的系数均显著，则证明中介变量动态能力的假说成立，证明绿色信贷会通过影响企业动态能力而影响企业技术创新。

第五节　实证分析

一、主要变量的描述性统计

表 6-2 是主要变量的描述性统计结果。可以看出，绿色专利数量的最小值为 0，最大值为 5.182，并且均值较小，标准差较大，说明我国创新专利数量表现整体变动较大。个体特征的控制变量都是合理的，但为了保证研究的稳定

性，必须加以控制。

表 6-2　主要变量的描述性统计变量

变量名称	样本	均值	标准差	最小值	最大值
PAT	3240	1.646	1.439	0	5.182
GCL	3240	10.62	0.431	9.829	11.22
DC	3240	19.20	1.347	16.07	22.28
Risk	3240	0.021	0.025	−0.0135	0.147
KI	3240	0.255	0.154	0.0209	0.657
IH	3240	−0.189	0.154	−0.869	−0.0404
Lev	3240	0.463	0.174	0.103	0.786
SH	3240	59.70	14.75	26.08	91.52
Size	3240	8.839	1.042	6.475	11.18
HC	3240	0.261	0.165	0.0409	0.750
Depr	3240	19.50	1.333	16.38	22.74
Cape	3240	2.268	2.018	0.101	11.45
CSR	3240	0.193	0.170	0.00111	0.858

二、绿色信贷影响制造业企业技术创新的实证结果

表 6-3 通过实证分析，研究了绿色信贷和企业外源融资对技术创新的影响。从模型一主效应可以看出，绿色信贷的回归系数为 0.709，在 1% 的水平下显著为正相关，说明绿色信用对企业绿色技术创新具有直接的正向影响，这些结果不但验证本文假说 1，而且与何凌云等基于环保企业数据得出的 0.361 相差不大。证明绿色信贷作为企业一部分重要的外源融资来源，会在企业贷款审批环节加入生态环境考核要求，促使一些节能环保、低能耗的企业更容易获取这笔外部资金，得到更多的信贷资金倾斜，从而促进这些企业的创新研发工作得到更多资金支持。

表 6-3 中的"模型（2）"和"模型（3）"为企业外源融资的回归结果。通过"模型（2）"可以看出，企业的长期外源融资的回归系数为 0.388，在 10% 的水平上显著，说明其可以促进技术创新，但不论是系数大小还是显著性都不如绿色信贷。绿色信贷相比于企业其他外源融资，更能有效地促进企业的创新。通过模型（3）发现企业短期外源融资的系数并不显著，原因可能是企业技术创新项目的周期长、风险大，企业的短期资金更偏向于风险较小且可短期获利的项目进行投资，或者是投资于存货等短期营业资产。

表 6-3　基准回归检验结果

变量	模型（1）	模型（2）	模型（3）	模型（3）
	PAT	PAT	PAT	PAT
GCL	0.709***			0.712***
	(3.01)			(3.03)
L-Debt		0.388*		0.430*
		(1.74)		(1.91)
S-Debt			−0.102	−0.139
			(−0.73)	(−0.98)
Lev	0.073	0.059	0.068	0.071
	(0.41)	(0.33)	(0.38)	(0.40)
SH	0.866***	0.818***	0.809***	0.874***
	(3.79)	(3.59)	(3.55)	(3.83)
Size	0.304***	0.282***	0.281***	0.305***
	(5.91)	(5.55)	(5.52)	(5.94)
HC	−0.002	−0.002	−0.002	−0.002
	(−1.23)	(−1.14)	(−1.15)	(−1.21)
Depr	0.0388***	0.0389***	0.0388***	0.039***
	(4.49)	(4.49)	(4.48)	(4.46)
Cape	0.157***	0.184***	0.183***	0.157***
	(3.45)	(4.12)	(4.09)	(3.44)
CSR	0.533***	0.520***	0.528***	0.521***
	(2.71)	(2.64)	(2.68)	(2.65)
_cons	−11.76***	−5.126***	−5.068***	−11.80***
	(−5.10)	(−7.89)	(−7.79)	(−5.12)
时间和个体效应	控制	控制	控制	控制
N	3240	3240	3240	3240
adj. R^2	0.222	0.220	0.220	0.223

注：***、**、*分别表示在 1%、5%、10%的显著性水平上显著。下表同。

在控制变量中，人力资本 HC 和企业规模 Size 的回归系数在 1%的水平上显著为正，说明对于企业技术创新和研发工作来说，人力占据很重要的位置。折旧摊销和资本支出的回归系数在 1%的水平上显著为正，两者都反映了企业固定资产变动情况，证明对于制造业企业来说，固定资产变动也将影响企业的技术创新。应收账款的回归系数在 1%的水平上也显著为正。由于制造业企业盈利都是通过销售产品所得，因此，应收账款能反映企业的资金流动能力，企业良好的流动资金也会提升企业的技术创新水平。

三、动态能力的中介效应检验结果

为检验假设 2，借鉴温忠麟等学者的做法，以 Sobel 检验方法来确定动态能力的中介效应，结果如表 6-4 所示。其中"模型（1）"列为基准回归结果与前文结果相同；"模型（2）"列示 GCL 的系数为 0.166，且在 5%的水平上显著为正，这表明银行绿色信贷显著促进了制造业企业的技术创新；"模型（3）"列示 GCL 的系数为 0.684，且在 1%水平上显著为正，这说明绿色信贷可有效提升企业的动态能力；DC 的系数为 0.153 且在 5%的水平上显著为正，说明企业动态能力的提高显著提升企业技术创新。上述结果表明，动态能力的传导机制成立，即商业银行绿色信贷通过提高企业动态能力，进而提高制造业企业技术创新水平，其中介效应为 0.026，占总效应的 3.72%。

表 6-4　动态能力中介机制检验结果

变量	模型（1）	模型（2）	模型（3）
	PAT	DC	PAT
GCL	0.709***	0.166**	0.684***
	(3.01)	(2.29)	(2.91)
DC			0.153**
			(2.54)
Lev	0.073	−0.107*	0.089
	(0.41)	(−1.95)	(0.50)
SH	−0.002	0.004***	−0.003
	(−1.23)	(5.87)	(−1.50)
Size	0.304***	0.082***	0.291***
	(5.91)	(5.14)	(5.65)
HC	0.866***	0.558***	0.781***
	(3.79)	(7.92)	(3.39)
Depr	0.157***	−0.056***	0.166***
	(3.45)	(−4.00)	(3.63)
Cape	0.039***	0.022***	0.036***
	(4.49)	(8.16)	(4.06)
CSR	0.533***	0.241***	0.496**
	(2.71)	(3.96)	(2.52)
_cons	−11.76***	−1.767**	−11.49***
	(−5.10)	(−2.48)	(−4.98)
时间和个体效应	控制	控制	控制
Sobel 检验（间接效应）	0.026*		
Sobel 检验（直接效应）	0.684***		
间接效应占比	3.724%		
N	3240	3240	3240

四、绿色信贷促进制造业企业技术创新的调节效应检验

表 6-5 检验了绿色信贷对企业技术创新影响的调节效应。假说 3 提出，风险承担水平在绿色信贷对企业创新的关系中具有负向调节作用。由"模型（1）"可知，我们在基准回归的模型基础上，加上盈利波动性和盈利波动性与绿色信贷的交乘项，结果显示盈利波动型与绿色信贷的交乘项（GCL×Risk）的系数为–3.304，且在 5%的水平上显著。上述结果表明，风险承担的调节机制成立，即企业的风险承担能力会削弱绿色信贷对企业技术创新的推动作用。

表 6-5 绿色信贷对绿色技术创新的调节效应检验

变量	模型（1）	模型（2）	模型（3）	模型（4）
	PAT	PAT	PAT	PAT
GCL	0.758***	0.628***	0.654***	0.623***
	(3.22)	(2.63)	(2.77)	(2.60)
Risk	33.13**			34.75**
	(2.09)			(2.19)
GCL × Risk	–3.304**			–3.463**
	(–2.22)			(–2.33)
KI		–3.819*		–3.831*
		(–1.94)		(-1.94)
GCL×KI		0.380**		0.382**
		(2.02)		(2.04)
IH			4.535**	4.589**
			(2.31)	(2.34)
GCL×IH			–0.411**	–0.414**
			(–2.24)	(–2.26)
Lev	–0.411**	0.068	0.088	–0.414**
	(–2.24)	(0.38)	(0.50)	(–2.26)
SH	0.088	0.886***	0.902***	0.117
	(0.50)	(3.88)	(3.95)	(0.66)
Size	0.902***	0.304***	0.317***	0.864***
	(3.95)	(5.92)	(6.14)	(3.77)
HC	0.317***	–0.002	–0.003	0.306***
	(6.14)	(–1.12)	(–1.32)	(5.94)
Depr	–0.003	0.039***	0.038***	–0.003
	(–1.32)	(4.49)	(4.42)	(–1.32)
Cape	0.038***	0.154***	0.150***	0.036***
	(4.42)	(3.39)	(3.30)	(4.09)
CSR	0.150***	0.532***	0.532***	0.157***
	(3.30)	(2.70)	(2.70)	(3.44)

续表

变量	模型（1）	模型（2）	模型（3）	模型（4）
	PAT	PAT	PAT	PAT
_cons	0.532***	−10.93***	−11.11***	−10.35***
	(2.70)	(−4.65)	(−4.78)	(−4.38)
时间和个体效应	控制	控制	控制	控制
N	3240	3240	3240	3240
adj. R²	0.223	0.225	0.224	0.228

图 6-1 列示了企业盈利波动性水平在绿色信贷对企业创新的关系中的调节作用。其中，高（低）盈利波动性分别表示盈利波动性水平的均值加（减）一个标准差。由图可知，随着盈利波动性的提高，企业风险能力承担水平也同步提高，绿色信贷对企业技术创新的促进作用会削弱，进一步验证假说 3。

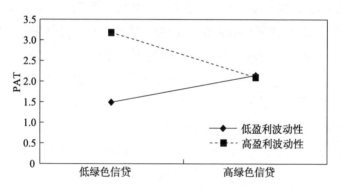

图 6-1　盈利波动性的调节效应

假说 4 提出，基于资本密集度，绿色信贷对企业技术创新水平的影响起到调节作用。由表 6-5 绿色信贷对绿色技术创新的调节效应检验的模型二可以看出，我们在基准回归模型的基础上，加上技术密集度与绿色信贷的交乘项。结果显示技术密集度与绿色信贷的交乘项（GCL×KI）的系数为 0.380，且在 5% 的水平上显著。上述结果表明，资本密集度的调节机制成立，即资本密集度会正向调节绿色信贷对企业技术创新的推动作用。

图 6-2 展示了技术密集度水平在绿色信贷对企业创新的关系中的调节作用。其中，高、低技术密集度分别表示制度发展水平的均值加、减一个标准差。由图可知，随着企业技术密集度水平的提高，绿色信贷对企业技术创新的影响会变强，进一步验证假说 4。

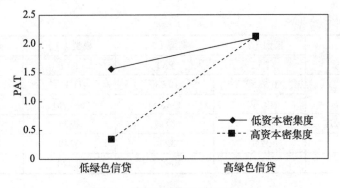

图 6-2　资本密集度的调节效应

假说 5 提出，行业竞争会在绿色信贷对企业创新的关系中具有负向调节作用。由模型三可知，我们在基准回归的模型基础上，加上市场竞争和市场竞争与绿色信贷的交乘项，可以看出，市场竞争与绿色信贷的交乘项（GCL×IH）的系数为–0.411，且在 5%的水平上显著。上述结果表明，市场竞争的调节机制成立，即较高的市场竞争水平会促进绿色信贷对企业技术创新的影响。

其中表 6-5 绿色信贷对绿色技术创新的调节效应检验的"模型（4）"，是在基准回归的模型基础上，同时引入三个调节变量与绿色信贷的交乘项。发现三者的系数依然显著，并且系数和前三个模型的系数正负值相同，因此进一步验证假说中绿色信贷对企业技术创新调节机制的结论。

图 6-3 列示了基于市场行业竞争水平，绿色信贷对企业创新的调节作用。其中，市场竞争水平高低分别表示制度发展水平的均值加、减一个标准差。由图可知，随着市场竞争水平的提高，绿色信贷对企业技术创新的促进作用会削弱，说明绿色信贷对市场竞争水平低的企业的技术创新水平有正向调节作用，进一步验证假说 5。

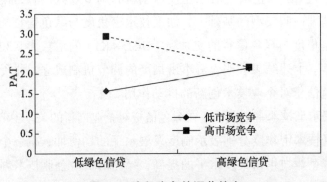

图 6-3　市场竞争的调节效应

五、稳健性检验

为了检验前文模型估计结果的可靠性，我们进一步从构建不同分组子样本、更换模型、更换被解释变量三个方面重新检验。第一，参考相关文献，选用研发投入作为衡量企业创新水平的变量。第二，构建不同分组子样本，按照企业规模均值将样本分为大型企业组、小型企业组。第三，更换模型。本文将原来固定效应模型改为 Tobit 模型和随机效应模型。上述各模型的实证结果如表 6-6 所示，即将衡量企业创新水平的变量换成研发投入后，绿色信贷的影响依旧显著为正；将企业样本划分成大小型企业后，绿色信贷的系数依旧显著为正，并且大型企业的系数大于小型企业；更换为 Tobit 模型后，显著性结果不变。

表 6-6　稳健性回归检验

变量	研发投入	小型企业	大型企业	Tobit	随机效应
	LnR&D	PAT	PAT	PAT	PAT
GCL	0.885***	0.586**	0.855**	0.739***	0.885***
	(4.72)	(2.07)	(2.10)	(3.15)	(2.94)
Controls	控制	控制	控制	控制	控制
Year	控制	控制	控制	控制	控制
Industry	控制	控制	控制	控制	
_cons	−2.165	−9.594***	−16.63***	−12.77***	−16.32***
	(−1.18)	(−3.48)	(−3.93)	(−5.54)	(−5.52)
N	3240	2296	943	3240	3240

第六节　结语与政策建议

一、结语

一是绿色信贷相对于企业的其他外源融资，对制造企业的技术创新能力有更明显的促进作用，并且在信贷影响制造业企业技术创新水平的这些控制变量中，人力资本、企业的资产和人员规模都能显著提升企业技术创新。

二是通过构建中介效应模型，发现企业进行绿色信贷融资的过程也是企业动态能力构建和提升的过程。企业通过绿色信贷机制，使得自身配置和整合内外部资源的动态能力得到提升，使得企业对外部环境变化的反应更加敏锐，最终作用于企业技术创新，使企业技术创新水平得到提升。

三是企业的风险承担能力、市场行业竞争程度和资本密集度，在绿色信贷促进企业绿色技术创新中发挥着调节效用。根据本文实证结果可以得出，在市场行业竞争水平较弱的情况下，风险承担能力较低且资本密集度高的企业，绿色信贷对其技术创新的影响更强。

二、政策建议

（一）调整绿色信贷规模，扩大信贷结构中绿色信贷的比重

目前，我国企业发展现状，尤其是制造业企业，面临着核心技术和核心零部件上"卡脖子"问题，技术创新能力需要强化。研发项目的开展会增加企业的风险，其中研发资金不足、科研投入较少是导致企业风险的重要原因之一，稳定的研发资金来源显得尤为重要。此时，绿色信贷作为企业一笔重要的外源融资，能够有效缓解上述问题。因此，为了使银行业金融机构主动扩大绿色信贷业务规模，需要采取一些激励机制，由此达到减轻企业的绿色技术创新负担的目的。而企业的绿色技术创新负担减轻，会对企业提高研发投入起到激励作用，使得企业能够在低负担的前提下开展绿色技术创新业务。从企业动态能力的中介效应可以看出，绿色信贷也能提升企业动态能力，从而使企业更好发展。

（二）持续改革健全绿色信贷制度环境

鼓励银行发展更有效的环境贷款业务，完善创新项目的风险承担机制。首先，应提高银行的社会影响及其行业竞争力；其次，央行应该增加对商业银行的绿色贷款，绿色发展基金应该增加对低成本基金的投资；最后，增强银行业支持企业实施绿色技术创新项目的积极性，包括优先抵消绿色资产的权益。上述措施将使商业银行提供绿色贷款的成本降低，有利于相关金融机构开展绿色信贷。

（三）完善企业创新的税收和奖励政策

在政府补贴和税收激励政策方面，需要进一步完善并满足企业创新需求。中央和地方政府应针对一些高风险无害环境技术项目，通过采取折扣、绿色担保和税收激励等措施，同时为了更好地推动我国建成创新型国家，政府除了对企业进行创新投资以外，还需要制定税收和奖励制度，促进资本市场健康发展通过引导投资的方式促进企业科研创新，最终提高企业甚至整个行业的技术创新水平。

（四）企业自身合理配置资源

一是保持公司内部浓厚的创新氛围和以创新绩效为奖励的薪酬绩效考核体系，培养和提高公司在创新过程中的动态能力；二是管理层应从战略角度审视和评估公司的能力，培育创新的企业文化，促进员工的创新行为，提高公司的资源整合能力和环境适应性，并吸引高水平创新管理人员和留学生，以增强公司的动态能力，并提供人才政策和资本基础；三是企业应该避免过高的企业风险承担水平，防止资金流入时，企业出现生产经营期望落差。维持一个合理的风险承担水平可以有效促进资金流入研发项目，从而使企业达到较高的创新水平。

参 考 文 献

[1]　何凌云，等. 绿色信贷能促进环保企业技术创新吗？ [J]. 金融经济学研究，2019, 34(5): 109-121.

[2]　Jeucken Marcel. Sustainable finance and banking:the financial sector and the future of the planet[M]. Taylor and Francis Group, 2010: 320

[3]　Thompson P. and Cowton C.J. Bringing the Environment into Bank Lending: Implications for Environmental Reporting[J]. British Accounting Review 2004, 36: 197-218.

[4]　Hart, S.L.A. Natural-resource-based view of the firm[J]. Acad. Manag. Rev., 1995, 20 (4): 986-1014.

[5]　Siegel, D.S., Vitaliano, D.F. An empirical analysis of the strategic use of corporate social responsibility[J]. J. Econ. Manag. Strat., 2007, 16 (3): 773-792.

[6]　Xu X, Li J. Asymmetric impacts of the policy and development of green credit on the debt financing cost and maturity of different types of enterprises in China[J]. Journal of Cleaner Production, 2020, 264: 121574.

[7]　苏冬蔚，连莉莉. 绿色信贷是否影响重污染企业的投融资行为?[J]. 金融研究，2018(12): 123-137.

[8]　斯丽娟,曹昊煜. 绿色信贷政策能够改善企业环境社会责任吗？——基于外部约束和内部关注的视角[J]. 中国工业经济，2022(4): 137-155.

[9]　王骏飞. 环境规制、绿色信贷与创业板企业债务融资能力[J]. 财会通讯，2020, (12): 71-74.

[10]　徐胜，赵欣欣，姚双. 绿色信贷对产业结构升级的影响效应分析[J]. 上海财经大学学报，2018, 20(2): 59-72.

[11]　谢婷婷，刘锦华. 绿色信贷如何影响我国绿色经济增长？ [J]. 中国人口·资源与环境，2019, 29(9): 83-90.

[12]　刘海英，王殿武，尚晶. 绿色信贷是否有助于促进经济可持续增长——基于绿色低碳技术进步视角[J]. 吉林大学社会科学学报，2020, 60(3): 96-105.

[13] Mukherjee, A, Singh, M, Žaldokas, A. Do corporate taxes hinder innovation?[J] Journal of Financial Economics, 2017, 124(1): 195–221.

[14] 千慧雄, 安同良. 我国金融深化对企业技术创新的影响机制研究[J]. 南京社会科学, 2022(7).

[15] 蔡庆丰, 陈熠辉, 林焜. 信贷资源可得性与企业创新: 激励还是抑制?——基于银行网点数据和金融地理结构的微观证据[J]. 经济研究, 2020, 55(10): 124-140.

[16] 金友森, 张琴韵, 许和连. 银行发展对企业创新的影响——基于商业银行县域密度的证据[J]. 金融论坛, 2020, 25(2): 44-55.

[17] 尚洪涛, 房丹. 政府补贴、风险承担与企业技术创新——以民营科技企业为例[J]. 管理学刊, 2021, 34(6): 45-62.

[18] 胡凤玲, 张敏. 人力资本异质性与企业创新绩效——调节效应与中介效应分析. 财贸研究, 2014, 25(6): 121-128.

[19] 吴强, 刘志安. 税收负担对企业创新研发投入的影响机制——基于上市公司的中介效应分析. 现代管理科学, 2021(8): 68-79.

[20] 田超, 肖黎明. 绿色信贷会促进重污染企业技术创新吗?——基于《绿色信贷指引》的准自然实验[J]. 中国环境管理, 2021, (6): 90-97.

[21] 曹廷求, 张翠燕, 杨雪. 绿色信贷政策的绿色效果及影响机制——基于我国上市公司绿色专利数据的证据[J]. 金融论坛, 2021, 26(5): 7-17.

[22] 孙焱林, 施博书. 绿色信贷政策对企业创新的影响——基于PSM-DID模型的实证研究[J]. 生态经济, 2019, 35(7): 87-91; 160.

[23] Hong Min and Li Zhenghui and Drakeford Benjamin. Do the Green Credit Guidelines Affect Corporate Green Technology Innovation? Empirical Research from China[J]. International Journal of Environmental Research and Public Health, 2021, 18(4): 168.

[24] 陈旭东, 杨硕, 周煜皓. 政府引导基金与区域企业创新——基于"政府+市场"模式的有效性分析[J]. 山西财经大学学报, 2020, 42(11): 30-41

[25] TEECE DAVID and PISANO GARY. The Dynamic Capabilities of Firms: an Introduction[J]. Industrial and Corporate Change, 1994, 3(3): 537-556.

[26] Eisenhardt K M, Martin M. Dynamic capabilities: what are they?[J]. Strategic Management Journal, 2000, 21(10): 1105-1121.

[27] 董俊武. 动态能力演化的知识模型与一个我国企业的案例分析[J]. 管理世界, 2004, (4).

[28] 李梅, 朱韵, 赵乔, 孙偲琬. 研发国际化、动态能力与企业创新绩效[J]. 中国软科学, 2022(6): 169-180.

[29] 陆菁, 鄢云, 王韬璇. 绿色信贷政策的微观效应研究——基于技术创新与资源再配置的视角[J]. 我国工业经济, 2021(1): 174-192.

[30] 刘传江, 张劭辉, 李雪. 绿色信贷政策提升了我国重污染行业的绿色全要素生产率吗?[J]. 国际金融研究, 2022, (4): 3-11.

[31] 张桂玲等. 纵向兼任高管、产权性质与企业投资效率[J]. 中央财经大学学报, 2020, (1): 70-88.

[32] HILARY G, HUI K W. Does religion matter in corporate decision making in America?[J].

Journal of FinancialEconomics，2009, 93(3): 455-473.

[33] 李健，曹文文，乔嫣，潘镇. 经营期望落差、风险承担水平与创新可持续性——民营企业与非民营企业的比较研究[J]. 中国软科学，2018(2): 140-148.

[34] 徐向龙. 数字化转型与制造企业技术创新[J]. 工业技术经济，2022, 41(6): 18-25.

[35] BROWN J R, MARTINSSON G, PETERSEN B C. Law, stock markets, and innovation[J]. The Journalof Finance, 2013, 68(4): 1517-1549.

[36] 王永健，谢卫红. 转型环境下管理者关系对企业绩效的影响研究[J]. 管理科学，2015, 28(6): 39-49.

[37] 李健，薛辉蓉，潘镇.制造业企业产品市场竞争、组织冗余与技术创新[J]. 我国经济问题，2016, (2): 112-125.

[38] 谢懿，童立，冉戎. 行业异质性、社会责任与企业技术创新李汇东，唐跃军，左晶晶. 用自己的钱还是用别人的钱创新？——基于我国上市公司融资结构与公司创新的研究[J]. 金融研究，2013, (2): 170-183.

[39] 宋哲，于克信. 资本结构、动态能力与企业绩效——基于西部资源型上市公司数据的研究[J]. 经济问题探索，2017, (10): 57-63.

[40] 周竹梅，李馨，孙晓妍. 组织冗余、风险承担与研发投入[J]. 会计之友，2020(21): 105-111.

[41] 海本禄，杨君笑，尹西明，李政. 外源融资如何影响企业技术创新——基于融资约束和技术密集度视角[J]. 中国软科学，2021, (3): 183-192.

[42] 连燕玲，叶文平，刘依琳. 行业竞争期望与组织战略背离——基于我国制造业上市公司的经验分析[J]. 管理世界，2019, 35(8): 155-172；191-192.

[43] 温忠麟，侯杰泰，张雷. 调节效应与中介效应的比较和应用[J]. 心理学报，2005(2): 268-274.

第七章

绿色信贷政策与企业绿色创新

本章以 2012 年颁布的《绿色信贷指引》为准自然实验，以 2009～2017 年 A 股上市公司的财务数据为样本，运用多重差分和中介效应检验绿色信贷政策对企业绿色技术创新的影响效果、异质性和机制分析。

第一节 引 言

近年来，我国正在努力进行经济转型和生态文明建设，将生态文明建设摆在全局工作的突出地位。我国坚持"绿水青山就是金山银山"的理念，生态环境发生了历史性、转折性、全局性的变化。在党的二十大报告中，多次提出要加快我国发展方式绿色转型。因此，如何促进企业与绿色金融融合，提高我国企业绿色创新，已逐渐成为学术界研究的热点问题。

绿色信贷是金融市场融资的一种绿色金融产品，也是融资体系最具代表性的一种融资工具，兼具政策属性和信贷属性，又具有公益性及低利率特征，可以有效满足制造业企业项目研发的资金需求。2012 年，银监会颁布了《关于印发绿色信贷指引的通知》（以下简称《指引》），其中对银行业等金融机构从五方面提出共三十条规定，加大对绿色、低碳、循环经济的扶持力度，将环保与节能等因素纳入信贷决策的依据，实行差别信贷等约束手段，以推动企业节能减排、加快发展方式转变，倒逼企业强化技术创新、实现转型升级。但我国不同行业的产业结构可能有所不同，特别是制造业企业，具有规模大、排放高、效益低等特点，在绿色信贷的政策约束下，相较于其他行业，可能面临着绿色产业转型慢和融资约束严重等问题。

目前，学术界围绕绿色信贷进行了大量的研究。在国外，将绿色信贷定义视为可持续性融资，是银行通过项目计划和环保等有关资料进行贷款考核，最终实现可持续发展的一种信贷手段（Hart，1995；Thompson，2004；Siegel，2007）。在政策实施效果的研究上，有部分学者认为，绿色信贷并没有像预期一样实现重污染企业技术改造和产业结构调整，甚至认为政策长期来看是无效的（Wang，2019；刘婧宇等，2015）。但多数研究结果表明绿色信贷政策是有效的。一方面，基于宏观视角，绿色信贷的发展会影响企业的资本与资金渠道，进而促使产业结构升级，通过产业结构升级可以有效实现企业产能减排（徐胜等，2018；张可等，2020）；绿色信贷也会对绿色经济增长具有显著促进作用（谢婷婷等，2019），也有学者发现两者之间存在"U"形关系，即当绿色信贷发展超过一定水平时才会促进区域经济增长（刘海英等，2020）。另一方面，基于绿色信贷政策的微观视角，探究其与企业的投融资与创新绩效之间的关系。其中大部分学者认为，绿色信贷会通过提高重污染企业的融资约束，抑制企业的信贷融资，降低企业的研发投入等方式来使重污染企业的创新产出水平下降（曹廷求等，2021；于波，2021）。也有学者认为，绿色信贷会提高企业融资难度，倒逼企业产业转型，从而促进重污染企业的创新产出效率，但对企业创新投入并无影响（刘强等，2020）。

第二节　理　论　假　说

一、绿色信贷政策与企业技术创新

企业的技术创新作为一种资本密集型活动，往往需要进行巨额的投资，如果企业自身没有足够的资金来支持创新，而外部的资金又受到了很大的限制，那么就必须延迟或者退出（陈旭东等，2017）。创新研发项目一般收益低、周期长、风险高，同时需要大量的资金投入，企业通常不愿意将大量的内部资金投入到其中。因此，企业要想进行研发和创新活动，需要银行业等金融机构提供一定数额的外源融资。绿色信贷政策虽然会限制重污染企业的融资，但由于面临有限的研发投入资金，企业会更加注重创新效率的提升，同时倒逼部分重污染企业产业转型，由要素驱动转向创新驱动和人力资本驱动，从而提高企业的创新产出水平。可以看出，目前学术界对于绿色信贷政策与重污染企业创新水平之间的关系还没有统一（Hong，M，2021；刘强，2020）。我们认为，绿色信贷可能从总体上降低了重污染企业的创新产出水平，但由于重污染企业所涉及的行业不同，不同行业的重污染企业受到绿色信贷政策的影响也有所不同。

我国制造业企业依靠劳动和资本等要素禀赋方面的比较优势，已逐渐融入了国际的生产体系，成为世界制造大国。但依靠这种低成本、高投入的发展模式，导致我国制造业缺乏创新和持续发展的能力，并形成了以资源利用为主导，以高投入、高排放、低效益为特征的粗放型发展模式（张志元，2020）。同时，相较于其他行业，制造业企业多以高耗能、高污染为主，因此，大多数重污染企业属于制造业，由此导致整个制造业的重污染企业相较于其他行业企业，受到绿色信贷政策所产生的融资门槛更高，受到的限制更大，最终使制造业中的重污染企业创新水平显著下降。综上所述，提出假说1。

假说1：绿色信贷政策实施后，相较于非重污染企业和重污染的非制造业企业，重污染的制造业企业的创新水平会下降。

二、绿色信贷政策影响企业创新的作用机理

绿色信贷政策作为一种环境规制工具，会通过信贷资金的差异性配给，使资金流向节能和环保的企业或者项目。具体来说，首先，绿色信贷政策能够减少"两高一剩"企业的信用额度；由于银行从源头上对"两高一剩"的信贷供应紧缩，以银行为外部融资渠道的污染企业将面临越来越高的环保准入门槛和融资限制，从而导致企业缺乏资金投入到周期长、不确定性大的绿色创新活动中（Ayyagar 等，2011；于波，2021）。对于银行来说，对"两高一剩"企业开展信贷业务是负债融资中的高风险投资，因此，银行和其他金融机构常常会改变其信用政策，对"两高一剩"企业进行撤资，或以较高的回报来弥补环境风险，这些都会对公司的债务融资能力造成不利的影响，对企业进行绿色创新活动不利（曹廷求，2021）。其次，随着绿色信贷政策的逐步实施和公众对环境保护的重视程度越来越高，对环境污染较大的企业将会引起更多的关注，而外界的债权人也会因为环境问题而对这些公司进行撤资或拒绝延期。从现有的研究来看，随着资金的增加，企业的过度投资问题也会越来越突出；资金短缺的程度越高，投资不足的问题也越高。综上所述，提出假说2。

假说2：绿色信贷政策会通过提高企业的融资约束，减少企业外源融资，进而抑制企业的创新水平。

第三节　研究设计

一、数据来源与样本选择

我们以 2009—2017 年间我国沪深两市 A 股上市公司为研究对象，参考刘

强等人（2020）的做法，首先按照 2010 年环保部发布的《上市公司环境信息披露指南》中所涉及的 16 个重污染细分行业，其次按照 2001 年证监会发布的《上市公司行业分类指引》归纳到相应的二级行业，其中重污染企业涉及四个一级行业，分别为采掘业、制造业、电气设备业和商业贸易业。为保证样本的准确性，进行了以下处理：①剔除 ST 样本、资不抵债样本及主要变量数据严重缺失的上市公司；②剔除金融行业上市公司。最终一共选取 955 家企业，其中重污染企业 332 家，其他行业作为控制组的企业有 623 家。所使用的数据来自于 CSMAR、Choice 数据库，并对存在极端值的变量进行缩尾处理，同时对存在缺失值的变量进行插值处理。

（一）变量选取

1. 被解释变量：技术创新水平（PAT）。目前，学术界衡量企业创新水平主要从研发投入和研发产出两个层面。由于企业的研发过程存在较高的不确定性和失败率，研发投入可能过高地衡量企业技术创新水平，因此研发产出更能真实地反映企业创新水平。同时，由于发明专利相比于实用和外观专利，研发难度较大，含金量更高，能够更好地体现企业实质性创新水平。本文参考于波（2021）的做法，采用发明专利申请数量衡量企业技术创新水平。

2. 解释变量：绿色信贷政策（Post）。以 2012 年我国银监会颁布的《指引》这一具有标志性意义的绿色金融政策为研究对象。2012 年以前取值为 0，2012 年及以后取值为 1，以表示政策实施之前与实施之后。

3. 中介变量：①融资约束（KZ）。参考魏志华等人（2014）的做法，根据企业的资产负债率等 5 个财务指标，通过回归分析，进而构建了一个综合指数来衡量企业的融资约束程度。②信贷融资（Loan）。参考海本禄等（2020）的研究测度方法，信贷融资变量的衡量指标选取企业短期借款与长期借款之和。

4. 控制变量：为控制其他与制造业企业技术创新相关的变量，参考众多文献的做法，并分析不同内部影响因素，最终控制变量选择总资产周转率（TAT）、股权集中度（Hold）、技术密集度（High）、盈利能力（ROA）、人力资本（HC）、托宾 Q 值（TQ）。

变量的具体经济含义如表 7-1 所示。

（二）模型设定

以重污染企业为实验组，使用以下模型考察绿色信贷政策的实施对重污染企业技术创新水平的影响。

表 7-1　变量汇总表

变量类型	变量符号	变量名称	变量衡量指标
被解释变量	PAT	发明专利申请量	企业发明专利授权数量加 1 后取自然对数
解释变量	Post	政策年份	虚拟变量，2012 年及以后取 1，之前取 0
中介变量	KZ	融资约束	根据公司财务指标构建的融资约束指数
	Loan	外源融资	企业短期与长期借款之和的对数值
控制变量	TAT	总资产周转率	销售收入净额/平均资产总额
	Hold	股权集中度	前十大股东持股比例
	High	技术密集度	固定资产比率
	ROA	盈利能力	净利润/总资产
	HC	人力资本	企业技术人员的对数值
	TQ	托宾 Q 值	资本的市场价值/重置成本

$$PAT_{i,t} = \beta_0 + \beta_1 Treat_i \times Post_t + \beta_X Control_{i,t} + \mu_c + \upsilon_t + \varepsilon_{i,t}$$

式中，$PAT_{i,t}$ 表示企业 i 第 t 期的技术创新水平；Treat 为重污染企业的虚拟变量，重污染组企业取 1，而对照组企业取 0；Post 为政策实施的虚拟变量，2012 年及以后取值为 1，之前取值为 0；$Treat_i \times Post_t$ 为双重差分变量，其系数用来衡量政策实施后对重污染企业的影响；$Control_{i,t}$ 包括一系列企业层面控制变量；μ_c 为行业固定效应，υ_t 为年度固定效应。

重点观察双重差分项系数，用来衡量绿色政策实施后对重污染企业创新的影响。

第四节　实 证 分 析

一、主要变量的描述性统计

表 7-2 是主要变量的描述性统计结果。可以看出，绿色发明专利的申请数量存在最小值为零的情况，并且均值较小，说明我国企业专利数量整体存在较大差异，个体特征的控制变量都是合理的，但为了保证研究的稳定性，必须加以控制。

表 7-2　主要变量的描述性统计变量

变量符号	样本量	均值	标准差	最小值	最大值
PAT	8595	0.413	0.832	0	6.236
KZ	8577	0.371	0.264	0	0.912

续表

变量符号	样本量	均值	标准差	最小值	最大值
Loan	8595	18.262	6.311	0	23.704
TAT	8595	0.724	0.545	0.052	3.172
Hold	8595	0.401	0.199	0.001	0.953
High	8595	0.115	0.148	0	0.690
ROA	8595	0.058	0.06	−0.146	0.250
HC	8595	5.33	1.976	0	10.299
TQ	8595	2.111	3.411	0.007	145.832

二、基准分析

表 7-3 列示了基准回归结果,其中第(1)列是没有加入控制变量,同时没有控制个体和时间固定效应的基准回归结果,系数为负但是不显著。在基准回归模型上控制个体和时间固定效应,回归结果见第(2)列,核心解释变量(Treat×Post)的系数为−0.075,且在1%的置信水平上显著,说明绿色信贷政策实施后,重污染企业的绿色创新显著下降。第(3)列为同时加入控制变量并控制时间和个体固定效应的回归结果,核心解释变量(Treat×Post)的系数依旧显著为负,假说 1 成立。

表 7-3 基准回归结果

变量	(1)	(2)	(3)
	PAT	PAT	PAT
Treat×Post	−0.033	−0.075***	−0.077***
	(−1.54)	(−3.17)	(−3.26)
TAT			−0.058**
			(−2.12)
Hold			0.060
			(1.50)
High			−0.172*
			(−1.87)
ROA			0.040
			(0.31)
HC			0.023***
			(4.91)

续表

变量	（1）	（2）	（3）
	PAT	PAT	PAT
TQ			−0.003
			(−1.29)
Cons	0.421***	0.181***	0.127***
	(41.09)	(11.33)	(3.24)
时间固定效应	否	是	是
个体固定效应	否	是	是
N	8595	8595	8595
R^2	0.000	0.112	0.117

注：***、**、*分别表示在 1%、5%、10%的显著性水平上显著。下表同。

三、三重差分回归结果

通过上述回归结果可以看出，对于整体的重污染企业，绿色信贷会显著抑制其技术创新。为了验证不同行业的重污染企业可能受到绿色信贷政策的影响不同，我们从企业所在行业的差异性切入，运用三重差分法检验《绿色信贷指引》对企业创新水平的影响是否存在差异性。参考钱雪松等人（2019）的做法，进一步加入代表企业行业的虚拟变量（Ind），其中涉及重污染所在的四个行业，分别为采掘业、制造业、电气设备业和商业贸易业。

基于三重差分模型，关于不同行业内绿色信贷政策对企业绿色专利申请基本模型如下：

$$\text{PAT}_{i,t} = \beta_0 + \beta_1 \, \text{treat}_i \times \text{post}_t \times \text{Ind}_j + \beta_2 \, \text{treat}_i \times \text{Post}_t + \beta_3 \, \text{Post}_t \times$$
$$\text{Ind}_j + \beta_4 \, \text{treat}_i \times \text{Ind}_j + \beta_X \, X_{i,t} + \mu_c + \upsilon_t + \varepsilon_{i,j,t}$$

其中，Ind 为行业虚拟变量，当样本属于企业所对应的行业时，取值为 1，否则为 0。其他变量的定义同本文基准回归模型，主要关注三重差分变量的系数 β_1，当系数取值为负数时，说明绿色信贷政策实施后，相较于非重污染企业和重污染的非制造业企业，重污染的制造业企业的创新水平会下降。

回归结果如表 7-4 所示。第（1）列为绿色信贷政策与制造业重污染企业创新水平的回归结果，其中核心解释变量（Treat×Post×Ind1）的系数在 1%的显著性水平下为负，说明绿色信贷政策显著降低了制造业中重污染企业的技术创新水平。第（2）～（4）列为采掘业、电气设备业和商业贸易业的回归结果，从核心解释变量（Treat×Post×Ind）的系数可以看出，绿色信贷可以显著促进这几个行业的技术创新水平，进一步验证假说 1。

表 7-4　三重差分回归结果

变量	（1）制造业	（2）采掘业	（3）电气设备业	（4）商业贸易业
	PAT	PAT	PAT	PAT
Treat×Post×Ind1	−0.274***			
	(−3.79)			
Treat×Post×Ind2		0.234**		
		(2.22)		
Treat×Post×Ind3			0.204*	
			(1.89)	
Treat×Post×Ind4				0.164*
				(1.77)
Post×Ind1	0.226***			
	(5.32)			
Post×Ind2		−0.154***		
		(−4.90)		
Post×Ind3			−0.127*	
			(−1.88)	
Post×Ind4				−0.223***
				(−4.90)
Treat×Post	0.069	−0.083**	−0.084**	−0.099***
	(1.22)	(−2.50)	(−2.50)	(−2.85)
Cons	0.100*	0.127**	0.127**	0.118**
	(1.79)	(2.24)	(2.24)	(2.09)
控制变量	是	是	是	是
时间固定效应	是	是	是	是
个体固定效应	是	是	是	是
N	8595	8595	8595	8595
R^2	0.124	0.117	0.117	0.120

四、稳健性检验

（一）平行趋势检验

借鉴 Beck 等人（2010）的方法，以 2009 年为基期构建分类虚拟变量与 2010 年及 2011 年的年份虚拟变量的交乘项，以绿色专利申请量为被解释变量进行回归。表 7-5 第（1）列 Treat·Year_2010、Treat·Year_2011 的估计系数均不显著，说明满足平行趋势。

表 7-5　平行性检验与动态检验

	(1) PAT	(2) PAT
Treat×Ind×Year_2010	0.056	
	(1.21)	
Treat×Ind×Year_2011	0.059	
	(1.29)	
Treat×Ind×Year_2012		−0.207***
		(−3.21)
Treat×Ind×Year_2013		−0.236***
		(−3.66)
Treat×Ind×Year_2014		−0.261***
		(−4.04)
Treat×Ind×Year_2015		−0.229***
		(−3.54)
Treat×Ind×Year_2016		−0.316***
		(−4.90)
Treat×Ind×Year_2017		−0.392***
		(−6.07)
Post×Ind	0.167***	0.225***
	(6.63)	(8.04)
Treat×Post	−0.103***	0.0687
	(−3.29)	(1.44)
Cons	0.105***	0.0999**
	(2.68)	(2.56)
控制变量	是	是
时间固定效应	是	是
个体固定效应	是	是
N	8595	8595
R²	0.122	0.127

（二）动态分析

回归结果如表 7-5 第（2）列所示。政策在 2012 年之后，系数都显著为负，说明绿色信贷政策在实施之后会迅速影响制造业的重污染企业的创新，并且系数有明显变大的趋势，说明这种抑制作用呈现逐渐增强的过程。

（三）倾向值匹配得分（PSM）

差分模型的分析是要求实验组和控制组进行随机选择，如果实验组和控制组之间相差很大，则不具有可比性。因此，本文参考众多学者的做法，进一步使用倾向匹配得分对对照组样本采用近邻一对一无放回倾向得分匹配法进行样本筛选，回归结果如表7-6第（1）列，核心解释变量的系数依旧显著为负，得到了与原结论相符的结果。

（四）更换模型

为了基准回归的稳健性，进一步通过更换估计方法进行稳健性检验。首先，参考相关文献的做法，采用面板数据的随机效应模型进行回归估计，同时考虑到企业专利数的取值恒不小于 0，属于受限数据，因此采用面板数据的 Tobit 模型进行估计的结果可能会更有效。具体回归结果如表7-6第（2）～（3）列所示，核心解释变量（Treat×Post×Ind）的系数均在1%的水平下显著为负，证明本文结果稳健。

表 7-6　倾向比配与更换模型

变量	(1) PSM-DDD	(2) Tobit	(3) 随机效应
	PAT	PAT	PAT
Treat×Post×Ind	-0.377^{**}	-0.525^{***}	-0.296^{***}
	(−2.06)	(−2.88)	(−4.03)
Post×Ind	0.145	0.435^{***}	0.273^{***}
	(1.61)	(4.93)	(6.09)
Treat×Post	0.110	0.248	0.064
	(0.66)	(1.60)	(1.12)
Cons	−0.025	-2.443^{***}	0.032
	(−0.18)	(−16.32)	(0.71)
控制变量	是	是	是
时间固定效应	是	是	是
个体固定效应	是	是	是
N	2701	8595	8595
R^2	0.102		

（五）更换被解释变量

使用实用专利申请数量和企业当年获得的申请和发明专利获得数作为技术创新的替代指标进行回归，如表 7-7 所示。三重差分项的系数依然显著为负，支撑了前文的研究结论。

表 7-7　更换被解释变量

变量	(1) 实用专利申请数 SPAT_ap	(2) 发明专利获得数 IPAT_au	(3) 实用专利获得数 SPAT_au
Treat×Post×Ind	−0.393***	−0.144***	−0.323***
	(−4.83)	(−2.82)	(−4.56)
Post×Ind	0.212***	0.168***	0.194***
	(5.31)	(5.34)	(4.74)
Treat×Post	0.239***	0.00336	0.184***
	(3.43)	(0.09)	(3.22)
Cons	0.121**	0.050	0.133***
	(2.35)	(1.32)	(2.70)
控制变量	是	是	是
时间固定效应	是	是	是
个体固定效应	是	是	是
N	8595	8595	8595
R^2	0.111	0.086	0.080

五、企业产权性质与规模的异质性分析

通过上述分析可以得出，绿色信贷政策对制造业的重污染企业的技术创新有显著抑制作用，但不同类型的企业所受绿色信贷政策的影响是否不同？我们将通过企业产权性质和规模的不同，将样本重新对基准模型进行回归，以此来考察绿色信贷影响企业技术创新的横截面差异。

（一）基于产权性质

表 7-8 中的第（1）列和第（2）列是基于企业产权性质的分组回归结果，核心解释变量（Treat×Post×Ind）的系数都为负，但在国有企业的样本系数绝对值更大，说明相对于非国有企业，绿色信贷政策对国有企业的影响更大。原因在于，绿色信贷政策实施前，市场存在着信贷所有制歧视，国有企业相较于私

有企业享有更多的信贷支持，但绿色信贷政策实施后，银行业等金融机构会严格按照相关规定进行贷款审批，从而导致国有企业面临更大的融资约束，因此，技术创新水平显著下降。

（二）基于企业规模

按照样本中企业资产的中位数将企业划分为规模大小两组样本，表 7-8 中的第（3）列和第（4）列是基于企业规模的分组回归结果，核心解释变量（Treat×Post×Ind）的系数只在大型企业中显著为负，在小型企业中不显著，说明绿色信贷政策对大型企业的影响更大。结合实际情况可以看出，规模小的企业如果将大量资金投入研发中，可能会导致过高的财务风险，因为规模小的企业创新水平本来就不高，所受信贷政策的影响也相对较小。而规模相对较大的企业，研发投入力度可能会更大，受绿色信贷政策的影响，绿色信贷对规模较大企业技术创新的抑制作用会比小企业更明显。

表 7-8　异质性分析

变量	(1) 国企 PAT	(2) 非国有 PAT	(3) 大型 PAT	(4) 小型 PAT
Treat×Post×Ind	−0.357***	−0.243*	−0.447***	−0.130
	(−3.94)	(−1.84)	(−3.63)	(−1.58)
Post×Ind	0.293***	0.154**	0.288***	0.178***
	(5.01)	(2.37)	(4.51)	(3.06)
Treat×Post	0.104	0.0767	0.207**	−0.0635
	(1.58)	(0.68)	(2.06)	(−1.06)
Cons	0.114	0.079	0.071	0.128
	(1.38)	(1.07)	(0.99)	(1.50)
控制变量	是	是	是	是
时间固定效应	是	是	是	是
个体固定效应	是	是	是	是
N	4877	3718	4014	4581
R²	0.122	0.131	0.136	0.120

第五节　进一步分析

一、绿色信贷政策、融资约束、企业技术创新

为检验绿色信贷政策是否通过影响企业的融资进而对企业绿色创新产生

影响，在基准回归模型显著的基础上，通过引入中间变量，构建了一种中介效果模型，该模型将解释变量与被解释变量的关系结合起来，其机理如下：绿色信用政策导致了中间变量的改变，而中介因素的改变则对被解释变量的影响。参考温忠麟等（2005）研究方法，选择逐步检验法来建立模型。构建中介效应模型如下：

$$M1:PAT_{i,t} = \beta_0 + c_i Treat \times Post \times Ind_{i,t} + \beta_1 Controls_{i,t} + \theta_i + \varepsilon_{i,t}$$

$$M2:Fc_{it} = \beta_0 + \alpha_i Treat \times Post \times Ind_{i,t} + \beta_1 Controls_{i,t} + \theta_i + \varepsilon_{i,t}$$

$$M3: PAT_{i,t} = \beta_0 + c'i Treat \times Post \times Ind_{i,t} + b_i Fc_{i,t} + \beta_1 Controls_{i,t} + \theta_i + \varepsilon_{i,t}$$

模型 M1 是基准回归模型。首先对模型 M1 中绿色信贷政策的系数检验，若绿色信贷政策的系数显著，则说明绿色信贷会对企业的技术创新产生影响。接下来对模型 M2 和模型 M3 检验，模型 M2 则是检验绿色信贷政策对企业融资约束系数的显著性，模型中的 FC 为融资约束。若显著，则证明绿色信贷政策能够影响企业融资约束，并继续验证模型 M3。模型 M3 是在 M1 的基础上引入中介变量 FC，若此时绿色信贷政策和融资约束的系数均显著，则证明中介变量融资约束的假说成立，认为绿色信贷政策会通过影响企业融资约束，从而影响企业技术创新。

表 7-9 是绿色信贷政策对企业绿色创新影响的中介机制回归结果。由表 7-9

表 7-9　融资约束的中介机制分析

变量	(1) PAT	(2) FC	(3) PAT
Treat×Post×Ind	−0.274***	0.028*	−0.268***
	(−3.79)	(1.76)	(−3.66)
FC			−0.186***
			(−3.41)
Post×Ind	0.226***	−0.000	0.225***
	(5.32)	(−0.04)	(5.30)
Treat×Post	0.069	0.018	0.071
	(1.22)	(1.37)	(1.24)
Cons	0.404***	−0.190***	0.370***
	(11.56)	(−23.22)	(10.74)
控制变量	是	是	是
时间固定效应	是	是	是
个体固定效应	是	是	是
N	8595	8577	8577
R^2	0.124	0.197	0.127

的第（2）列系数可以看出，核心解释变量（Treat×Post×Ind）的系数为负，说明相较于其他企业，绿色信贷政策的出台，提高了制造业重污染企业的融资约束。第（3）列，融资约束（FC）的系数在1%的水平下显著为负，说明企业的融资约束会抑制企业的创新产出，同时绿色信贷政策（Treat×Post×Ind）的系数也为负。综上可以得出，融资约束在绿色信贷与制造业重污染企业技术创新之间呈现显著的部分中介效应，绿色信贷政策提高制造业重污染企业的融资约束，进而降低了企业的创新水平。

二、绿色信贷政策、外源融资与企业技术创新

为检验绿色信贷是否通过影响企业的信贷资源配置进而对企业绿色创新产生影响，我们以企业短期与长期借款之和作为中介变量进行绿色信贷政策影响企业创新的机制检验。回归结果如表 7-10 所示。

表 7-10　信贷资源配置的中介机制分析

变量	（1）	（4）	（5）
	PAT	Loan	PAT
Treat×Post×Ind	−0.274***	−0.851*	−0.271***
	(−3.79)	(−1.93)	(−3.74)
Loan			0.003*
			(1.93)
Post×Ind	0.226***	−0.062	0.226***
	(5.32)	(−0.28)	(5.33)
Treat×Post	0.069	0.253	0.068
	(1.22)	(0.67)	(1.20)
Cons	0.404***	19.23***	0.034
	(11.56)	(62.50)	(0.54)
控制变量	是	是	是
时间固定效应	是	是	是
个体固定效应	是	是	是
N	8595	8595	8595
R^2	0.124	0.050	0.125

第（1）列为本文的基准回归，第（2）列和第（3）列是外源融资作为中介变量的回归结果。我们可以看出，绿色信贷政策会显著抑制企业的外源融资，同时外源融资对企业创新水平的作用是正向的，说明绿色信贷政策会通过抑制

企业的外源融资进而降低企业的创新水平，进一步验证假说 2。

上述结果表明，短期借款与长期借款作为企业的外源融资，对企业的创新水平有显著的提升作用，但由于绿色信贷政策的颁布，银行等金融机构会限制重污染企业的融资，相比于非污染企业与非制造业的重污染企业，制造业重污染企业的短期借款与长期借款有所下降，导致企业产生融资约束问题，从而使企业的创新产出水平下降。

第六节　结语与启示

绿色信贷政策显著抑制了重污染企业的创新产出水平。进一步将重污染企业按照行业进行分类，发现绿色信贷政策对制造业企业的创新水平具有抑制作用，而对其他行业的企业具有促进作用。异质性分析发现，在制造业的重污染企业里，绿色信贷政策对大型国有企业创新水平的抑制作用更强。中介效应分析表明，绿色信贷主要通过提高企业融资约束、降低企业外源融资两条途径来抑制制造业的重污染企业的创新产出水平。上述研究的政策启示如下。

绿色信贷政策的根本目的是促进我国经济的绿色高质量发展，银行业等金融机构在限制重污染企业信贷融资的同时，应当结合重污染企业所处行业的产业结构特点与发展现状，制定具有针对性的绿色信贷审核标准与环境要求，并且加大政策的实施力度，鼓励企业进行绿色转型，更有效地引导资金流向环保与节能项目中。同时，企业作为我国绿色创新与发展的主体，应当提高公司的资源整合能力和环境适应性，推进我国的生态文明建设。

参 考 文 献

[1]　Hart A, Stuart L. Natural-Resource-Based view of the firm[J]. The Academy of Management Review, 1995(4): 986-1014.

[2]　Thompson P, Cowton C J. Bringing the Environment into Bank Lending: Implications for Environmental Reporting[J]. British Accounting Review, 2003(2): 197-218.

[3]　Siegel D S, Vitaliano D F. An empirical analysis of the strategic use of corporate social responsibility[J]. Journal of Economics & Management Strategy, 2007, 16(3): 773-792.

[4]　Feng Wang, et al. Does Green Credit Policy Work in China? The Correlation between Green Credit and Corporate Environmental Information Disclosure Quality[J]. Sustainability, 2019, 11(3): 733.

[5]　刘婧宇，夏炎，林师模，等. 基于金融 CGE 模型的中国绿色信贷政策短中长期影响分析[J]. 中国管理科学，2015(4)：46-52.

[6]　徐胜，赵欣欣，姚双. 绿色信贷对产业结构升级的影响效应分析[J]. 上海财经大学学报，2018(2)：59-72.

[7]　张可，李语晨，赵锦楸. 绿色信贷促进了节能减排吗？[J]. 财经科学，2022，406(1)：15-30.

[8]　谢婷婷，刘锦华. 绿色信贷如何影响我国绿色经济增长?[J]. 中国人口·资源与环境，2019(9)：83-90.

[9]　刘海英，王殿武，尚晶. 绿色信贷是否有助于促进经济可持续增长——基于绿色低碳技术进步视角[J]. 吉林大学社会科学学报，2020，60(3)：96-105+237.

[10]　曹廷求，张翠燕，杨雪. 绿色信贷政策的绿色效果及影响机制——基于中国上市公司绿色专利数据的证据[J]. 金融论坛，2021(5)：7-17.

[11]　Ayyagari M, Demirgü-Kunt A, Maksimovic V. Firm innovation in emerging markets: the role of finance, governance, and competition[J]. Journal of Financial and Quantitative Analysis, 2011, 46(6): 1545-1580.

[12]　于波. 绿色信贷政策如何影响重污染企业技术创新?[J]. 经济管理，2021，43(11)：35-51.

[13]　Hong M, Li Z H, Drakeford, B J. Do the Green Credit Guidelines Affect Corporate Green Technology Innovation? Empirical Research from China[J]. International Journal of Environmental Research and Public Health, 2021(4): 1682.

[14]　刘强，王伟楠，陈恒宇.《绿色信贷指引》实施对重污染企业创新绩效的影响研究[J]. 科研管理，2020，41(11)：100-112.

[15]　陈旭东，杨硕，周煜皓. 政府引导基金与区域企业创新——基于"政府+市场"模式的有效性分析[J]. 山西财经大学学报，2020(11)：30-41.

[16]　张志元. 我国制造业高质量发展的基本逻辑与现实路径[J]. 理论探索，2020(2)：87-92.

[17]　曹廷求，张翠燕，杨雪. 绿色信贷政策的绿色效果及影响机制——基于中国上市公司绿色专利数据的证据[J]. 金融论坛，2021，26(5)：7-17.

[18]　魏志华，曾爱民，李博. 金融生态环境与企业融资约束——基于中国上市公司的实证研究[J]. 会计研究，2014，319(5)：73-80+95.

[19]　海本禄，杨君笑，尹西明，李政. 外源融资如何影响企业技术创新——基于融资约束和技术密集度视角[J]. 中国软科学，2021，363(3)：183-192.

[20]　钱雪松，唐英伦，方胜. 担保物权制度改革降低了企业债务融资成本吗？——来自中国《物权法》自然实验的经验证据[J]. 金融研究，2019，469(7)：115-134.

[21]　Beck T, Levine R, Levkov A. Big bad banks? The winners and losers from bank deregulation in the United States[J]. The Journal of Finance, 2010, 65(5): 1637-1667.

[22]　温忠麟，侯杰泰，张雷. 调节效应与中介效应的比较和应用[J]. 心理学报，2005(2)：268-274.

绿色基金概述

第一节　绿色基金起源

作为针对经济转型和低碳发展的战略目标设立的专项投资基金,绿色基金不仅是发展绿色产业的重要工具,而且是能够将经济利益与社会效益兼顾的金融投资产品。通过设立绿色基金可以有效地将社会资本引入绿色环保产业中,并投向清洁能源、污染治理、生态修复、环境保护等领域。绿色基金拓宽了企业的融资渠道,能够通过降低污染和提高收益来加快经济转型,为社会经济可持续发展提供驱动力。

20世纪六七十年代,欧美爆发了严重的环境问题,同时在美国盛行的环保运动给金融业带来新的理念和思考。1982年,美国发行了世界上第一支绿色投资基金,首次将环境效益纳入基金的考核标准中。由此,基金领域产生了社会责任投资的理念,其他国家相继发行绿色投资基金。20世纪90年代,人类为应对全球气候变化形成了绿色金融理念。随着绿色金融理念的深入和绿色金融体系的完善,逐渐形成了绿色基金等金融产品。

第二节　绿色基金发展现状

近年来,习近平总书记多次强调贯彻新发展理念,倡导人与自然和谐共生。2016年8月31日,中国人民银行、财政部等七部委联合印发了《关于构建绿色金融体系的指导意见》,我国绿色金融发展有了明确方向,在不同层面分别设立不同的绿色金融产品。其中绿色信贷和绿色债券集中于间接投融资渠道,绿色保险集中于保险行业，绿色基金集中于资本市场。绿色基金的融资方式和投资期限有独特的优势，可以满足不同期限结构的投资需求，为我国绿色产业发展提供动力与支持。

一、国外绿色基金的发展现状

（一）遵循 ESG 投资原则

国外绿色金融理念兴起较早，绿色金融体系更加完善。在美国发行第一支绿色投资基金后，其他国家纷纷开拓绿色基金市场。由于不同国家的经济发展程度及绿色投资理念处于不同水平，绿色基金形式有所差异，但都以 ESG—环境（Environment）、社会（Social）和公司治理（Governance）为投资原则，共同致力于全球绿色经济发展。其中日本以企业发起设立的绿色基金为主，美国以金融机构发起设立的绿色基金为主，我国以政府发起设立的绿色基金为主。

（二）政府扶持为绿色基金提供保障

为促进绿色基金在金融市场中快速发展，吸引不同的投资者关注绿色基金，国际上通过不同的优惠政策鼓励绿色基金的发行和投资。例如，为鼓励企业申请绿色基金和吸引社会投资者，纽约州能源研究与开发署对申请清洁能源基金的企业发放补助，且对不同需求的企业发放不同的资金奖励。其中小型企业的设备更换最高奖励 6 万美元，大型设备更换最高奖励 200 万美元。泰国能源基金采用降低利率政策，对合格的企业提供设备租赁。韩国发布免税政策鼓励产业投资基金加大投资产业中绿色产业的比例，对超过 60% 的基金给予政策优惠。荷兰政府发行"绿色基金计划"，采用减税政策对绿色基金投资者征收较低的所得税，鼓励投资者将资金投入绿色基金中。

（三）注重绿色基金监管与审批制度

为了提高绿色基金利用效率，美国对绿色基金的监管力度较大，设立相应的审批制度和监管标准，重点监管绿色基金是否符合市场需求，投资领域是否满足绿色基金用途，在保障消费者权益的基础上确保绿色基金正常运转。泰国合同能源管理（ESCO）基金通过对绿色基金实施严格的审批标准降低了项目风险。南非绿色基金通过健全法律制度，加强绿色基金的财务监管力度，使得绿色基金的投向与设立目标一致，提高了绿色基金的市场运作效率。此外，英国、澳大利亚等国建立基金评价机制加强对绿色基金的监管和考核。

二、国内绿色基金的发展现状

20 世纪 90 年代，我国开始引入基金，通过基金的杠杆作用来满足金融市场中群众的需求，并且得到了广泛的关注。我国首支绿色基金——兴全绿色投资股票型证券投资基金于 2011 年 2 月发行。虽然绿色基金在我国起步较晚，但是在政策支持和政府引导下，我国绿色基金数量逐渐增加，成为绿色金融体系中重要的投融资方式。

（一）遵循制度引导特征

近年来，我国绿色基金发展势头迅猛，彰显制度优势。其中国家政策的制定和实施形成了政府从上到下的引导模式，并给予绿色基金巨大的发展空间。2011 年 10 月发布的《国务院关于加强环境保护重点工作的意见》中明确指出，重点拓宽环保产业的融资渠道，设立环保产业绿色基金，由此打开了我国绿色基金的金融市场发展大门。2015 年 9 月，中共中央、国务院发布《生态文明体制改革总体方案》，明确提出建立绿色金融体系，为我国生态文明建设构建了基础制度框架。2015 年 10 月 29 日，十八届五中全会通过，《中共中央关于制定国民经济和社会发展第十三个五年规划的建议》中提出发展绿色金融，设立绿色发展基金，通过绿色基金带动社会资本发展绿色环保产业。2016 年 7 月，G20 峰会上我国再次提出绿色金融战略，并将绿色金融可能面临的挑战与应对措施列入《G20 绿色金融综合报告》中。8 月 31 日，财政部发布《关于构建绿色金融体系的指导意见》，提出要设立各级各类绿色基金，充分发挥绿色投资引导和政策信号作用，将绿色基金投资于绿色产业，实现市场化运作。同时提出运用 PPP 模式，通过政府带动社会资本投入到节能环保的绿色项目中，实现政府与社会资本的协同合作。此外，还鼓励发展区域性绿色发展基金和民间绿色投资基金，并给予政策优惠，支持绿色基金投资项目。11 月 3 日，我国将"发展绿色金融，设立绿色发展基金"正式纳入"十三五"规划中，为绿色基金的发展提供了战略方向。

2017 年 6 月，国家设立绿色金融改革创新试验区，根据试验区的产业发展情况提供不同的制度支持和基金投入，例如利用境内外资本设立的绿色基金支持产业转型和资源开发等。2017 年 8 月，中共中央、国务院印发《关于服务实体经济防控金融风险深化金融改革的若干意见》中提出加快推进生态立市战略，鼓励各级政府与社会资本合作，通过多种渠道设立绿色基金，推动绿色发展。2018 年 6 月,《中共中央国务院关于全面加强生态环境保护坚决打好污染防治攻坚战的意见》中明确提出要设立国家绿色发展基金,健全生态环境保护经济政策体系,利用绿色金融产品助力绿色产业发展,推进生态环境治理与保护。

2019 年 7 月 20 日,国务院金融稳定发展委员会办公室推出 11 条措施,金融业对外开放再获实质性进展。其中第九条提出,从 2020 年开始,不再限制基金管理公司中外资的股份比例,通过外资机构的投入,丰富国内的机构融资渠道,提高基金融资市场的运行效率。为响应国家绿色基金政策,地方政府也出台一系列绿色基金发展政策。例如,2017 年内蒙古自治区出台《内蒙古自治区绿色制造体系建设实施方案》,明确提出利用专项建设基金支持绿色项目,提高企业绿色制造的积极性。2016 年,山东省出台《山东省绿色制造体系建设实施方案》,明确提出运用 PPP 模式引导社会资本投入重点绿色项目中,提高绿色技术研发水平,加快建设绿色制造体系。

(二)财政引导与市场运作结合

在实现"双碳"目标之下,我国的绿色发展仍然面临巨大的挑战,绿色金融作为绿色发展的核心驱动力,必须通过创新性的金融制度和金融产品带动绿色产业的发展。在 G20 峰会中,绿色金融首次被列入峰会议程,并在此会议中提出要以政府资本为主引导社会资本流向绿色产业,通过绿色基金市场,吸引更多的投资主体参与绿色产业发展,逐步形成以产业基金为主的发展方式。目前,在我国成立的国家层面绿色基金和地方层面绿色基金,均展现出了政府资本的引导作用。2020 年 7 月,我国成立第一个国家层面政府投资基金,通过中央出资带动地方省份和社会资本进入生态环保领域。投资主体包括中央财政、长江经济带 11 省份、社会投资者,初期规模达到 885 亿元。该基金主要投向长江经济带沿线省市,利用广泛的资金来源缓解企业融资约束,降低经营风险,从而加快传统产业技术升级、促进绿色产业发展。

国家绿色发展基金能够发挥市场调节作用和资金乘数效应。政府出资为绿色基金带来了绿色声誉,民间投资者不仅可以享受政策优惠、增加盈利,还能降低自身的投资风险。目前,我国多个省份已经设立绿色政府引导基金,主要通过政府与大型企业集团等机构合作的方式形成区域性绿色发展基金。根据当地生产要素需求,发展具有当地特色的绿色产业,加大污染防治和生态修复。2019 年 1 月,甘肃省设立绿色生态产业发展基金,规模达 2000 亿元,由政府出资和社会资本共同组成投向绿色生态产业，充分发挥政府资本的引领作用，带动当地绿色经济发展。2020年11月，河南省设立省级绿色发展基金，规模达737亿元，由政府出资发挥资金乘数效应，该基金旨在改善生态环境、打赢土壤污染防治攻坚战，重点投向土壤治理与生态修复等领域。2021年11月，河北省雄安新区设立河北雄安白洋淀生态环保基金，首期规模达65亿元。该基金主要由政府引导发起，通过市场化运作吸引社会资本参与，利用政府资金的杠杆作用引导当地大型环保企业投入雄安新区生态环保产业。2023年1月，四川设立省级绿色政府引导基金，规模达50亿元。利用政府资金的市场引领作用吸引社会资本，重点扶持清洁能源、环保材料、生态修复等绿色产业。

（三）绿色基金多样化发展

根据不同组织形式，绿色基金可分为以下四类。

1. 国家发起的绿色发展基金

随着全球绿色金融的发展，各个国家主动承担环境社会责任，纷纷设立大规模的国家层级绿色基金参与国际绿色投资，加大绿色投融资渠道，绿色基金逐渐成为国际绿色金融合作的重要途径。国家绿色发展基金由财政部、生态环境部和上海市人民政府三方共同发起设立，一般通过股权投资和债务投资的方式进行融资，以绿色发展为理念，重点投向固体污染治理与修复，加快传统企业改造，通过扶持环保产业，实现资源可持续发展。

2. 地方政府发起的绿色发展基金

各级地方政府引导和撬动社会资本，重点投向清洁能源类、生态修复类、污染防治类等对绿色发展有重要意义的行业。该基金偏向公益性行业，具有投资回报期长、风险较大等特征，用于促进当地经济的发展。目前，我国地方政府发起的绿色发展基金规模快速发展，在内蒙古、河北、广东等多个省份已设立地级市发起的绿色发展基金，充分发挥绿色基金的投融资变革性优势。

3. 中外企业合资为主的绿色投资基金

该基金主要通过不同国家之间的跨境合作，将国外先进的绿色技术与国内巨大的市场容量结合，通过商业化创新合作，促进国家绿色经济的可持续发展；投资领域主要集中于节能减排等环保类技术领域。例如，2016年，在第八轮中美战略与经济对话中决定设立中美绿色基金，该基金选择将建筑节能和绿色发展相结合，旨在将美国先进的节能环保技术引入国内的试点城市中，不仅能够促进试点城市绿色金融水平的发展，还能提高国内市场建筑节能技术水平。

4. 企业集团发起的绿色产业发展基金

该基金主要由具有较强的社会责任意识的大型企业集团发起。该基金通常投向与企业经营业务相关的绿色项目，不仅能够促进产业发展，还能提升企业集团的绿色声誉。例如，2022 年 10 月，由南宁金融集团与南宁建宁水务集团共同发起南宁建宁绿色环保产业基金，基金规模达到 30 亿元。该基金采用政府引导的方式，主要投向新能源汽车、新材料、绿色环保、乡村振兴等重点产业，利用绿色基金平台带动当地产业高质量发展。

（四）绿色基金发展速度快

我国绿色金融政策的发布和绿色金融体系不断完善，绿色基金市场也在逐步扩大。2016 年 8 月发布的《关于构建绿色金融体系的指导意见》中明确提出要设立各级各类绿色基金，我国绿色基金规模迎来黄金时代。根据我国证券投资基金业协会、Wind 数据统计，2016 年我国绿色基金新增 161 只，同比增长 90%；2017 年新增 217 只，同比增长 62%。截至 2019 年年底，我国绿色公募基金规模达到 607.72 亿元。在绿色金融政策支持下，绿色基金管理者优化绿色投资战略，创新不同类别金融产品。2021 年，我国绿色基金呈现出多样化的发展趋势，主要以绿色可持续发展为投资目标，以 ESG 为投资理念。截至 2022 年第三季度末，绿色主题公私募基金数量为 1178 只，规模达到 8821 亿元，整体增速不断提升，在绿色金融市场中有较大的发展空间。

第三节 理 论 基 础

一、金融可持续发展理论

人类社会可持续发展需要依托经济，金融作为经济发展的核心驱动力，是人类和社会发展的基础保障。人类社会可持续发展必须以金融可持续为前提，实现资源的永续利用。绿色金融是人类在面临环境问题时发起的应对措施，与金融可持续发展理论的内涵相吻合。金融可持续发展理论将金融视为一种稀缺的战略资源，将货币资金作为基础金融资源，能够在金融体系中发挥整体性作用。金融资源具有自然属性和社会属性，作为一种战略资源可以融入人类和经济的可持续发展战略中，还能利用其整体性功能改善资源配置，提高资源利用率。

金融资源的永续利用与自然资源不同，必须将开发金融资源和提高资源利用率协同作用，需要在较长的时期维持动态平衡的状态。若资源开发过度，就会产生资源冗余，无法达到资源永续利用的目的。金融可持续发展理论强调金融的主导地位，利用金融资源改善社会生态环境：一是金融资源的开发和利用必须符合经济发展趋势，避免与社会发展水平脱轨；二是坚持金融生态环境底线思维，合理利用金融资源，避免为追求短暂经济发展而破坏整体资源生态环境。

二、政府与市场关系论

我国绿色基金是在政府构建的制度框架和政策引导下发展起来的，同时还表现出明显的政府引导和市场运作结合的特征。政府与市场的协同作用以政府与市场的关系理论为基础，在绿色基金的发展中主要运用两种理论：第一，市场增进论。青木昌彦（1995）认为，政府在经济发展中具有协调作用，能够根据自身的资源禀赋，对稀缺资源进行补充；他主张充分发挥政府的带头作用，利用政府与市场的互补性，通过政府的替代性政策达到解决问题的目的。政府的强制性能够调节政府与市场的关系，提高整体社会的经济效益。第二，国家推动发展论。约翰逊（1982）认为，政府的干预要与市场发展规律结合，政府干预能够优化市场的调节功能。我国绿色基金市场的发展，遵循制度引导的特征，利用政府的政策引导和市场功能推动经济发展。

三、最优金融结构理论

绿色基金作为绿色金融体系的重要组成部分，是金融创新的产物，能够引导金融资源的流入，改善金融资源配置，优化金融结构，加快绿色经济转型和生态环境修复。最优金融结构理论（林毅夫，2009）强调金融资源配置对实体经济的作用，不仅需要考虑金融结构中各要素之间的关系，还需要在不同阶段寻求一种动态平衡。第一，金融与融资者之间需要相互依附。在金融市场中，融资者作为筹集资金的主体，包含政府、企业、个人等，通过金融环境为其提供的市场筹集资金，充分发挥杠杆作用，促进社会经济发展。经济的发展保障了金融系统的正常运行，降低了金融风险。第二，生产要素配置与金融服务匹配。企业生产要素配置直接影响资源利用率，最优生产要素配置能够激发企业的发展潜力，提高企业生产经营水平。金融体系为企业提供更加优质的金融服务，需要与企业生产要素匹配，使金融功能最大化，以满足企业需求。最优金融结构理论能够为绿色基金的发展和利用提供理论基础。

第九章

绿色基金与企业创新

在绿色金融市场不断发展的背景下，研究绿色基金促进企业创新，有助于政府更好地利用绿色金融政策促进绿色经济发展、加强生态文明建设。绿色基金作为重要的绿色金融产品，研究其对企业技术创新有何影响，是检验绿色基金效果的一种重要方法，探索绿色基金对企业创新的作用机制，有助于丰富绿色基金的研究理论，建立更加高效的绿色基金市场。本章以 2011—2020 年选取的绿色基金的持股企业为研究对象，实证研究绿色基金是否能够提高企业的创新水平，考察绿色基金发展影响企业科技创新的渠道机制，并研究绿色基金对企业创新的调节作用。

第一节　绿色基金引言

一、研究背景

科技创新是实现"双碳"目标、推动经济绿色发展的基础和关键。由于科技创新需要大量的资金支持，融资困难一直是企业科技创新的重大阻碍，限制着绿色经济的发展。新冠疫情的暴发，使得实体经济发展的脚步越发缓慢，世界经济的发展遭受严重的打击。在如此艰难的环境中，我国的经济仍然实现正增长发展，给世界上其他国家做出优秀的表率和发展的信心。同时，经济复苏成为每个国家面临的难题，也是我国绿色经济转型面临的重大挑战。针对一系列难题，习近平总书记强调"世界经济长远发展的动力源自创新"，积极鼓励实体经济的技术研发和创新，提高企业的创新绩效。企业是经济发展中的主力军，而企业创新水平也是我国经济实力的体现，同时受到企业内部和外部的共同影响。从企业内部来看，创新受到内部治理和股权结构等因素的影响；从企业外部来看，企业创新会受到市场环境的影响。绿色金融政策的发展为我国实体企业创造了绿色金融市场，绿色基金的发展为企业的创新注入了动力和源泉。绿色基金也叫作环境保护基金，是政府为推动绿色经济发展、促进低碳可持续发展、实现"双碳"目标而设立的投资基金。随着绿色理念和绿色政策的不断推动，绿色基金将成为绿色投资的主要方式。

二、绿色基金在我国发展的实践

绿色基金的发展水平在不同地域和不同企业中都有差异，在社会中仍然缺乏普适性和认可度。研究绿色基金的发展路径和作用方式有助于拓宽其投资渠道，增强绿色基金的关注度。同时，有助于政府更好地利用绿色金融政策促进绿色经济发展，加强生态文明建设，开发更多有效的绿色金融产品，建立更加高效和健康的绿色金融市场。绿色基金作为重要的绿色金融产品，它对企业技术创新的影响是检验绿色基金效果的一种重要方法。研究绿色基金对企业创新的作用机制，有助于丰富绿色基金的研究理论，建立更加高效的绿色基金市场。

本章在微观企业层面，以绿色基金持股企业为研究对象，考察绿色基金是否能够促进企业创新。考察了绿色基金作用于企业创新的机制。分析绿色基金对不同特征的企业产生差异化的影响，有助于绿色金融政策的评估与改善，为实现双碳目标和长期生态文明建设提供参考。

第二节　绿色基金支持企业创新的文献梳理

一、文献回顾

（一）绿色基金

近年来，学者们对绿色基金的研究角度集中于基金绩效与资金流量。在绿色基金绩效方面，以往研究主要对比了绿色基金与传统基金的差异。一种观点认为绿色基金的绩效表现与传统基金相同。Munoz（2014）提出在美国基金市场中两者的绩效表现无差异，国内学者危平（2018）利用四因素模型将绿色基金绩效与传统基金对比时，得出同样的结论。相反的观点认为绿色基金绩效表现与传统基金不同，其中 Yin（2017）发现绿色基金绩效高于传统基金，其优势主要在于具有长期稳定的价值回报（Chang 等，2019）。也有研究发现绿色基金的绩效表现不如传统基金（Naqvi，2021）。

在绿色基金流量方面，国内外大多数学者认为历史业绩对基金的未来流量有显著的影响。Sirri 等人（1998）利用基金原始回报率和市场模型调整后回报率两个变量来衡量基金业绩，研究表明基金滞后一年的序数回报率与未来资金流量之间总体呈现正相关。唐亚晖（2019）在加入投资者关注度后，发现绿色基金绩效的增加可以吸引更多的投资者。但是随着绿色经济转型和环保观念的不断深入，投资者对绿色基金业绩的关注度下降，更倾向于绿色基金的生态价值（Muňoz，2019）。

（二）企业创新

从企业内部来看，企业创新受到企业规模和产权性质等因素的影响，拥有不同资本规模的企业对科技研发的经验和动力不足，小规模企业通常会选择规避创新带来的风险（林洲钰，2013）。薪酬激励是企业创新过程中的重要动力。Burns（2017）认为，企业内部设置较大的薪酬差距能够激励员工，提高企业的价值和绩效，但是陈冬华（2015）认为企业内部薪酬扁平化可以拉近员工之间的距离，提升企业内部凝聚力，促进企业创新绩效的提升。不同性质的企业在治理结构、资源获取程度上有很大差异，因此在企业创新绩效上表现不同（杨洋、魏江，2015）。其我国有企业享受到更多的政策优惠，面临绿色基金等绿色金融产品的支持，能够获取更加宽阔的融资渠道，降低企业面临的融资约束（余明桂、钟慧洁，2019）。

从企业外部来看，企业创新受到金融工具、创新政策等方面的影响。针对不同类型的金融产品，诸多学者从绿色信贷、绿色债券出发，考察对企业技术创新的影响（王馨、王营，2021；王营、冯佳浩，2022），或者根据不同类型的环境规制工具，主要研究命令型政策工具和市场型政策工具对企业绿色创新是否存在倒逼效应或挤出效应（李青原、肖泽华，2020）。针对不同的创新政策，诸多学者从研发补助、体制改革出发，考察是否提高了企业的创新投入和产出质量（张杰、陈志远，2015）。其中政府补贴能够降低企业创新过程中的信息不对称程度，进而降低创新成本和风险（毛其淋、许家云，2015），创新体制改革政策可以简化企业的行政审批流程，提高企业在经营活动中的审批效率，降低企业的制度性成本，可以将更多资源用于科技研发中，激励企业研发创新（夏杰长、刘诚，2017）。

简言之，绿色基金主要研究基金绩效与资金流量。近年来，企业创新的主要研究领域是企业规模、产权性质等内部因素，以及金融工具、创新政策等外部因素。绿色基金是绿色金融政策的一项重要工具，能够为企业提供资金来源和创新动力，因此将两者结合，研究其影响及机制。

二、研究假说

（一）绿色基金与企业创新

与一般性投资相比，企业对科技创新项目的投资周期长、成本高，主要依赖外部资金来支持企业创新（Hall，2002）。在资金供给方面，绿色基金相比于财政政策有其独特的优势，这种公开融资方式相比于私有融资方式对企业创新效率的促进作用更明显（Atanassov，2016）。一方面，绿色金融的发展可以提高企业的技术水平，弥补企业自身限制带来的不足，提升企业研发成功的可能性（刘贯春等，2017）。另一方面，绿色金融工具本质上是一种环境规制，在资本要素供给上更加偏向于流入高生产率企业，在企业生产要素供给上具有再配置作用（韩超等，2017）。

在资金需求方面，Kipar（2011）提出信贷约束会抑制企业的创新行为。扈文秀（2009）也得出同样的结论，即融资约束会对企业创新产生明显的抑制作用。一方面，绿色基金可以引导资金流向绿色企业，优化资源配置效率和经济结构（王遥，2019）。不仅能拓宽企业的外部融资渠道，还可以节省企业外部融资产生的成本。另一方面，投资者可以通过绿色基金衡量企业技术创新的风险和收益，根据自身需求进行投资，满足企业创新的资金需求。

此外，从环境信息披露制度来看，环境信息质量较高的企业通常具有环境溢价，不仅能够获得外部投资者较高的评价，还能提升企业的融资水平（沈洪涛等，2010）。在绿色金融政策的驱动下，企业自愿进行环境信息披露，对外塑造勇于创新和积极参与环保活动的形象，提升金融机构对其环境风险的认可度（牛海鹏等，2020）。基于信号传递理论，企业进行充分的环境信息披露，向外部传递积极的信号，有利于降低企业的融资成本（李维安，2019）。基于融资约束理论，从创新投入来看，企业在创新资源的投入上有更多资金支持，从创新产出来看，融资约束的降低能够促进新技术、新产品的开发。

综上所述，提出假说 1。

假说 1：绿色基金的发展能够促进企业的技术创新水平。

（二）债务结构与企业创新

在我国金融体系中，企业在信贷市场上缺乏优势，金融机构大多偏向于为资产期限较长的企业提供短期融资服务，因此，多数企业在资金配置中以短期负债为主，长期负债比例较低，缺乏长期稳定的资金支持创新活动（白云霞等，2016）。大多企业利用短期债务融资投入长期性的创新活动中，导致企业不断滚动短期债务，即"短贷长投"现象普遍存在，具有严重的债务与资产期限错配问题（钟凯，2016）。此外，"短贷长投"虽然能够为长期投资项目提供短暂的资金支持，但是会为企业带来较高的财务风险（赖黎等，2019），大大降低了企业创新的成功率。

面对债务结构与期限错配对企业创新的抑制作用，结合企业创新的特征，部分学者提出以下两种观点：第一，绿色金融发展能够通过债务期限结构缓解企业的期限错配问题，缓解企业资金回流的压力和风险，从而促进企业的创新投资水平（王康仕，2019）。第二，绿色基金能够为企业带来绿色声誉，对绿色企业的绿色项目的投资水平的促进作用更加明显（连莉莉，2015）。金融机构对绿色企业的融资给予更优惠的政策和更宽松的条件，提高了企业获得外部长期负债的便利性，改善了债务结构问题，促进了企业创新水平。

综上所述，提出假说2。

假说2：绿色基金能够通过改善企业的债务结构，提高企业的技术创新水平。

（三）应收账款与企业创新

基于信息不对称理论和融资优序理论，企业外部融资成本较高、难度较大，企业创新过程中通常先使用内部资金（鞠晓生等，2013）。因此，企业创新过程中受到内部资金不确定性的影响，而应收账款是企业创新过程中内部资金来源的重要组成部分。诸多学者主要从现金流水平、企业利润和价值出发，考察应收账款对内部资金的影响。第一，应收账款会刺激企业创新。当企业的应收款信用质量恶化时，企业更加倾向于拥有较高的现金流水平（Singh，2021）。这时，企业需要权衡现金水平与研发投入的比例，在此过程中存在一种"赢家效应"，当该效应较强时，现金流的不确定性会为企业创新带来机遇，刺激企业加强研发投入（刘波，2017）。此外，过高的现金流会降低企业的资源配置效率，挤占创新资源，应收账款能够缓解企业过高的现金流水平，降低挤出效应对企业创新的抑制作用。第二，应收账款对企业的利润和价值也有显著的影响（Mittal，2020）。应收账款水平较高时，企业的盈利能力较强，能够通过积累资本增加企业的创新投入，对金融环境变化和绿色金融政策的反映更积极。

综上所述，提出假说3。

假说3：应收账款可以正向调节绿色基金对企业创新的影响。

第三节　双重固定效应实证研究

一、样本选择与数据来源

为对国内绿色基金进行精准的研究，我们从 CHOICE 数据库中选取基金全称、简称中带有"绿色""环保""新能源""低碳""生态""环境""可持续""美丽"等词语的基金，将成立时间少于一年及样本不全的基金剔除，分级基金全部以主流基金或 A 级基金为主，最终选取了 22 支绿色基金。

在选取的 22 支绿色基金中，选择每支基金重仓持股企业作为研究对象，选取 2011～2020 年间上市公司的数据。在搜集原始数据的基础上，对原始数据进行了以下处理：①剔除了时间区间内 ST 和*ST 的企业；②删除了变量观测值缺失的样本；③控制了极端值的影响，对所有的连续变量进行了 ±1% 的缩尾处理。经过筛选，最终将 147 家上市公司选作样本。

二、模型设定

借鉴已有文献的研究方法，构建模型如下：

$$\text{Invest} = \alpha_0 + \alpha_1 \text{Fund}_{i,t-1} + \alpha_2 \text{Roe}_{i,t-1} + \alpha_3 \text{Age}_{i,t-1} + \alpha_4 \text{TobinQ}_{i,t-1} + \\ \alpha_5 \text{Big}_{i,t-1} + \alpha_6 \text{Lroa}_{i,t-1} + \alpha_7 \text{Employees}_{i,t-1} + c_i + d_i + \varepsilon_{i,t} + \cdots \quad (1)$$

式中 i、t 分别表示企业和时间；c 表示个体效应；d 表示时间效应；ε 表示随机扰动项。

因为企业的创新水平具有一定的延后性，所以，解释变量、中介变量和控制变量都滞后一期，模型中采用 $t-1$ 表示。利用上述模型检验"假设 1"，重点关注绿色基金（Fund）的回归系数 α_1，若 α_1 显著为正，则说明绿色基金的发展能够促进企业创新，"假设 1"正确。反之，若 α_1 为负且显著，则说明"假设 1"不正确。

三、变量定义

1. 研发投入（Invest）

利用企业的研发支出合计数作为企业创新的代理变量。企业的创新投入主要体现在企业的研发项目中，可以反映企业的创新水平，选用企业当年研发投入的自然对数衡量企业创新投入水平。企业研发过程中，各个阶段都需要资金的持续投入，包括前期的调查、中期研发和后期测试等过程，利用企业的研发支出资金，能够一定程度上反映企业的创新程度。

2. 基金规模（Fund）

利用选取基金的年度规模总和来表示绿色基金的发展水平。

3. 债务结构（Liability）

利用非流动负债来代表债务结构，研究绿色基金规模是否通过改变企业的债务结构来影响企业创新水平。借鉴已有文献中利用长期负债的比例来作为企业的债务期限结构（王康仕等，2019）。

4. 应收账款（Receivables）

采用应收账款占营业收入的比例作为企业应收账款水平的代理变量。

5. 控制变量（Control）

考虑到企业层面其他因素可能对企业绿色创新产生影响，选取企业年龄（Age）托宾 Q 值（Tobin Q）、净资产收益率（ROE）、第一大股东持股比例（Big）、历史绩效（Lroa）、员工人数（Employees）这些企业层面的经济特征数据作为控制变量。企业的年龄（Age）代表着企业的时间生命特征，具有功能性和动态性。通常而言，年龄越大的企业其成熟度越高。张杰（2015）的研究中曾发现企业成熟度与企业的创新意识呈正向影响。

具体指标定义见表 9-1。

表 9-1 变 量 定 义

变量名称	变量符号	计算方法
研发投入	Invest	研发支出合计取对数
基金规模	Fund	取基金的总规模对数
债务结构	Liability	非流动负债取对数
应收账款	Receivables	应收账款/营业收入
净资产收益率	ROE	净资产收益率
年龄	Age	企业年龄
托宾 Q 值	TobinQ	市值比总资产
第一股东	Big	大股东持股比例
历史绩效	Lroa	上期净利润/上期总资产（历史绩效）
员工人数	Employees	当年员工数量取对数

第四节　实证结果分析

一、描述性统计分析

　　表 9-2 列出了各变量描述性统计结果。由该表可以看出，企业的研发投入平均值为 18.86，表明企业的研发支出仍然存在较大的提升空间，企业的创新水平仍然较低，研发投入最小值为 12.00，最大值为 24.10，说明不同企业之间对研发项目的支出差异较大。绿色基金规模的平均值为 23.55，最小值为 21.53，最大值为 24.45。债务结构的平均值为 20.15，最大值为 26.76，最小值为 11.33，两者差距较大，表明企业之间的债务结构分别处在不同的水平线上。应收账款比例的平均值为 0.23347，最大值为 1.0958，最小值为 0.00009，表明应收账款占营业收入比例在不同企业中的差异较大。从各控制变量来看，净资产收益率平均值为 0.132，最大值为 1.714，最小值为 -3.117，可以看出不同企业之间盈利能力不同。企业年龄平均值为 18.06，最大值为 36，最小值为 3，企业年龄差异也会对企业的科技水平创新意愿产生影响。托宾 Q 值平均值为 10.84，最大值为 300.8，最小值为 0.117，表明企业之间拥有不同的社会价值创造力。第一股东比例的平均值为 0.366，最大值为 0.773，最小值为 0.0476，表明企业在决策过程中受到的第一股东的控制程度不同。历史绩效的平均值为 0.0746，最大值为 0.399，最小值为 -0.225，表明整体企业的历史绩效较低。员工人数平均值为 8.076，最大值为 12.59，最小值为 2.565，表明企业在人力资源的储备上有较大的差异。

表 9-2　主要变量描述性统计分析

变　量	观测值	均　值	标准差	最小值	最大值
Invest	1,007	18.860	1.650	12.000	24.100
Fund	1,007	23.550	0.916	21.530	24.450
Liability	1,007	20.150	2.606	11.330	26.760
Receivables	1007	0.233	0.208	0.000	1.096
ROE	1,007	0.132	0.159	-3.117	1.714
Age	1,007	18.060	5.716	3.000	36.000
TobinQ	1,007	10.840	25.080	0.117	300.800
Big	1,007	0.366	0.153	0.048	0.773
Lroa	1,007	0.075	0.060	-0.225	0.399
Employees	1,007	8.076	1.552	2.565	12.590

二、基准回归结果分析

由表 9-3 可知，绿色基金（Fund）与企业创新（Invest）呈显著正相关关系，表明"假设 1"正确。具体来看，表 9-3 第（1）列是加入个体效应和时间效应的基础上，对绿色基金进行单变量回归得到的结果。第（2）列是在第（1）列的基础上加入控制变量进行回归，结果表明当其他条件不变的情况下，绿色基金能够显著促进企业的创新水平。

表 9-3 绿色基金对企业创新的基准回归结果

Variable	（1）	（2）
	Invest	Invest
Fund	0.890***	1.765***
	(18.55)	(3.61)
ROE		1.553
		(1.60)
Age		−0.250**
		(−2.05)
TobinQ		−0.015***
		(−3.22)
Big		0.196
		(0.20)
Lroa		−1.456
		(−0.85)
Employees		−0.031
		(−0.54)
Constant		−16.944*
		(−1.87)
个体效应	否	是
时间效应	否	是
Observations	917	917
R-squared	0.603	0.632
Number of Scode	146	146

注：括号中为 t 统计量，*、**、***分别表示显著性水平为 10%、5%、1%。

从表 9-3 第（2）列的各控制变量来看，企业年龄（Age）与企业创新显著负相关，表明企业的创新投入水平并不是随企业年龄的增长而提高。由于企业年龄不同，企业所处的生命周期不同，年龄较小的企业经营时间较短，因此获取的利润收入相对较少，新兴企业对技术的需求更加迫切，因此对企业的创新投入水平更高。高凯（2022）在研究公司年龄与企业创新的结果中发现，公司年龄对绿色创新存在负向影响。托宾 Q 值与企业创新显著负相关。托宾 Q 值是西方学者提出的变量，用于测量企业面临的投资机会，可能表明托宾 Q 值的测量并不与我国的企业投资情况相符合，无法准确表示托宾 Q 值与企业创新投入的关系。

三、稳健性检验

（一）增加控制变量

通过逐一加入控制变量的形式进行回归，表 9-4 列示了绿色基金对企业创

表 9-4　增加控制变量的稳健性检验结果

Variable	（1） Invest	（2） Invest	（3） Invest	（4） Invest	（5） Invest	（6） Invest	（7） Invest
Fund	0.943***	0.974***	1.686***	1.721***	1.740***	1.737***	1.765***
	(10.21)	(10.45)	(3.40)	(3.38)	(3.67)	(3.56)	(3.61)
ROE		1.537***	1.537***	0.845***	0.842***	1.587	1.553
		(4.04)	(4.03)	(2.82)	(2.80)	(1.65)	(1.60)
Age			−0.185	−0.243*	−0.246**	−0.249**	−0.250**
			(−1.50)	(−1.95)	(−2.07)	(−2.03)	(−2.05)
TobinQ				−0.015***	−0.015***	−0.015***	−0.015***
				(−3.41)	(−3.42)	(−3.28)	(−3.22)
Big					0.167	0.175	0.196
					(0.17)	(0.18)	(0.20)
Lroa						−1.546	−1.456
						(−0.91)	(−0.85)
Employees							−0.031
							(−0.54)
							(3.11)
Constant	−2.713	−3.648*	−16.755*	−16.261*	−16.697*	−16.575*	−16.944*
	(−1.25)	(−1.66)	(−1.81)	(−1.70)	(−1.89)	(−1.83)	(−1.87)
个体效应	是	是	是	是	是	是	是
时间效应	是	是	是	是	是	是	是
Observations	855	855	855	855	855	855	855
Number of Scode	144	144	144	144	144	144	144
R-squared	0.559	0.585	0.586	0.628	0.628	0.629	0.630

注：括号中为 t 统计量，*、**、***分别表示显著性水平为 10%、5%、1%。

新的基准回归结果。当不加入控制变量时，绿色基金对企业创新的影响在 1%
的水平下显著为正，表明绿色基金对企业创新有明显的促进作用；在逐个加入
控制变量后，绿色基金对企业创新的影响仍然在 1%的水平下显著为正，说明
绿色基金能够促进企业创新的结论稳健。

（二）改变时间区间

考虑到不同时间范围的样本数据可能会产生不同的回归结果，绿色基金成
立时间大多在 2012 年之后，同时考虑疫情对 2020 年经济的影响，剔除了 2020
年的数据，选取 2013—2019 年的数据重新进行回归分析。表 9-5 结果显示绿
色基金规模依然正向影响企业的研发投入，且在1%的水平下显著为正，说明上
述结果的稳健性。

表 9-5　改变时间区间稳健性结果检验

Variable	(1) Invest
Fund	1.575***
	(18.95)
Control	Yes
个体效应	是
时间效应	是
Observations	855
Number of Scode	144
R-squared	0.598

注：括号中为 *t* 统计量，*、**、***分别表示显著性水平为10%、5%、1%。

第五节　绿色基金对企业创新的作用机制分析

一、中介机制模型

为进一步检验绿色基金对企业创新的促进作用是否能够通过改善企业的
债务结构来传导，我们在第三节模型（1）的基础上，参考温忠麟等（2004）
的中介机制检验构造逐步回归模型。

$$\text{Invest} = \alpha_0 + \alpha_1 \text{Fund}_{i,t-1} + \alpha_2 \text{ROR}_{i,t-1} + \alpha_3 \text{Age}_{i,t-1} + \alpha_4 \text{TobinQ}_{i,t-1} +$$
$$\alpha_5 \text{Big}_{i,t-1} + \alpha_6 \text{Lroa}_{i,t-1} + \alpha_7 \text{Employees}_{i,t-1} + c_i + d_i + \varepsilon_{i,t} \cdots \quad （2）$$

$$\text{Liability} = \beta_0 + \beta_1 \text{Fund}_{i,t-1} + \beta_2 \text{ROE}_{i,t-1} + \beta_3 \text{Age}_{i,t-1} + \beta_4 \text{TobinQ}_{i,t-1} +$$

$$\beta_5 \text{Big}_{i,t-1} + \beta_6 \text{Lroa}_{i,t-1} + \beta_7 \text{Employees}_{i,t-1} + c_i + d_i + \varepsilon_{i,t} \cdots \quad (3)$$

$$\text{Invest} = \lambda_0 + \lambda_1 \text{Fund}_{i,t-1} + \lambda_2 \text{Liability}_{i,t-1} + \lambda_3 \text{ROE}_{i,t-1} + \lambda_4 \text{Age}_{i,t-1} + \lambda_5 \text{TobinQ}_{i,t-1} +$$

$$\lambda_6 \text{Big}_{i,t-1} + \lambda_7 \text{Lroa}_{i,t-1} + \lambda_8 \text{Employees}_{i,t-1} + c_i + d_i + \varepsilon_{i,t} \cdots \quad (4)$$

其中模型（3）和模型（4）中的 Liability 代表中介变量债务结构，用来检验"假设 H2"。在基准回归中，主要关注 α_1、β_1、λ_1 和 λ_2 的显著性和正负情况。根据上述模型分析绿色基金对企业创新的作用机制，结果如表 9-6 所示。第（1）列结果表明绿色基金能够显著提升企业的创新水平。第（2）列结果表明绿色基金与债务结构显著正相关，被绿色基金持股的企业能够获得更高水平的长期负债，改善了企业的债务结构。第（3）列加入了绿色基金和债务结构，结果表明绿色基金与企业创新显著正相关，债务结构与企业创新显著正相关。因为绿色基金的设立也会为企业带来绿色声誉，提高投资者对企业的关注度，降低了企业外部长期融资成本，提高了获取长期融资的可能性，导致企业的长期负债比例提高，改善了企业资产与负债期限错配的问题，促进了企业在创新过程中的研发投入水平。由此可见，改善债务结构是绿色基金提高企业创新的中介渠道。

表 9-6　基准回归与中介机制检验结果

Variable	(1) Invest	（2） Liability	(3) Invest
Fund	1.765***	1.291**	1.703***
	(3.61)	(2.37)	(3.42)
Liability			0.048**
			(2.48)
Control	Yes	Yes	Yes
Constant	−16.944*	−7.409	−16.588*
	(−1.87)	(−0.72)	(−1.80)
个体效应	是	是	是
时间效应	是	是	是
Observations	855	855	855
R-squared	0.630	0.564	0.633
Number of Scode	144	144	144

注：括号中为 t 统计量，*、**、***分别表示显著性水平为 10%、5%、1%，下表同。

二、调节效应模型

下面进一步检验应收账款是否能调节绿色基金对企业创新的影响。考虑到自变量与调节变量的交互项可能会引起共线性，在处理数据时将自变量和调节变量分别中心化后，在模型（2）的基础上加入应收账款与绿色基金的交互项，主要关注模型（5）中的显著性来判断调节效应是否成立。

$$\text{Invest} = \varphi_0 + \varphi_1 \text{Fund}_{i,t-1} + \varphi_2 \text{Receivables}_{i,t-1} + \varphi_3 (\text{Fund}_{i,t-1} * \text{Receivables}_{i,t-1}) +$$
$$\varphi_4 \text{ROE}_{i,t-1} + \varphi_5 \text{Age}_{i,t-1} + \varphi_6 \text{TobinQ}_{i,t-1} + \varphi_7 \text{Big}_{i,t-1} +$$
$$\varphi_8 \text{Lroa}_{i,t-1} + \varphi_9 \text{Employees}_{i,t-1} + c_i + d_i + \varepsilon_{i,t} \cdots \qquad （5）$$

模型（5）的检验结果显示自变量与绿色基金、与调节变量应收账款的交互项在 5%的水平下显著为正，表明应收账款可以正向调节绿色基金对企业创新的影响，即企业的应收账款比越高时，绿色基金对企业创新的促进作用越明显，验证了"假设 H3"（见表 9-7）。因为企业在现金流水平较低时，资金周转期限较长，绿色基金可以将资源重新配置，把资金引入相应的企业，以增加企

表 9-7　调节效应检验结果

Variable	(1)
	Invest
Fund	2.069**
	(2.45)
Receivables	−0.259
	(−1.17)
Fund*Receivables	0.315**
	(1.99)
Constant	−22.303
	(−1.44)
Control	Yes
个体效应	是
时间效应	是
Observations	917
R-squared	0.636
Number of Scode	146

注：括号中为 t 统计量，*、**、***分别表示显著性水平为 10%、5%、1%。

业财力支持技术项目的研发，提高企业创新能力。此外，企业应收账款的比例越高时，面临的内部融资约束越大；无法支持企业的投资需求时，企业在融资过程中会更加依赖外部融资。绿色基金的发展，为企业的外部融资拓宽了渠道，使得企业面临的外部融资约束降低，绿色基金对企业创新水平的促进作用更加明显。综上所述，债务结构和应收账款是绿色基金促进企业创新的作用渠道。

第六节　企业所有制与规模的影响

一、企业所有制角度

不同制度的企业在面临绿色基金的注入时，对资金的使用规划和创新项目的投资决策不同。为了进一步考察企业所有制对研究结论的影响，将企业按照组织形式分为国有企业与非国有企业，进行分样本回归，并检验应收账款调节效应在不同所有制企业中是否仍然成立。表 9-8 所示，第（1）列和第（2）列分别是国有企业和非国有企业回归得到的结果。表明绿色基金对国有企业创新的回归系数为 2.009，且在 1%的水平下显著，而对非国有企业创新的回归系数为 1.685，且在 5%的水平下显著，表明绿色基金对国有企业创新的促进作用更加明显。原因如下：

表 9-8　绿色基金对企业创新的异质性检验

Variables	国有企业	非国有企业	大规模企业	小规模企业
	Invest	Invest	Invest	Invest
Fund	2.015***	2.038*	−1.201**	0.370
	(2.76)	(1.71)	(−2.54)	(1.21)
	(2.44)	(0.42)	(0.25)	(2.17)
Control	Yes	Yes	Yes	Yes
Constant	−21.176	−22.049	−25.349**	−5.303
	(−1.59)	(−1.00)	(−2.55)	(−0.35)
个体效应	是	是	是	是
时间效应	是	是	是	是
Observations	301	616	419	429
Number of Scode	0.463	0.730	94	95
R-squared	47	99	0.431	0.698

注：括号中为 t 统计量，*、**、***分别表示显著性水平为 10%、5%、1%。

第一，绿色基金在不同的领域发展程度不同，部分金融机构为民营企业提供服务，但是并未涉足绿色基金，而国有企业获得了更多绿色基金的支持。第二，当前绿色金融还在发展阶段，实施的各项举措都在试验阶段，需要不断地探索才能趋于成熟。相比于非国有企业，绿色基金更加信息全面的国有企业。第三，国有企业和非国有企业的高管团队面对绿色基金会做出不同的应对措施和战略决策。国有企业的高管团队对企业社会责任和技术创新的要求更高，国有企业抗风险能力更强，因此更加偏向于将资金投入到技术创新的项目中。

如表 9-9 所示，将企业按照所有制分成国有企业和非国有企业进行调节效应异质性检验，结果显示：在国有企业中，自变量绿色基金与调节变量应收账款的交互项系数为 0.474，且在 5%的水平下显著为正，表明随着应收账款比例的增加，绿色基金的发展对企业创新水平的促进作用越明显。但是在非国有企业中交互项的系数并不显著。原因如下：

表 9-9　调节效应异质性检验结果

Variable	国有企业 Invest	非国有企业 Invest	大规模企业 Invest	小规模企业 Invest
Fund	2.015***	2.038*	−1.201**	0.370
	(2.76)	(1.71)	(−2.54)	(1.21)
Receivables	−0.325	−0.213	2.295***	1.107
	(−0.70)	(−0.79)	(4.16)	(1.35)
Fund*Receivables	0.474**	0.065	0.059	0.316**
	(2.44)	(0.42)	(0.25)	(2.17)
Control	是	是	是	是
Constant	−21.176	−22.049	−25.349**	−5.303
	(−1.59)	(−1.00)	(−2.55)	(−0.35)
个体效应	是	是	是	是
时间效应	是	是	是	是
Observations	301	616	419	429
Number of Scode	0.463	0.730	0.431	0.698
R-squared	47	99	94	95

注：括号中为 t 统计量，*、**、***分别表示显著性水平为 10%、5%、1%。

首先，企业的应收账款比例越大，期限越长，表明企业付出的成本越高。国有企业在面临成本高的风险时，更有资本选择有风险的应收账款，其应收账款的调节作用更加显著。其次，国有企业掌握信息的渠道更多，对信息真实性的把握更强，在交易过程中对客户信息的了解程度更深，与客户之间的信息不对称问题较少，因此会更倾向于选择向客户提供应收账款的服务。最后，国有企业的发展，关系到社会稳定，在面临应收账款的风险时，国有企业拥有更好的环境支持和政府支持来保护企业的利益，非国有企业不具备这些优势。

二、企业规模角度

在企业的创新行为中，企业的规模是一项重要的影响因素。"熊彼特假说"中提出，企业的规模对企业的财力、物力、人力均有较大的影响。为进一步考察绿色基金对企业创新的促进作用是否受到企业规模影响，将样本企业按照总资产规模中位数分为大规模与小规模企业两个子样本，然后对子样本进行调节效应检验。

如表 9-9 所示，第（3）列和第（4）列分别是大规模企业和小规模企业回归得到的结果，结果表明绿色基金对大规模企业创新的回归系数为-1.201，且在 1%的水平下显著。而对小规模企业创新的回归结果并不显著，表明绿色基金对企业创新的促进作用主要体现在大规模企业中。这是因为规模较大的企业由于拥有的市场资源和外部信息较多，因此在技术创新时愿意承担更多的风险，同时大规模企业承担了更多的社会责任和政策负担，对自身的绿色转型和可持续发展有更高的要求，对绿色基金的反映也更明显。此外，规模较大的企业通常在市场上占有较多的市场份额，企业的盈利能力较强，获取的利润较高，为后续的技术研发项目提供一定的保障。

如表 9-9 所示，对于大规模企业来说，应收账款与绿色基金的交互项系数不显著，表示应收账款在绿色基金对企业创新水平的促进作用中并不显著。而对于小规模企业，应收账款与绿色基金额交互项系数在 5%的水平下显著，且系数为 0.316，表明应收账款的比例越高，绿色基金对企业创新的促进作用越明显。其原因主要是：小规模企业往往在经营初期，占据市场份额较少，面临的产品竞争激烈程度较高，采用应收账款的方式进行交易，可以获取更多客户对企业的长期合作意向，拓宽企业的市场份额。因此，小规模企业应收账款的比例对于大规模企业来说占比更多，其营业收入中存在大量的应收账款，会增加企业的经营风险。绿色基金能够降低企业的经营风险，提高企业的创新水平。

第七节　结语与政策建议

本章选取了 22 支绿色基金，以 2011～2020 年绿色基金中的 147 家持股企

业作为研究对象，实证考察了绿色基金对企业创新的影响及其作用机制，结果
发现：①绿色基金与企业创新显著正相关，绿色基金能够明显促进企业的创新
水平。②机制分析表明，绿色基金能够通过改善企业的债务结构提高企业创新
水平，应收账款能够正向调节绿色基金对企业创新的促进作用。③绿色基金对
企业创新的促进作用因企业特征的不同而存在异质性。其中，相较于非国有企
业和小规模企业来说，绿色基金对国有企业和大规模企业创新的促进作用更加
明显。

基于以上结论，提出以下建议：

第一，关注企业的债务结构，尤其是企业的非流动负债。通过提高企业的
非流动负债，改善企业的债务结构。同时，政府可以对绿色金融机构按时发放
补贴，提高绿色金融机构的积极性，推动绿色基金、绿色信贷、绿色证券、绿
色保险等金融产品在企业中的辅助作用，降低企业的融资成本。绿色金融的发
展还需要完整的的制度支持，建立完整的绿色金融市场管理体系，增加企业绿
色项目投资意识。在企业创新过程中强调绿色金融的参与度。利用绿色基金的
资源导向性，带动更多的社会资金和机构资金引入环保型企业或绿色企业，增
强企业的环境信息披露程度，可以加快实体经济的绿色转型。

第二，加大绿色基金对非国有企业的助力作用。非国有企业在创新过程中
缺乏中小金融机构的支持。政府应当加大对中小金融机构的政策支持，完善绿
色金融体系中不同机构的设立和管理制度，使中小金融机构发挥作用，促进非
国有企业的环境信息披露和绿色企业转型。还可以搭建第三方信息平台，减少
中小金融机构与非国有企业的信息不对称问题。同时，在绿色基金的管理方面，
可以更多地利用中小金融机构设立和管理绿色基金，带动机构和个人的资金流
入，对非国有企业降低审批成本，简化审批流程，将资金注入非国有企业中，
提高非国有企业的创新投入，促进绿色经济发展。

第三，于小规模企业来说，绿色基金对企业创新的影响受到融资约束和应
收账款的影响。在绿色金融体系中，应当重点缓解小规模企业的融资约束，也
可以适当利用应收账款的机制为小规模企业占领市场份额，激发小规模企业的
创新意愿，使得绿色基金能够为小规模企业的科技创新提供良好的金融环境和
政策支持。我国绿色基金仍然处在不断发展的阶段，在顺应国家政策的前提下，
应当注重中小企业的发展，避免一味地将资金投入大型企业中。中小企业作为
实体经济中的潜力股，需要更多的资源来为企业的可持续发展提供保障。此外，

除了绿色基金等金融产品的支持，还应当加强中小企业的环保意识，完善中小企业的环境信息披露机制，关注其技术创新的实质性成果，提高中小企业响应国家政策的积极性，从而形成企业与绿色金融机构协同作用。

参 考 文 献

[1]　C. Edward Chang, Thomas M Krueger H Doug Witte. Saving green while going green[J]. Managerial Finance, 2019, 45(1): 21-35.

[2]　Fernando Muñoz, Maria Vargas, Isabel Marco: Environmental Mutual Funds: Financial Performance and Managerial Abilities[J]. Journal of Business Ethics, 2014, 124(4): 551-569.

[3]　Gbenga Ibikunle, Tom Steffen: European Green Mutual Fund Performance: A Comparative Analysis with their Conventional and Black Peers[J]. Journal of Business Ethics, 2017, 145(2): 337-355.

[4]　Muñoz F. The Smart Money Effect Among Socially Responsible Mutual Fund Investors[J]. International Review of Economics & amp; Finance, 2019(62): 160-179.

[5]　Natasha Burns, Kristina Minnick, Laura Starks. CEO Tournaments: A Cross-Country Analysis of Causes, Cultural Influences, and Consequences[J]. Journal of Financial and Quantitative Analysis, 2017, 52(2): 519-551.

[6]　Yin. Y: Environmental Performance and Financial Performance of Green Mutual Fund——Evidence from China[J]. Journal of Business and Management, 2017, 5(4): 680-698.

[7]　陈冬华，范从来，沈永建. 高管与员工：激励有效性之比较与互动[J]. 管理世界，2015(5).

[8]　鞠晓生，卢荻，虞义华. 融资约束、营运资本管理与企业创新可持续性[J]. 经济研究，2013(1).

[9]　赖黎，唐芸茜，夏晓兰，马永强. 董事高管责任保险降低了企业风险吗?——基于短贷长投和信贷获取的视角[J]. 管理世界，2019(10).

[10]　李青原，肖泽华. 异质性环境规制工具与企业绿色创新激励——来自上市企业绿色专利的证据[J]. 经济研究，2020(9).

[11]　李扬. "金融服务实体经济"辨[J]. 经济研究，2017(6).

[12]　林洲钰，林汉川，邓兴华. 所得税改革与我国企业技术创新[J]. 中国工业经济，2013(3).

[13]　刘贯春，张军，丰超. 金融体制改革与经济效率提升——来自省级面板数据的经验分析[J]. 管理世界，2017(6).

[14]　毛其淋，许家云. 政府补贴对企业新产品创新的影响——基于补贴强度"适度区间"的视角[J]. 中国工业经济，2015(6).

[15]　牛海鹏，张夏羿，张平淡. 我国绿色金融政策的制度变迁与效果评价——以绿色信贷的实证研究为例[J]. 管理评论，2020(8).

[16]　沈洪涛，游家兴，刘江宏. 再融资环保核查、环境信息披露与权益资本成本[J]. 金融研究，2010(12).

[17]　王馨，王营. 绿色信贷政策增进绿色创新研究[J]. 管理世界，2021(6).

[18]　王遥，潘冬阳，彭俞超，梁希. 基于 DSGE 模型的绿色信贷激励政策研究[J]. 金融研究，

2019(11).

[19] 王营，冯佳浩. 绿色债券促进企业绿色创新研究[J]. 金融研究，2022(6).

[20] 王玉泽，罗能生，刘文彬. 什么样的杠杆率有利于企业创新[J]. 中国工业经济，2019(3).

[21] 危平，舒浩. 中国资本市场对绿色投资认可吗?——基于绿色基金的分析[J]. 财经研究，2018(5).

[22] 杨洋，魏江，罗来军. 谁在利用政府补贴进行创新?——所有制和要素市场扭曲的联合调节效应[J]. 管理世界，2015(1).

[23] 余明桂，钟慧洁，范蕊. 民营化、融资约束与企业创新——来自中国工业企业的证据[J]. 金融研究，2019(4).

[24] 张杰，陈志远，杨连星，等. 中国创新补贴政策的绩效评估:理论与证据[J]. 经济研究，2015(10).

[25] 钟凯，程小可，张伟华. 货币政策适度水平与企业"短贷长投"之谜[J]. 管理世界，2016(3).

第十章

绿色债券对银行盈利的影响及作用机制分析

本章首先对绿色债券的内容进行简要概述，然后分析绿色债券对银行盈利的作用机理，并在此基础上提出相应的研究假设，接下来以《关于构建绿色金融体系的指导意见》的实施作为准自然实验，运用双重差分法（DID）进行实证检验。通过选取 2011—2020 年中国 180 家银行的面板数据，分析绿色债券对银行盈利的影响并提出相关建议。

第一节 引　　言

一、绿色债券的研究背景

"绿色债券"是指政府、金融机构或非金融企业为符合要求的绿色项目融资或者再融资而发行的债券融资工具，面向社会公众筹集资金，并按约定偿还本金及支付利息（巴曙松等，2019）。与商业银行发行的一般债券相比，绿色债券主要特征是将所筹集的资金用于具有环境效益的项目，即绿色债券兼具"绿色"和"债券"双重特性（詹小颖，2016）。因此，商业银行绿色债券融资工具是构建我国绿色金融体系的重要内容。2015 年年底，中国发改委发布《绿色债券发行指引》，打开了绿色债券发展的政策闸门；2016 年年初，境内绿色债券市场正式启动；尤其在 2016 年 8 月 31 日，中国人民银行、财政部等七部委联合印发了《关于构建绿色金融体系的指导意见》（简称《指导意见》）的驱动下，中国的绿色债券市场发展迅猛，短短几年间，我国已跃居世界第二大绿色债券发行国。

二、研究绿色债券的意义

发行绿色债券有助于促进环境产业发展、经济转型升级可持续发展，也是建设绿色金融体系的重要抓手。

（一）理论意义

丰富了绿色债券的相关理论研究。虽然我国绿色债券的发行规模已位于世界前列，但由于我国的绿色债券起步较晚，国内对于绿色债券的研究相对较少，且以定性研究为主，主要围绕发展的必要性、制度体系建设等方面进行研究。本章以实证研究的方法，分析绿色债券对商业银行经济效益的影响，丰富了学术领域对绿色债券发行效应的研究理论。

拓宽绿色债券对银行盈利影响的研究领域。现有文献对银行经济效应的研究，主要聚焦于研究绿色债券对企业的盈利效应的影响。而商业银行作为绿色债券重要的发行主体，鲜有文献研究绿色债券对商业银行经济效益的影响。商业发行绿色债券会对自身的经济效应产生什么样的影响，发行绿色债券对于商业银行是否有利可图，这些都需要我们更加深入的研究。从盈利角度研究绿色债券对商业银行的经济效益，可以为商业银行为主体的绿色债券领域研究提供参考。

丰富相关的机制研究，为实行商业银行差异化的绿色金融政策提供理论依据。在研究中不仅分析了绿色债券对商业银行的经济效应的影响，还深入研究了绿色债券对银行影响的作用机制，比较了绿色债券对不同类型的银行的作用效果的差异。完善了商业银行绿色金融政策实施效果的相关研究，可以为差异化的影响在商业银行实施差异化的金融政策提供依据。

（二）现实意义

有助于商业银行拓展业务领域，实现多元化发展。现在大部分银行主要还是依靠吸收存款和发放贷款的利差业务盈利。随着银行业竞争的加剧、互联网金融的发展，商业银行需要探寻新的业务领域，开拓新的利润增长点。绿色债券可以作为一个重要抓手，绿色债券本身就是一种新型的主动融资方式，可以为相应的绿色项目筹集资金。此外，绿色债券还可以带动其他绿色业务的发展，如绿色保险、绿色基金、绿色信用卡等，有利于拓展其他中间业务的收入，带动其他业务的发展，实现多元化的盈利模型。

发行绿色债券可以缓和商业银行期限错配的矛盾。绿色债券是一种较为长期的融资工具，有助于缓解传统的商业银行"短存长贷"的期限矛盾，降低流动性风险。

绿色债券对于助力生态文明建设，推动经济绿色发展具有重要的现实意义。绿色债券的目的是为绿色项目提供融资支持，有利于相关绿色项目和环境产业的发展，控制"两高一剩"的行业发展，通过绿色债券可以调节资金的流向，这是金融调节资源配置的体现，有利于实体经济能源结构调整，助推产业结构升级，推动经济的转型升级、绿色发展。对于社会节能减排，公众树立保护环境的意识，推进生态文明建设，最终实现"30·60"目标有重要的现实意义。

三、文献综述

（一）绿色债券相关研究

1. 绿色债券发展研究综述

近些年世界所面临的环境问题日益突出，绿色金融逐渐成为研究热点，而绿色债券是绿色金融的重要分支，也引起了越来越多的学者的关注。Kidney（2015）提到绿色债券对经济可持续发展具有重要作用，David（2013）研究发现，发行企业的规模、特点以及信息披露程度、投资真关注等因素会对绿色债券市场产生影响。

中外绿色债券市场的特点不同，绿色债券在我国起步较晚，但得益于政府出台的一系列激励措施，绿债市场发展迅速（Kidney，2015）。以往国内关于绿色债券的研究多为定性研究，围绕发展的必要性、制度设计等方面进行理论研究（郑春丽、罗传建，2020）。马骏（2015）论述了在我国构建绿色金融体系有助于产业结构转型；曹明弟、王文（2015）建议制定一套具有我国特色，适应我国国情的绿色债券规范；王遥、徐楠（2016）指出，国内外绿色债券的标准特点不同，国际绿债是基层自发式的发展，而我国的绿色债券则是"自上而下"的指导式发展；吴晓迪（2018）指出，我国的绿色债券市场存在，是第三方认证评估机制不完善、发行规则不统一等问题；巴曙松等人（2019）通过效用最大化模型分析得出，我国特定的国家标准使得我国绿色债券发行的便利性更高。

2. 绿色债券市场定价研究

在实证研究方面，很多学者从绿色债券市场角度出发，进行绿色债券的定价研究，具体包括定价机制、收益率及影响因素等。

首先，从绿色债券的发行价格看。部分学者将绿色债券与普通债券对比，研究绿色债券的发行溢价问题。Petrova（2016）、Baker 等人（2018）分别利用四因子模型与固定面板模型，得出美国贴标绿色债券的发行价格显著高于普通债券。龚玉霞等人（2019）使用二叉树模型研究发现我国绿色债券的价格被明显低估。张丽宏等人（2021）通过匹配的方法研究我国绿色债券市场的发行溢价，发现绿色债券与匹配的普通债券相比，收益率利差平均低 17 个基点，这表明绿色债券有助于降低发行企业的融资成本，且发现绿色认证市场存在逆向选择问题，即未经认证的绿色债券的收益率利差反而更低，即规模小、利润低的企业更倾向于申请认证，绿色认证制度有待完善。

其次，有部分学者聚焦于研究绿色债券市场价格的影响因素。Febi（2018）通过纽伦堡和伦敦上市的债券数据分析得出，绿色债券的风险较低且流动性更强。Reboredo（2018）通过分析国际绿色市场数据得出，绿色债券价格溢出会受到国债、企业债等固定收益市场价格波动的影响。Karpf 等人（2018）发现第三方认证对绿色债券溢价程度有显著影响。Sheng 等人（2021）提出债券发行企业国有性质会对溢价有明显作用。部分学者从宏观角度观察我国的绿色债券市场，发现有明显的非理性市场分割现象（周新苗等，2020）。综上所述，普遍研究认为，绿色债券具有绿色溢价作用，收益率也低于普通债券，有利于降低企业的融资成本；而且第三方认证、信用评级、企业性质等因素对发行价格有重要影响。此外，绿色债券市场还会受到固定收益债券市场、市场流动性等因素的影响。

3. 绿色债券对企业价值的影响

国内外部分学者主要集中于研究绿色债券对企业价值的影响。陈淡泞（2018）研究发现，上市公司发行绿色债券会对公司股价产生积极影响，且信息披露越全面，对股价正向影响越大。Tang 等人（2018）利用事件分析法与 DID 方法证实，首次发行绿色债券会明显提升上市公司的股价，且有助于改善股票的流动性。Flammer 等人（2020）指出，绿色债券有助于改善企业的经营绩效，只有经过第三方机构认证的债券才会对公司股价带来积极影响。马亚明（2020）发现，发行绿色债券可以显著提升上市公司（非金融类企业）的企业价值，并认为可以通过提升投资者情绪和降低融资成本两个传导机制来提高企业价值。王倩、李昕达（2020）基于优序融资理论、MM 定理等理论，研究上市公司发行绿色债券对自身价值的影响，得出绿色债券与企业价值有正向关系的结论。也有学者认为绿色债券对企业价值的影响并不明显，如朱俊明等人（2020）研究发现，我国上市公司发行绿色债券对股票收益率并没有显著影响。

（二）商业银行绿色业务的相关研究

直接研究商业银行与绿色债券关系的文献非常少。部分学者将商业银行的绿色业务视为一个整体进行相关研究。Marcel（2001）指出，商业银行发展绿色金融业务可以成为环保项目的重要融资渠道。商业银行应建立绿色金融完整的业务链，通过扩大业务规模，推进商业银行的绿色创新（王麟，2017）。但是，商业银行发展绿色业务也不能冒进，应看到自己的不足，循序渐进地发展（王刚，2016），如当前银行面临着政策体系不完善、产品供给不丰富、绿色业务基础薄弱等挑战，这都需要借鉴国内外的发展经验，不断推动产品的研发与创新。Schafer（2017）将绿色业务整体视为研究对象，运用实证方法研究绿色金融对商业银行的影响，认为德国银行的绿色业务普遍存在创新不足的问题。孙红梅（2021）运用 DID 模型探究得出，由于绿色业务作用的滞后性，使得绿色业务在当期抑制财务绩效，但是随着时间的推移，绿色业务显示出长期效益，可以降低银行风险。

在商业银行绿色金融各个细分领域中研究成果最多的是绿色信贷。绿色信贷的激励措施能促进经济结构的优化（王遥、徐楠，2016）。绿色信贷会激励限制行业的绿色创新成果，建议在绿色信贷评估审核中加入对绿色创新成果的考核，从而管控风险，实现银行和企业的双赢（王馨、王营，2021）。

关于绿色信贷对银行盈利方面的影响，学者存在不同的观点。有些学者认为绿色信贷会对银行的财务绩效产生积极作用。何凌云等人（2018）通过研究上市银行的样本数据指出，绿色信贷余额会对银行资产收益率产生正向影响。张琳等（2020）实证研究表明，商业银行投放绿色信贷有助于提升财务绩效。胡荣才、张文琼（2016）以上市银行为样本研究得出，绿色信贷会使得商业银行的营业利润下降。刘忠璐、王鹏英（2019）研究发现，绿色信贷政策实施之后，商业银行的利润和总资产收益率均有所下降。

（三）文献评述

通过前文对国内外绿色债券以及商业银行绿色业务相关文献的梳理，对其归纳总结，得出以下三点结论。

第一，总体而言，我国现有关于绿色债券的文献研究，大多围绕发展的必要性和制度设计等方面进行理论研究，实证研究相对较少。在实证研究方面，主要集中于研究绿色债券对企业价值的影响或者绿色债券本身的定价研究，而绿色债券对发行主体的经济效应的影响研究还相对较少，相关实证研究领域需要进一步完善。

第二，就研究绿色债券的实证文献而言，大多立足于企业进行研究。研究企业发行绿色债券对自身股价或财务绩效的影响。而商业银行作为绿色债券重要的发行主体，鲜有文献研究绿色债券对商业银行经济效益的影响。在此，我们有必要厘清商业银行发行绿色债券对自身经济效益的影响，厘清绿色金融影响经济效益的内在机制、对不同类型银行的作用效果的差异，这有助于更加精准地实施商业银行绿色金融的政策，促进绿色金融的发展。

第三，在商业银行绿色业务相关的文献研究中，直接研究商业银行绿色债券业务的文献少之又少，大多数文献是将商业银行的绿色金融业务视作一个整体，从理论分析的角度出发，分析商业银行发展绿色金融业务的必要性、意义、制度设计等。实证研究领域，主要集中在研究绿色信贷的作用效果，有些从宏观角度研究绿色信贷对经济结构调整、绿色产业发展，高污染行业发展的影响；有些从微观角度研究绿色信贷对商业银行经营绩效的影响；还有一些学者研究绿色信贷对创新或绿色创新的影响效果。而绿色债券作为绿色金融的重要分支，关于商业银行绿色债券的研究尚有欠缺，此领域需要进行深入研究。

综上所述，以银行盈利为切入点，研究绿色债券对商业银行经济效益的影响，具有必要性和研究价值。

四、绿色债券的研究内容和方法

（一）研究内容

将绿色债券、银行盈利和作用机制三者之间的关系作为研究主题，试图回答以下三个问题：绿色债券是否有助于提升商业银行的盈利能力？具体影响机制如何？在不同类型银行之间作用效果有何差异？实证研究将从以下三个方面进行：第一，采用实证分析的方法，研究绿色债券的发行对发行银行微观主体的盈利能力影响效果；第二，深入探究发行绿色债券对银行盈利能力影响的作用机制；第三，通过异质性分析等，比较不同类型的商业银行绿色债券工具对其盈利影响效果的差异。

（二）研究方法

运用 DID（ Difference-in-Differences Model ）双重差分模型、中介效应模型、异质性分析与稳健性检验等一系列计量模型，实证研究绿色债券对银行盈利的影响及作用机制。从定量的角度分析绿色债券对银行盈利影响效果的大小，见

图 10-1 与表 10-1。

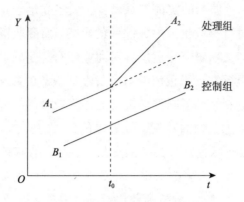

图 10-1　双重差分原理示意图

表 10-1　双重差分模型原理

	政策实施前	政策实施后	差异（Difference）
处理组（Treat）	A_1	A_2	A_2-A_1
对照组（Control）	B_1	B_2	B_2-B_1
DID			$[(A_2-A_1)-(B_2-B_1)]$

五、创新点

区别于既有文献，本研究的边际贡献有以下三点。

第一，拓展了绿色债券政策实施效果方面的文献。现有文献对绿色债券的研究大多为定性研究，围绕发展的必要性、制度设计等方面进行理论研究。实证研究类的文献相对较少。我们以 2016 年《指导意见》的实施作为准自然实验，基于 DID 模型，实证检验绿色债券政策实施的作用效果，丰富了相关实证研究。

第二，补充绿色债券对商业银行经济效益影响的相关研究。现有文献中，研究商业银行绿色债券业务的极少，以往研究绿色债券大多立足于实体企业，研究企业通过发行绿色债券融资对自身如股价、财务绩效等方面的影响。而商业银行作为绿色债券重要的发行主体，鲜有文献研究绿色债券对商业银行经济效益的影响。在商业银行绿色业务的相关文献研究中，多聚焦于研究绿色信贷，忽视了对绿色债券的研究。我们从盈利能力角度入手，分析绿色债券对银行微观主体产生的经济效益，丰富了相关领域的研究。

第三，揭示了绿色债券影响银行盈利的机制和条件。利用中介效应模型，揭示了绿色债券对商业银行盈利影响的作用机制，并比较不同机制对银行盈利影响的作用大小。通过异质性分析，比较绿色债券政策对不同类型银行的作用效果的差异，为完善绿色金融政策提供经验依据，有助于根据银行自身特点实施差异化的绿色金融政策。

第二节　绿色债券概述与发展现状

一、绿色债券概述

（一）绿色债券的定义

2021 年 4 月，中国人民银行、发展改革委、证监会三部门联合制定了《绿色债券支持项目目录》。该文件对绿色债券也做出了明确定义，将绿色债券定义为将所筹集资金专门用于支持符合规定条件的绿色产业和绿色项目，按照法定流程进行发行并且按时还本付息的固定收益率债券。

（二）绿色债券的认定标准

根据吴育辉等人（2022）的研究，我国现行绿色债券认定标准参考目录主要包括：①发改委发布的《绿色产业指导目录（2019 年版）》及其《解释说明》（发改环资[2019]293 号）；②中国人民银行、国家发展改革委、证监会三部委印发的《绿色债券支持项目目录（2021 年版）》。根据 Wind 统计，在 2016～2019 年发行绿色债券的存续主体范围覆盖了消费信贷、电力、钢铁等 33 个 Wind 四级行业。

（三）绿色债券的分类

目前，我国绿色债券市场中主要的种类有：绿色金融债券、绿色企业债券、绿色公司债券、非金融企业绿色债务融资工具。主要分类情况如表 10-2 所示。

表 10-2　绿色债券主要分类情况

债券类型	监管部门	主要细分类别
绿色金融债券	中国人民银行	一般金融债券
		政策银行债券
		商业银行债券

债券类型	监管部门	主要细分类别
绿色企业债券	国家发改委	一般企业债券
		项目收益债券
		专项债券（包括地方政府债券等）
绿色公司债券	中国证监会	一般公司债券
		非公开发行公司债券
		资产支持证券
		可交换公司债券
非金融企业绿色债券融资工具	中国交易商协会	非公开定向债务融资工具（PPN）
		中期票据
		资产支持票据
		短期融资债券
		超短期融资债券

二、我国绿色债券发展现状

我国绿色债券的发展始于 2016 年。2015 年 12 月 22 日，我国人民银行发布《银行间债券市场发行绿色金融债券有关事宜的公告》和《绿色债券支持项目目录》。这是监管机构面向银行间债券市场和金融机构法人发布的第一份针对绿色债券的发行指导。2015 年 12 月 31 日，发改委发布《绿色债券发行指引》，对绿色企业债券的发行提供了定义和参考。2016 年 3 月 16 日和 4 月 22 日，沪深交易所先后发布《关于开展绿色公司债券试点的通知》，至此，我国主要债券市场的绿色债券发行制度框架基本完成搭建。为了进一步规范国内绿色债券市场，并逐步推动国内发行标准与国际通行标准接轨，监管部门在之后的几年时间里多次发布和完善相关政策法规，更好地支持绿色产业发展。例如在 2021 年 4 月，我国人民银行、发展改革委、证监会联合发布《绿色债券支持项目目录（2021 年版）》，新版目录更加细化项目分类，科学遴选产业类别，逐步提高政策覆盖程度。

我国第一只绿色债券是 2014 年 5 月 12 日中广核发行的"碳债券"（巴曙松等，2019）。2016 年 1 月 27 日，浦发银行发行了境内第一只绿色金融债券，标志着我国绿色债券市场正式拉开帷幕。绿色债券的发行规模从 2015 年的几乎为零增至 2016 年的人民币 2380 亿元，其中符合《绿色债券原则》（The Green Bond Principles，GBP）和《气候债券标准》（Climate Bond Standard，CBS）的为 1549 亿元，使我国一跃成为全球最大的绿色债券发行国。从图 10-2 可以看出，我国绿色债券市场发行规模从 2016 年的 2380 亿元增长至 2019 年的 3862 亿元。其中金融债券占比最高，但在逐年下降，而企业债、公司债和中期票据占比不断上升。

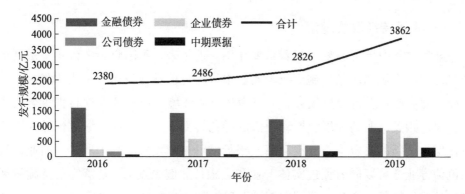

图 10-2　我国绿色债券发行规模

数据来源：《中国绿色债券市场现状报告》（2016 年至 2019 年）

在二级市场交易方面，图 10-3 展示了 2016 年 1 月至 2020 年 5 月我国绿色债券二级市场月度成交额变化图，可以明显看出绿色债券仍处在发展上升期。2016 年和 2017 年是起步阶段，成交额分别为人民币 1774 亿元和 1415 亿元。2018 年下半年，绿色债券交易市场开始活跃，带动了 2018 年全年成交额达到 4004 亿元，超过 2016 年和 2017 年成交额的总和。2019 年，成交额为 6085 亿元，创出历史新高。2020 年 1 月至 5 月，绿色债券二级市场成交额为 2697 亿元，已经超过 2016 年全年成交额，说明绿色债券正越来越受到投资者的青睐和关注。

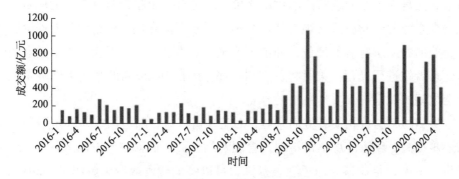

图 10-3　中国绿色债券市场月度成交额

数据来源：Wind 数据库

第三节 绿色债券理论与研究

一、绿色债券理论

（一）可持续发展理论

金融对于引导资源配置起着重要作用。近年来，我国政府出台了一系列推动绿色金融发展的政策措施，我国商业银行绿色债券业务得到了大力发展。一方面，商业银行发行绿色债券，可以为相应的环境产业和环保项目提供融资支持，促进相关产业的发展，推动经济的绿色转型。另一方面，绿色债券为商业银行增加了新的筹资渠道，推动商业银行的可持续发展。综上所述，商业银行绿色债券业务可以同时促进实体产业和金融行业健康发展，是落实可持续发展战略的成果体现，有利于我国"双碳"目标的实现，助力经济和社会的可持续发展。

（二）利益相关者理论

20 世纪 80 年代，Freeman 提出利益相关者理论，指出与组织的战略目标相关的所有个人和团体即是利益相关者。这个定义较为宽泛、抽象，对利益相关者的界定还很不清晰。Charkham（1992）更加具体地确定了利益相关者的范围，以是否与企业建立交易性合同关系为依据，将利益相关者具体区分为契约型利益相关者和公众型利益相关者两类。利益相关者不仅包括企业的股东、债权人、雇佣的员工、供应商、消费者等内部相关人员，同时也包括政府、监管机构、本地居民、媒体等外部机构及人员。这些机构及人员或是为企业分担了风险，或是为企业的经营活动付出代价，或是对企业履行监督制约的职责，这就要求企业的经营决策必须将他们的利益诉求考虑在内。利益相关者理论弱化了企业的物质所有者的地位，冲击了传统的"股东至上"理念，要求企业的经营管理者在进行经营决策时将各方利益都考虑在内，以新的视角去理解企业与社会之间的关系。

从契约型利益相关者方面来看，对管理者来说，随着国家对环境治理要求的逐步提高，环境信息不得不纳入管理者经营决策依据的考虑范围之内。对雇佣员工来说，企业参与绿色项目投资，可以降低融资成本（姚明龙，2017），减少税费，从而提升企业绩效，提高待遇水平。从公众型利益相关者方面来看，近年来，政府对绿色发展高度重视，并将其纳入考核之中，出台了一系列环境治理措施，金融领域也相继出台了许多推动绿色金融发展的政策，旨在促进经济的可持续发展。对社会公众来说，当地的环境状况对于他们而言十分重要，这与他们的生活品质和身体健康息息相关。

（三）信息不对称理论

信息不对称理论揭示了由于存在信息的不对等使得交易产生了不公平、不平衡的现象。因为信息不对称，而知道信息多的一方可以选择向知道信息少的一方传递信息，以促进交易的达成，这就是所说的信号传递理论。若是商业银行能够主动向外界披露自身信息，披露资金的投向、使用情况，进行绿色认证，增强信用评级，提高信息的透明度，获得外界投资者的信任，告诉市场和投资者，企业愿主动接受市场的监督，这将有利于企业获得良好的发展机会（张雪莹等，2022）。

从信号的角度来看，商业银行一般要比外界的投资者更了解自身的资金使用和资金去向，从而产生了信息的不对称。依据信贷配给理论，信息不对称会造成信贷资源配置的低效率。另外，信息不对称会提高投资者识别投资项目的交易成本（Flammer，2021），如信息不对称会使得政府部门难以正确评估企业的具体发展状况以及资金的具体使用去向，从而难以获得政策或资金支持（李春涛等，2020；Lyon等，2011）。

特别在发行绿色债券的过程中，发行主体还可以进行机构三方认证和信用评级，以第三方机构为信用背书，以确保绿色债券项目的可靠性。由于信息不对称，债券的投资者在未进行详尽的调查之时，很难获得完整准确的所投资金使用情况的信息，绿色债券认证可以为投资者提供更有价值的信息，以机构信用背书确保所投资金可以专用于绿色项目，确保产生的环境效益（张丽宏等，2021），降低投资的环境风险。信用评级也是如此，如评级为 AAA 级的债券标示着它的违约风险相对较低，能有更加可靠的投资回报。绿色认证证书和信用等级可以作为一个投资的标志，它可以帮助投资者使用有限的信息，从而确定绿色投资信息。但是，也不排除"漂绿"的现象，即一些银行或者企业发行绿色债券并不是真正为了投资于绿色项目，而是借"绿色"之名获得资金及政府的优惠支持，将所得资金另作他用。或者为了更容易融资，让一些质量不高、并不优质的债券参与认证或者评级，而那些优良的债券反而没有认证或者评级，从而产生了逆向选择问题。绿色债券的信息不对称在我国的市场中具体的情况如何，还需要进一步研究和验证。

（四）企业社会责任理论

现有文献研究表明，普遍认为企业承担社会责任会对企业产生积极影响。一是企业承担社会责任可以提升企业声誉，树立值得信赖的口碑，在社会公众和投资者中形成声誉优势。企业承担社会责任是向外界释放的积极信号，提升企业的社会声誉对于企业十分重要，它可以改变社会对企业的形象认知，进而影响投资者和消费者的行为。二是社会责任表现良好（Dhaliwal 等，2011）或者环境风险低（Chava，2014）的企业可以降低融资成本。Hong 等（2020）指出，社会责任表现良好的企业通常企业质量也较高，财务约束往往也较低。Heinkel 等（2001）研究表明，投资者会对社会责任表现良好的企业有更高的偏好，这种偏好甚至会让投资者愿意放弃一部分收益（Renneboog 等，2008；Riedl 等，2017）。综上所述，无论是从企业声誉的视角还是从融资成本的视角，承担社会责任对企业都具有积极意义。

2007 年《上海银行业金融机构企业社会责任指引》中具体明确了银行所需要承担的社会责任。商业银行发行绿色债券是投身于生态建设的信号，是积极承担环境保护这一社会责任的体现，有利于商业银行积累绿色声誉（马骏，2015）。商业银行发展绿色债券业务，一方面，有利于树立节能减排、保护生态的绿色形象，吸引社会中绿色投资者的关注。另一方面，国家鼓励商业银行发行绿色债券，可以借此引导资源配置，促进相关产业的发展。绿色债券的所募资金将会投向绿色项目，从而引导资金的流向，扶持生态产业，控制"两高一剩"行业的发展规模，促进环境产业的发展，以实现经济的绿色转型、可持续发展。

（五）优序融资理论

优序融资理论也称为"啄食顺序理论"，其对现代资本结构理论的发展具有开拓意义，最早由美国金融学家 Myers 和智利学者 Majluf 在 1984 年提出。企业在经营过程中有资金缺口或者需要筹集更多的资金时，有两种融资方式可供选择，具体包括内部融资和外部融资。首先，在企业只考虑融资成本这一影响因素的情况下，外部融资与内部融资相比，手续更为复杂、交易成本更高，企业应该优先选择内部融资的方式，即通过使用内部的盈余来筹集资金。只有当企业的内部融资无法满足企业全部的资金需求时，才考虑外部融资方式。其次，外部融资可以分为债务融资和权益融资两种。由于企业举债的利息费用可以在税前抵扣，所以债务融资具有节税的作用，而股权融资不仅不能节税，还会稀释股权，削弱股东对公司的控制权。所以，在外部融资时，应优先选择债券融资方式。综上所述，在企业筹集资金时，应遵循内容融资、外部债权融资、外部股权融资的顺序，即优先使用内部的盈余为新项目筹集资金，然后考虑使用发行债券，最后使用发行股票的方式。

债务融资与股权融资相比，具有节税、不改变企业控制权等优点，但同时也要求企业资金保持良好的流动性，以够满足按时还本付息的需求，否则，一旦资金的流动性出现问题，不能按时还本付息的话，就有可能引起财务危机。相对而言，绿色债券的发行主体与普通债券相比，规模更大、资金实力更为雄厚、信誉水平更高，一般是较为大型的企业或者银行，其出现资金流动性不足的风险较小。可以看出，绿色债券既具有传统债务融资的优点，又在一定程度上规避了它的不足，具有良好的发展前景。

二、绿色债券理论研究与假说

（一）绿色债券影响银行盈利能力的理论分析

商业银行开展绿色债券业务对其盈利的影响主要体现在三个方面。

首先，绿色债券有助于商业银行抓住绿色经济发展的机遇，开拓新的利润增长点（张琳、廉永辉，2019）。一方面，近年来我国对环保标准趋严，"两高一剩"行业风险上升，收益下降，而环保产业属于战略新兴产业，呈现出良好的发展势头。绿色债券有助于商业银行占据优质的绿色项目资源，增加收益（张琳等，2020）。另一方面，绿色金融是商业银行发展的新方向。商业银行开展绿色金融业务可以带动绿色信贷、绿色保险、绿色基金等绿色金融业务的发展，有助于增加其利息收入与中间业务收入。

其次，发行绿色债券能够缓解期限错配矛盾，降低流动性风险。商业银行的突出问题表现在资金来源和资金运用在期限上的矛盾（项后军等，2019）。传统负债业务吸收的存款往往期限较短，而资产业务往往期限较长，特别是绿色项目的投入周期更长，实现收益更慢（朱俊明等，2020），特别需要商业银行的长期融资支持，但是这将加剧银行融资期限矛盾，增加资金流动性的风险。Chen（2017）认为，商业银行资金应该保持更加充裕的流动性，以便于应对所投项目的不确定性带来的风险。而绿色债券能够有效地缓解这个矛盾。绿色债券是银行主动负债的融资方式之一，与普通债券相比，绿色金融债具有单笔发行规模更大、期限更长的特点（宁金辉、王敏，2021）。其收益率利差更低，存在绿色溢价（张丽宏等，2021），融资成本更低，从而缓解银行期限错配的矛盾，降低流动性风险，保证流动性充裕，拓展盈利性高的长期投资业务。

再次，银行发行绿色债券能够缓解债券发行主体与投资者之间的信息不对称，提升投资积极性。根据信贷配给理论，信息不对称是造成信贷资源配置低效的主要原因。陈志远等人（2022）研究表明，发行绿色债券能够降低信息不对称。投资者在债券投资时，不仅考虑票面利率因素，而且综合评估其风险水平。债券市场作为一个典型的信息不对称市场，环境风险评估会增加投资者的信息搜集成本，而绿色债券意味着更高的信息披露和监管标准，这是对资金流向特定绿色产业项目的承诺，发挥了传递信号的作用（姚明龙，2021）。债券的"绿色"属性释放出其环境风险可靠的信号，对债券发行人提供了资质增信的保障，增强了投资者对债券的信任程度，从而减小了风险溢价，降低了发行成本，提高了资源配置效率。

最后，商业银行发行绿色债券有助于提升社会形象，吸引绿色资源。商业银行发行绿色债券是为绿色环保型的项目筹集资金，也是企业承担社会责任的体现。现有文献表明，投资者会更加偏好社会责任表现良好的企业（Heinkel等，2001），积极承担社会责任的企业可以获得更低的借贷成本（Dhaliwal等，2011）。企业发行绿色债券可以树立良好的绿色声誉，吸引更多具有生态意识的客户资源（易金平等，2014），便于带动其他绿色业务的发展。

以上理论分析表明商业银行通过绿色债券工具融资。有助于增加银行自身的收益，提高盈利水平，因此提出假说1。

假说1：商业银行发行绿色债券可以提高自身的盈利能力。

（二）绿色债券影响银行盈利能力的机制分析

在"假说1"的基础上，从商业银行盈利构成角度出发，探讨绿色债券对银行盈利影响的作用渠道。商业银行的利润等于收入减去成本。收入包括利息收入和非利息收入，商业银行传统的盈利来源以利息收入为主，即发放贷款的利息收入与吸收存款的利息支出的差额。随着银行业竞争的加剧及互联网金融的发展，商业银行传统的盈利模式受到限制，因而纷纷寻求新的利润增长点，构建多元化的盈利模式，其中非利息收入成为衡量商业银行多元化盈利能力的重要指标。商业银行的成本主要是指经营成本，这与商业银行的经营效率有关。

1. 降低经营成本

经营成本会直接影响商业银行的盈利能力（李佳，2020），发行绿色债券，有利于降低银行的经营成本，从而提高商业银行的盈利能力。

第一，"绿色"属性可以降低债券发行者的融资成本。与普通债券相比，绿色债券意味着更低的发行费用和更低的发行利率。2020年1月，银行间市场清算所发布的《关于调降债券业务收费标准的通知》提出，降低绿色债券的发行登记费率、付息兑付服务费率50%，有利于更好地支持绿色产业发展、刺激绿色债券的发行。绿色债券的发行利率更低，陈志远等人（2022）通过非参数检验方法研究表明，与普通债券相比，绿色债券的借款成本更低。张丽宏等（2021）将绿色债券与普通债券进行对比，发现绿色债券的收益率利差明显低于普通债券，这表明绿色债券有助于降低企业的融资成本。姚明龙（2017）指出，绿色债券的票面利率往往较低，债券可以直接降低商业银行的负债成本。

绿色债券降低融资成本的原因包括两点：一是绿色债券的信用评级较高。根据中央财经大学绿色金融国际研究院数据，2016年至2018年，我国绿色债券市场中AAA级别的主体占比和债项占比均高于市场平均水平，意味着绿色债券的整体信用水平较高。与普通债券相比，违约风险较低，投资者愿意减少风险溢价，以较低利率提供融资。二是绿色债券所募集资金用途明确。绿色债券所募集的资金需要满足《绿色债券支持项目目录》要求，并且资金的募集和使用具有更加透明的监督和信息披露机制（张丽宏等，2021），这意味着所投项目的收益有保障，同时现金流稳定。

第二，银行开展绿色业务可以得到政府的支持和资金优惠。政府为鼓励绿色产业的发展，颁布了一系列支持绿色发展的税费优惠政策。例如，对绿色债券给予贴息、财政补贴等优惠政策；鼓励企业以及其他机构与绿色声誉良好的银行开展项目合作；此外，央行向商业银行投放中期借贷便利时，会考虑其绿色业务的规模，如绿色债券发行量、绿色信贷投放情况等，从而影响银行资金运营的数量和成本（张琳、廉永辉，2019）。因此，提出以下假说2。

假说2：商业银行发行绿色债券通过降低银行的经营成本来提升银行的盈利能力。

2. 实现盈利模式多元化

随着利率市场化改革、银行业竞争的加剧和互联网金融的兴起，银行的利润空间被压缩。在此背景下，商业银行应积极扩展业务领域，转变盈利模式，多元化经营越来越成为影响盈利能力的重要渠道（李佳，2020）。吴刘杰、乔桂明（2016）研究发现，收入结构的优化能够提升银行盈利能力，并特别指出非利息收入占比对商业盈利能力有显著正向影响。绿色金融能够促进银行在未来经济发展中拓展业务范围和增大市场份额（胡荣才、张文琼，2016）。因此，银行发行绿色债券，有助于开拓新的利润增长点，实现盈利模式的多元化。

第一，商业银行发行绿色债券可以增加绿色项目收益，带动非利差收入，开拓新的利润增长点。中国环保产业协会发布的《2017 年中国环保产业状况发展报告》指出，在 2011—2016 年这五年间，中国环保产业营业收入增长了85.4%，其平均利润率高于同期的规模以上的工业企业，绿色债券业务的资金还款来源得以保障，且在目前绿色资金投放额较少的情况下，商业银行可以优先选择优质的绿色项目，从而增加绿色项目的收益。除了利息收入业务增加，银行的声誉以及中间业务收入、投资收益等非利息收入也实现了同步增加。商业银行发行绿色债券，有助于提升其绿色声誉形象（易金平等，2014）。良好的绿色声誉还可以带动各类绿色金融业务的发展（Weber，2020）。例如低碳信用卡发行以及代销绿色保险、绿色理财、绿色基金产品产生的各种非利息收入业务。与利息收入相比，非利息收入业务不用支付沉重的利息支出成本，其边际成本低于利息收入的边际成本，这对于提升商业银行的盈利能力具有重要意义。

第二，多元化的实现可以分散风险。利率市场化会缩小银行的净息差，对银行的盈利水平会产生不利影响（刘小瑜、彭瑛琪，2019），而商业银行传统的盈利模式过于依赖信贷规模，导致风险敞口过于集中，在利率市场化改革的背景下，利率风险暴露更大的银行，其盈利水平下降更快（薛晴、刘湘勤，2017），而多元化的收入结构能够有效抵御利率波动对银行经济效益的冲击。商业银行通过发行绿色债券，有助于带动非利差业务，实现利差业务与非利差业务协调发展，进一步降低银行风险承担，减小银行风险敞口。绿色债券募集的资金所投向的绿色环保项目收益有保障，这不仅使绿色债券的违约风险较低，也使绿色债券的期限较长，有助于减小流动性风险，进而提升商业银行的盈利能力。以上分析表明，多元化的盈利模式能够显著提升银行的盈利能力，因此，提出假说 3。

假说 3：商业银行发行绿色债券实现盈利的多元化，从而提升银行的盈利能力。

第四节　绿色债券与银行盈利的实证研究

一、绿色债券研究设计与变量描述

（一）数据样本

选取 180 家商业银行作为研究样本，具体包括国有六大行、12 家股份制商业银行、137 家城商行、25 家农商行。所选样本中剔除了政策性银行及数据缺失严重的银行样本，涵盖银行类型全面。根据银保监会的数据统计，所选样本银行总资产占全部银行业总资产比重超过 80%，研究样本具有较强的代表性。

国泰安绿色金融板块数据显示：截至 2020 年 5 月，共有 62 家银行参与发行绿色债券，剔除数据缺失严重的样本，剩余 51 家银行作为样本的处理组，另外 129 家银行作为对照组。将 2016 年《指导意见》的实施作为准自然实验，选取 2011—2020 年 10 年间的数据，2011—2015 年这五年的数据作为对照，与 2016 年政策实行之后的数据进行对比。本文绿色债券的数据来自我国金融信息网（FDI）——绿色金融数据库，且通过手工整理得到，其他商业银行财务数据来自 Wind 数据库。为避免极端异常值对回归结果产生的不良影响，本文将所有连续变量均进行了 ±1% 的缩尾处理。

（二）模型设定与变量介绍

双重差分模型通常设定如下：

$$y_{i,t} = \beta_0 + \beta_1 \, Policy_i \times After_t + \beta_2 \, After_t + \beta_3 \, Policy_i + \gamma \, Controls_{i,t} + \lambda_i + \lambda_t + \varepsilon_{i,t}$$

表 10-3 显示双重差分模型中的每一个系数的含义，在经历了两次差分之后，双重差分变量 $Policy_i \times After_t$ 前面的系数 β_1 即是我们重点关注的处置效应，也是政策的实施效应。

表 10-3　双重差分模型系数含义表

样本	政策实施前 After = 0	政策实施后 After = 1	*Different*
未发绿债的银行 Treat = 0	β_0	$\beta_0 + \beta_2$	β_2
发行绿债的银行 Treat = 1	$\beta_0 + \beta_3$	$\beta_0 + \beta_1 + \beta_2 + \beta_3$	$\beta_1 + \beta_2$
DID			β_1

运用 DID 法研究 2016 年《指导意见》实施后绿色债券对商业银行盈利能

力的影响。考虑到各个银行发行绿色债券的时间点不尽相同，参考 Pei（2016）及张莉等（2018）的做法，设定具体计量模型如式（1）所示。

$$ROA_{i,t} = \beta_0 + \beta_1 \, Treat_i \times After_t + \beta_2 \, Controls_{i,t} + \mu_i + \mu_t + \varepsilon_{i,t} \quad (1)$$

模型（1）中，i 代表银行；t 代表年份；$ROA_{i,t}$ 是被解释变量，代表银行 i 在第 t 年的盈利能力；$Treat \times After$ 为核心解释变量，即绿色债券变量，为分组变量 $Treat$ 与时间变量 $After$ 的交互项；$Controls_{i,t}$ 为一系列控制变量；μ_i、μ_t 分别表示银行个体固定效应和时间固定效应与；$\varepsilon_{i,t}$ 为随机误差项。

由于各个银行发行绿色债券时点不一致，本研究只控制交互项 $Treat \times After$，不再单独控制分量 $Treat$、$After$。

1. 被解释变量

现有研究中，衡量商业银行盈利能力的指标有总资产收益率（ROA）、净资产收益率（ROE）、净息差等指标。本文选取总资产收益率作为衡量银行盈利能力的代理变量。

2. 核心解释变量

$Treat \times After$ 是核心解释变量，即要研究的政策变量，反映银行 i 在第 t 年是否发行了绿色债券，某银行发行绿色债券的当年和此后各年均取值为 1，否则取值为 0（吕朝凤、毛霞，2020）。

变量 $Treat \times After$ 的估计系数 β_1 是本文关注的焦点，是实行这项政策的处置效应。如果 β_1 显著为正，则表示发行绿色债券提高了银行的盈利水平；β_1 如果显著为负，则表示发行绿色债券降低了银行盈利水平；如果 β_1 不显著，则发行绿色债券与银行盈利水平没有直接关系。

3. 控制变量

借鉴邹晓梅等（2015）及郭江山等（2019）的做法，选取银行总资产（Asset）（在实际操作中将 Asset 做取自然对数的处理），资本充足率（Car）、存贷比（Rate）、不良贷款率（NPL）、非利息收入占总收入的比例（Niir）这几个变量作为控制变量。本文所用到的各变量定义和说明如表 10-4 所示。

表 10-5 列示了主要变量的描述性统计结果。盈利能力指标方面，样本银行的总资产收益率 ROA 的均值为 0.969%，反映了当前我国银行业的平均盈利水平，这个指标的数值与前些年相比略有下降。近几年，我国银行业的整体收益情况与盈利水平处于下降的态势，原因在于利率市场化改革的推行，

银行间竞争加剧，银行可获得的存贷利差缩小，盈利空间被压缩。从宏观经济环境来看，随着我国经济环境进入新常态，经济下行趋势的影响及 2020 年疫情冲击，也会影响银行业的盈利能力。银行业的净资产收益率 roe 的最小值为 0.599%，最大值为 36.048%，差异较大，这表明不同银行的盈利水平差异明显。在银行业盈利水平下行的大背景下，有的银行依然能够抓住机遇，积极寻找新的利润增长点，实现跨越式发展，而有的银行由于经营不善等原因，盈利水平甚至为负。

表 10-4　变 量 定 义

符号	变量名称	定义
ROA	总资产收益率	净利润/总资产
ROE	净资产收益率	净利润/所有者权益
Treat	政策虚拟变量	发行绿色债券的银行为 1；未发行绿色债券的银行为 0
After	政策实施点虚拟变量	政策实施之后年份为 1；实施之前年份为 0
Treat×After	双重差分变量	交互项表示政策的净效应
Lnasset	总资产的对数	银行的总资产取对数，反映银行的规模大小
CAR	资本充足率	资本净额/风险加权资产总额，反映银行经营稳健性
Rate	贷存比	贷款/存款，反映银行贷款存款比例特征
NPL	不良贷款率	不良贷款/总贷款
Niir	非利息收入占比	非利息收入/总收入，反映银行中间业务能力

表 10-5　各变量描述性统计

变量	观测值	均值	标准差	最小值	中位数	最大值
ROA	1629	0.969	0.431	0.051	0.934	2.306
ROE	1629	13.800	6.401	0.599	13.182	36.048
NIM	1629	2.508	0.950	0.307	2.503	5.164
NIS	1629	2.154	0.845	0.087	2.106	4.544
Treatafter	1629	0.101	0.302	0.000	0.000	1.000
Asset	1629	10 144.079	33 874.480	18.487	1309.331	333 000
Lnasset	1629	7.457	1.586	2.917	7.177	12.717
Car	1560	13.465	2.423	8.880	13.030	26.090
Rate	1608	64.869	12.806	29.470	65.980	97.788
NPL	1551	1.439	0.753	0.040	1.400	4.920
Niir	1629	22.333	19.465	0.240	16.532	82.809
CIR	1628	33.906	7.933	18.460	32.720	61.900
Niia	1629	0.588	0.490	0.005	0.440	2.027

非利息收入占比 Niir 的均值为 22.333%，标准差为 19.465%，这表明当前

我国银行业的收入模式有较大的差异。非利息收入占比高的银行，积极转型拓展其他收入来源，实现收入多元化，而非利息收入占比较低的银行的收入依然依赖于传统的贷款，收入来源单一。不良贷款率均值为 1.439%，表明银行整体信贷资产质量良好，风险可控。

表 10-6 汇报了各变量之间的相关系数，各个解释变量之间的相关系数的绝对值大多数在 0.4 以下，可以认为各个解释变量之间的多重共线性并不明显，对解释变量的系数估计不会产生重要影响。本文所要探究的绿色债券政策的实施对银行盈利能力的影响有待于进一步实证研究。

表 10-6　相关系数矩阵

	ROA	**Lnasset**	**CAR**	**Rate**	**NPL**	**Niir**
ROA		-0.178^{***}	0.205^{***}	-0.221^{***}	-0.556^{***}	-0.115^{***}
Lnasset	-0.169^{***}		-0.173^{***}	0.300^{***}	0.045^{*}	0.105^{***}
CAR	0.179^{***}	-0.217^{***}		0.028	-0.104^{***}	-0.028
Rate	-0.213^{***}	0.331^{***}	0.001		0.256^{***}	0.093^{***}
NPL	-0.548^{***}	0.014	-0.143^{***}	0.252^{***}		0.174^{***}
Niir	-0.152^{***}	0.003	0.032	0.007	0.183^{***}	

注：（1）左下部分为皮尔逊是相关系数，右上部分为斯皮尔曼相关系数。（2）***、**和*分别表示相关系数在 1%、5%和 10%的水平上显著。

二、实证结果

（一）平行趋势检验

双重差分模型要求在政策实施之前，实验组和对照组的被解释变量应保持平行的趋势（图 10-4）。借鉴宁金辉、王敏（2021）的做法，拟采用事件研究法来进行平行趋势检验。

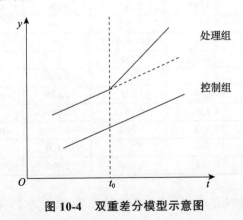

图 10-4　双重差分模型示意图

设 Pre5, Pre4, ···, Pre1 为政策实施，即 2016 年前 n 年的虚拟变量，Current 为政策实施当年，即 2016 年，Post1, Post2, ···, Post4 分别为政策实施 2016 年之后 n 年。分别生成这些年份虚拟变量与处理组虚拟变量 Trent 的交互项，交互项系数反映的就是特定年份处理组和控制组之间的差异。如果所选样本满足平行趋势的假设，即商业银行盈利能力的提升仅来自于绿色债券的影响，那么预期政策实施之前的年份虚拟变量与 Trent 的交互项的不显著。为避免多重共线性的问题，将政策实施前一年（2015 年）作为参照组并做剔除处理，表 10-7 回归结果印证了本文的判断。

表 10-7　平行趋势检验表

Variables	ROA	Variables	ROA
Pre5×Trent	−0.0750	Post2×Trent	0.0905
	(0.071)		(0.060)
Pre4×Trent	−0.0096	Post3×Trent	0.0772
	(0.076)		(0.050)
Pre3×Trent	0.0183	控制变量	控制
	(0.071)	Constant	1.1489***
Pre2×Trent	0.0519		(0.039)
	(0.067)	个体效应	控制
Current×Trent	0.0984*	时间效应	控制
	(0.056)	Observations	1519
Post1×Trent	0.1033*	Number of id	174
	(0.061)	R-squared	0.606

注：文中***、**、*分别表示在 1%、5%、10%水平上显著；回归系数下括号内为使用银行个体层面聚类稳健标准误。

（二）基准结果与分析

通过构建两个实证模型，检验发行绿色债券对银行盈利能力的影响，回归结果见表 10-8。其中第（1）列是基础模型，将被解释变量 ROA 直接与关键变量 Treat×After 做回归，没有加入任何控制变量，可以直接看出影响是否显著以及影响的大小。由于没有加入控制变量有可能会引发内生性问题，使得估计结果有偏，所以在模型（1）基础上，引入银行总资产对数（Lnasset）等控制变量，并且采用包括银行个体效应和时间效应的双向固定面板模型来进一步分析。

表 10-8　基准回归结果

Variables	（1）roa	（2）roa	Variables	（1）roa	（2）roa
Treat×After	0.1174**	0.0964**	Niir		−0.0010
	(0.048)	(0.043)			(0.001)
Lnasset		−0.0807	Constant	1.2979***	1.8410***
		(0.070)		(0.026)	(0.520)
CAR		0.0068	个体效应	控制	控制
		(0.008)	时间效应	控制	控制
Rate		0.0013	Observations	1,629	1,519
		(0.002)	R-squared	0.509	0.605
NPL		−0.2057***	Number of id	177	174
		(0.025)			

注：文中***、**、*分别表示在 1%、5%、10% 水平上显著；回归系数下括号内为使用银行个体层面聚类稳健标准误。

表 10-8 第（1）列显示，在没有任何控制变量的情况下，Treat×After 的系数在 5% 的水平下显著为正，系数为 0.1174，第（2）列结果显示，在加入相关控制变量的情况下，Treat×After 的系数依然显著为正，系数为 0.0964。结果说明，随着 2016 年《指导意见》的实施，与对照组相比，实验组银行发行绿色债券显著提高了银行的盈利能力。

（三）异质性分析

不同类型银行的产权结构、规模、经营模式会有较大差异，这些因素是否会影响绿色债券政策的实施效果呢？我们将银行根据不同的标准分类，研究绿色债券对银行盈利能力的影响效果有何异同（见表 10-9）。

表 10-9　绿色债券影响银行盈利能力的异质性分析结果

	（1）	（2）	（3）	（4）	（5）	（6）
	是否国有分组		多元化与区域性分组		是否上市分组	
	国有	非国有	多元化	区域性	上市	非上市
Variables	ROA	ROA	ROA	ROA	ROA	ROA
Treat×After	−0.1208**	0.1032**	0.0418	0.1108**	−0.0150	0.1160*
	(0.033)	(0.044)	(0.038)	(0.048)	(0.029)	(0.060)
Lnasset	0.4475	−0.0657	0.1768	−0.0532	0.0260	−0.0652
	(0.236)	(0.072)	(0.112)	(0.074)	(0.078)	(0.080)

续表

	（1）	（2）	（3）	（4）	（5）	（6）
	是否国有分组		多元化与区域性分组		是否上市分组	
	国有	非国有	多元化	区域性	上市	非上市
CAR	0.0259	0.0059	0.0402**	0.0038	0.0244***	0.0023
	(0.016)	(0.008)	(0.017)	(0.008)	(0.006)	(0.009)
Rate	0.0103	0.0013	0.0057**	0.0002	0.0062***	−0.0002
	(0.005)	(0.002)	(0.003)	(0.002)	(0.002)	(0.002)
NPL	0.0430	−0.2044***	−0.1419*	−0.2065***	−0.1783***	−0.1923***
	(0.050)	(0.024)	(0.075)	(0.025)	(0.043)	(0.026)
Niir	0.0009	−0.0010	−0.0054**	−0.0010	0.0013	−0.0013*
	(0.002)	(0.001)	(0.003)	(0.001)	(0.002)	(0.001)
Constant	−4.9300	1.7444***	−1.3134	1.7635***	0.4080	1.8705***
	(2.761)	(0.519)	(1.252)	(0.513)	(0.760)	(0.546)
个体效应	控制	控制	控制	控制	控制	控制
时间效应	控制	控制	控制	控制	控制	控制
Observations	60	1,459	179	1,340	368	1,151
R-squared	0.909	0.607	0.770	0.612	0.771	0.608
Number of id	6	168	18	156	38	136

注：文中***、**、*分别表示在1%、5%、10%水平上显著；回归系数下括号内为使用银行个体层面聚类稳健标准误。

根据银行的产权性质、是否上市等标准对样本进行划分。首先，根据银行的产权性质将样本分为国有银行及非国有银行，结果见表10-9第（1）列、第（2）列。交乘项 Treat×After 系数显示，非国有银行的系数为正，且在5%的显著性水平下显著，而国有银行的系数为负，表明银行发行绿色证券主要提高了非国有银行的盈利能力，国有银行的影响效果相反。其次，Wind 数据库中，根据银行的经营范围及经营的广度与深度，将银行分为多元化银行与区域性银行，其我国有银行及股份制银行属于多元化银行，城商行及农商行属于区域性银行，依此分类标准，探究绿色债券对多元化银行与区域性银行的作用效果，结果见第（3）列、第（4）列。观察交乘项 Treat×After 的系数，区域性银行的系数为正，且在5%的显著性水平下显著，而多元化银行的系数虽然为正，但并不显著，这表明银行发行绿色债券主要提高了区域性银行的盈利能力，对多元化银行并没有显著影响。最后，根据银行是否在A股上市，将样本分为上市银行和非上市银行，结果见第（5）列、第（6）列。交乘项 Treat×After 系数显示,非上市银行的系数为 0.1160 并且显著,而上市银行的系数为负且并不显著,这表明银行发行绿色债券主要提高了非上市银行的盈利能力,对于上市银行并没有显著影响。

究其原因,一是大型银行和上市银行应对内外部冲击能力较强,在经济增速下行趋势下,多元化的收入结构能够使其维持必要的盈利能力,并不急需发行绿色债券等方式拓宽融资渠道,因此,绿色债券对这类银行的影响较小。二是对于中小银行和非上市银行而言,由于自身缺乏资本及流动性补充渠道,业务模式单一,综合金融服务能力较差,风险管理措施不完善。在此背景下,非上市银行与中小银行具有更强的绿色债券发行偏好。通过发行绿色债券等方式拓宽盈利渠道,产生了绿色债券对此类银行盈利能力影响更为显著的结果。

三、稳健性检验

为了检验前文模型估计结果的可靠性,进一步从安慰剂检验、倾向得分匹配、更换样本时间区间等不同角度考察模型估计结果的稳健性。

(一)替换被解释变量

在现有文献研究中,衡量银行盈利能力的指标有总资产收益率(ROA)(胡文涛等,2019;何凌云等,2018)、净资产收益率(ROE)(郭江山等,2019;李佳,2020)、净息差(nim)(张琳等,2020;)、净利差(nis)(武佳琪等,2018)等。其中,总资产收益率和净资产收益率可以综合反映银行的经营绩效,按照我国银监会《商业银行风险监管核心指标》的要求,资本收益率不应低于 11%。净息差是净利息收入与平均生息资产的比值,体现的是银行生息资产的增值能力。净利差是指平均生息资产收益率与平均计息负债成本率之差,用来表示利息收入水平与利息付出成本的差额,反映了商业银行的利润空间,净利差是衡量商业银行净利息收入水平最常用的标准,用来衡量商业银行的净收入利差,公式为:净利差 = 生息率 - 付息率。这几个指标分别从不同的角度反映银行的盈利能力,对于商业银行来说至关重要。

我们分别计算了样本银行每一年度各盈利指标的均值,以及 10 年间各盈利指标的均值,结果如表 10-10 所示。为了更直观地反映银行这 10 年间的盈利能力趋势,绘制了折线图,如图 10-5 所示。这几个指标在 2011～2020 年这10 年间均呈下降趋势,净资产收益率(ROE)体现得最为明显。2011 年样本银行的平均净资产收益率为 19.708%,此后逐年下降,特别是在 2014 年之后跌速明显，在 2018 年和 2019 年已经跌破 10%，维持在 9%区间，在 2020 年达到最低为 7.695%，现已达不到银监会《风险监管核心指标》不低于 11% 的要求。这反映出近 10 年间，我国商业银行的盈利水平在下降，利润空间在压缩。

表 10-10　各年度盈利指标均值表

年份	总资产收益率(%) ROA	净资产收益(%) ROE	净息差(%) NIM	净利差(%) NIS
2011	1.294	19.708	2.992	2.797
2012	1.321	19.365	2.999	2.738
2013	1.248	18.001	2.888	2.566
2014	1.193	16.714	3.030	2.592
2015	0.992	13.774	2.705	2.194
2016	0.886	12.792	2.275	1.807
2017	0.809	11.778	2.096	1.687
2018	0.710	9.852	2.077	1.735
2019	0.701	9.263	2.126	1.816
2020	0.595	7.695	1.990	1.732
全部均值	0.969	13.800	2.508	2.154

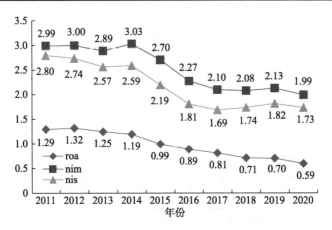

图 10-5　银行盈利指标时间趋势图

将被解释变量替换为其他反映银行盈利状况的指标，进行稳健性检验。将被解释变量分别换成净息差（NIM）、净利差（NIS）等指标，带入模型（1），分别进行相应的实证检验。其中交乘项 Treat×After 的系数为主要考察对象，其他的控制变量不变，回归结果如表 10-11 所示。第（1）列、第（4）列为原模型（1）的回归结果，与前文一致，列（2）、列（3）、列（5）、列（6）为用其他盈利指标替换原被解释变量的回归结果，第（1）～（3）列加入了控制变量，第（4）～（6）列没有加入控制变量。实证结果显示，在无论是否加入控制变量情况下，Treat×After 的系数均显著为正，这表明无论用什么指标来衡量银行盈利，绿色债券均能显著提高银行的盈利水平。这证明基准回归的结果是非常稳健可靠的。

表 10-11　更换被解释变量的回归结果表

Variables	（1） ROA	（2） NIM	（3） NIS	（4） ROA	（5） NIM	（6） NIS
Treat×After	0.0964**	0.1123*	0.1375**	0.1174**	0.1673*	0.1924**
	(0.043)	(0.077)	(0.065)	(0.048)	(0.098)	(0.083)
Lnasset	−0.0807	−0.3080***	−0.3866***			
	(0.070)	(0.117)	(0.097)			
CAR	0.0068	−0.0087	−0.0071			
	(0.008)	(0.012)	(0.012)			
Rate	0.0013	0.0054	0.0099***			
	(0.002)	(0.003)	(0.002)			
NPL	−0.2057***	−0.0173	−0.0453			
	(0.025)	(0.036)	(0.028)			
Niir	−0.0010	−0.0327***	−0.0277***			
	(0.001)	(0.001)	(0.001)			
Constant	1.8410***	5.2743***	5.2701***	1.2979***	2.9839***	2.7948***
	(0.520)	(0.847)	(0.723)	(0.026)	(0.062)	(0.055)
个体效应	控制	控制	控制	控制	控制	控制
时间效应	控制	控制	控制	控制	控制	控制
Observations	1,519	1,519	1,519	1,629	1,629	1,629
R-squared	0.605	0.661	0.763	0.509	0.288	0.402
N	174	174	174	177	177	177

注：文中***、**、*分别表示在 1%、5%、10%水平上显著；回归系数下括号内为使用银行个体层面聚类稳健标准误。

（二）安慰剂检验

为了排除2016年发行绿色债券之前某些因素可能影响本文结果，选取2016年《指导意见》出台之前作为研究期间（2011—2015 年），进行安慰剂检验。假设在 2016 年之前的某一年出台此项政策，考察银行盈利能力是否有显著影响，若有，则表明银行盈利能力的提高并不是由于 2016 年发行绿色债券政策引起的，而是由于之前的因素引起。以 2013 年为例进行安慰剂检验。如表10-12 所示，实证结果显示，若假设政策提前 3 年开始实施，Treat×After 的系数为 0.0935 未通过显著性检验。说明本文得到的实证结果并不是由 2016 年《指导意见》出台即绿色债券发行之前的因素所引发的，排除了其他因素的干扰，前文所得的实证结果有效，即银行发行绿色债券对于银行盈利能力的提升具有显著效果。

表 10-12　反事实检验表

	（1）2013 年	（2）2016 年		（1）2013 年	（2）2016 年
Variables	roa	roa	Variables	roa	roa
Treat×After	0.0935	0.0964**	Niir	−0.0010	−0.0010
	(0.057)	(0.043)		(0.001)	(0.001)
Lnasset	−0.0710	−0.0807	Constant	1.7530***	1.8410***
	(0.070)	(0.070)		(0.520)	(0.520)
CAR	0.0072	0.0068	个体效应	控制	控制
	(0.008)	(0.008)	时间效应	控制	控制
Rate	0.0016	0.0013	Observations	1,519	1,519
	(0.002)	(0.002)	R-squared	0.604	0.605
NPL	−0.2086***	−0.2057***	Number of id	174	174
	(0.025)	(0.025)			

注：文中***、**、*分别表示在 1%、5%、10%水平上显著；回归系数下括号内为使用银行个体层面聚类稳健标准误。

（三）倾向得分匹配

商业银行盈利能力的提升可能并非源于发行绿色债券，而是由于银行的其他特征差异所致。为消除样本自选择的内生性问题，我们采用倾向得分匹配（PSM）的方法重新进行 DID 回归。倾向得分匹配是指通过控制倾向得分，来为实验组匹配特征相似的控制组，从而排除其他因素的影响，得出银行发行绿色债券的"净效应"。采用不同的匹配方法进行回归，结果如表 10-13 所示，第（1）列至第（4）列中，我们所关注的核心解释变量 Treat×After 的系数均显著为正，再次验证了前文的结论。

表 10-13　倾向得分匹配回归结果

	（1） 近邻匹配	（2） 卡尺匹配	（3） 核匹配	（4） 局部线性回归匹配
Treat×After	0.0628*	0.0995**	0.0991**	0.0866**
	(0.037)	(0.043)	(0.043)	(0.037)
Lnasset	−0.0840	−0.0843	−0.0793	−0.0924
	(0.094)	(0.071)	(0.070)	(0.108)
CAR	0.0173	0.0070	0.0062	0.0130
	(0.016)	(0.009)	(0.009)	(0.017)
Rate	0.0017	0.0010	0.0012	0.0017
	(0.002)	(0.002)	(0.002)	(0.002)
NPL	−0.1812***	−0.2007***	−0.2054***	−0.1834***
	(0.028)	(0.023)	(0.025)	(0.030)
Niir	0.0011	−0.0011	−0.0010	0.0010
	(0.001)	(0.001)	(0.001)	(0.001)
Constant	1.6391**	1.8771***	1.8489***	1.7378**
	(0.635)	(0.532)	(0.524)	(0.730)
个体效应	控制	控制	控制	控制
时间效应	控制	控制	控制	控制
R-squared	0.5715	0.6034	0.6037	0.5828
Observations	950.0000	1.5e+03	1.5e+03	795.0000

注：文中***、**、*分别表示在 1%、5%、10%水平上显著；回归系数下括号内为使用银行个体层面聚类稳健标准误。

（四）更换样本时间区间

基准回归中所用的样本时间区间是 2011—2020 年。本文将政策出台之前的样本时间区间更换为 2008—2020 年，重新进行相应的实证检验，看所得结果是否与前文一致。如表 10-14 所示，实证结果显示，无论是否加入控制变量，Treat×After 的系数均在 5%的显著性水平上显著为正，与基准回归结果一致，并没有显著差异，证明本文结论具有较强的稳健性。

综上所述，一系列的稳健性检验所得结果与基准回归结果保持一致，证明本文所得到的实证结果稳健性较强，即发行绿色债券可以显著提高银行的盈利能力。通过安慰剂检验，排除了 2016 年《指导意见》之前其他政策因素的干扰；通过倾向得分匹配等检验方法，排除了银行其他特征因素的干扰。以上检验表明，正是由于 2016 年《指导意见》的出台，绿色债券政策的实施，使得银行的盈利能力得到了显著的提高。

表 10-14　2008—2020 年的实证结果表

Variables	（1）roa	（2）roa	Variables	（1）roa	（2）roa
Treat×After	0.1224**	0.1086**	Niir		−0.0015**
	(0.047)	(0.043)			(0.001)
Lnasset		−0.0112	Constant	1.1358***	1.3397***
		(0.053)		(0.043)	(0.368)
CAR		0.0104	个体效应	控制	控制
		(0.006)	时间效应	控制	控制
Rate		0.0021	Observations	2,019	1,861
		(0.002)	R-squared	0.421	0.520
NPL		−0.1700***	Number of id	178	175
		(0.020)			

注：文中***、**、*分别表示在 1%、5%、10%水平上显著；回归系数下括号内为使用银行个体层面聚类稳健标准误。

（五）处理效应模型

　　银行是否发行绿色债券，还可能存在不可测变量造成的选择性偏误。本文采用处理效应模型，直接对处理变量 Treat×After 进行结构建模，以解决内生性问题对模型估计结果的影响，从而对"假说 1"进行稳健性检验。需要注意的是，解决不可观测变量选择问题的另一种方法是 Heckman（1979）提出的样本选择模型。但是处理效应模型所面临的选择难题与样本选择模型不同，后者主要考虑的是所获样本是否为总体的代表性样本。具体来说，样本选择问题通常不考虑某项目或政策的效应，所以个体间的差异并不在于是否得到处理，而在于是否能进入样本（即被解释变量 y，是否可以观测）。通常 $D_i = 1$，意味着 y_i 可观测，而 $D_i = 0$，则意味着 y_i 不可观测；在处理效应模型中，$D_i = 1$ 或 0，结果变量 y_i 均可观测。

　　处理效应模型（Treatment Effects Model）由 Maddala（1983）提出，是为了解决不可观测的内生性问题对模型造成的选择性偏误影响。处理效应模型有两种估计方法。第一种是类似于 Heckit 的两步估计法，两步法的优点是计算方便，缺点是第一步的估计误差会被带入第二步中，导致效率损失。第二种估计方法是使用极大似然估计法（MLE），可以同时估计所有模型的参数，所以更有效率，因而本文中参数估计使用的是更有效率的最大似然估计法，处理效应模型的回归结果如表 10-15 所示。

表 10-15　处理效应回归结果

	（1）	（2）		（1）	（2）
ROA			Constant	2.0563***	1.6186***
Treatafter	0.4334***	0.4545***		(0.430)	(0.082)
	(0.028)	(0.031)	Treatafter		
Lnasset	−0.0632*	−0.0542***	Lnasset	0.4314***	0.3826***
	(0.034)	(0.007)		(0.033)	(0.031)
CAR	0.0053	0.0138***	SOE	1.5755***	1.1117***
	(0.003)	(0.004)		(0.241)	(0.201)
Rate	0.0013	−0.0008	Constant	−7.7209***	−6.4553***
	(0.001)	(0.001)		(0.654)	(0.552)
NPL	−0.2085***	−0.2724***	个体效应	是	否
	(0.012)	(0.012)	时间效应	是	否
Niir	−0.0011**	−0.0013***	Lambda	−0.2006***	−0.3217***
	(0.000)	(0.000)	Wald chi^2	3987.75***	900.87***
			Observations	1519	1519

注：文中***、**、*分别表示在 1%、5%、10%水平上显著；回归系数下括号内为使用银行个体层面聚类稳健标准误。

在表 10-15 中，Lambda 的回归系数在 1%的水平下显著，Wald chi^2 也在 1%的水平下显著异于 0，这表明处理效应模型拟合效果良好。我们加入了几个影响银行是否发行债券的外生性因素，如银行资产规模、银行性质等。可以看到，无论是否控制银行个体效应和年度时间效应，列（1）、列（2）中的 Treat×After 回归系数均在 1%水平下显著为正，表明绿色债券对银行盈利有显著正向影响。综上所述，在排除不可观测的选择性偏误造成的内生性影响的情况下，前文结论依然成立。

第五节　绿色债券影响银行盈利的机制分析

借鉴 Baron and Kenny（1986）提出的中介效应检验法，来识别发行绿色债券对银行盈利能力的影响。检验模型和步骤如下：

$$\text{ROA}_{i,t} = \beta_0 + \beta_1 \text{ Treat} \times \text{After} + \beta_2 \text{ Controls}_{i,t} + \mu_i + \mu_t + \varepsilon_{i,t} \tag{I}$$

$$M_{i,t} = \eta_0 + \eta_1 \text{ Treat} \times \text{After} + \eta_2 \text{ Controls}_{i,t} + \mu_{2i} + \mu_{2t} + \varepsilon_{2i,t} \tag{II}$$

$$\text{roa}_{i,t} = \theta_0 + \theta_1 \text{ Treat} \times \text{After} + \theta_2 M_{i,t} + \theta_3 \text{ Controls}_{i,t} + \mu_{3i} + \mu_{3t} + \varepsilon_{3i,t} \tag{III}$$

上式中，M 为中介变量，用来衡量中介效应是否显著及作用大小。根据中介效应的基本逻辑，β_1 为绿色债券影响银行盈利能力的总效应，直接效应为 θ_1，中介变量产生的间接效应（中介效应）为 $\eta_1 \times \theta_2$。若总效应 β_1 显著，则可以进行后续的中介效应检验，随后要判断 η_1、θ_1 及 θ_2 等系数的显著性；若三者全部显著，说明中介效应成立，无须进行 Sobel 检验；在 η_1 显著的情况下，如果 θ_1 不显著而 θ_2 显著，说明存在完全中介效应；无论 θ_1 是否显著，若 η_1 和 θ_2 之间至少有一个不显著，就需要通过 Sobel 检验判断中介效应的存在性。

一、降低经营成本

理论上，经营成本是影响银行盈利能力的因素之一。选取成本收入比（CIR）作为中介变量，探究银行发行绿色债券对银行盈利能力的作用机制，探究银行是否通过降低经营成本来提高银行的盈利能力，构建中介效应模型，结果如表 10-16 所示。

表 10-16 影响机制之一：经营成本

Variables	（1）ROA	（2）CIR	（3）ROA
Treat×After	0.0964**	−2.0095**	0.0438
	(0.043)	(0.831)	(0.035)
CIR			−0.0255***
			(0.002)
Lnasset	−0.0807	−6.9570***	−0.2600***
	(0.070)	(1.718)	(0.052)
CAR	0.0068	−0.2531	0.0001
	(0.008)	(0.156)	(0.006)
Rate	0.0013	−0.0312	0.0005
	(0.002)	(0.036)	(0.001)
NPL	−0.2057***	1.7390***	−0.1619***
	(0.025)	(0.500)	(0.020)
Niir	-0.0010	0.0274	−0.0003
	(0.001)	(0.018)	(0.001)
Constant	1.8410***	84.3018***	4.0052***
	(0.520)	(12.450)	(0.431)
个体效应	控制	控制	控制
时间效应	控制	控制	控制
Observations	1,519	1,518	1,518
R-squared	0.605	0.126	0.721
Number of id	174	174	174

注：文中***、**、*分别表示在 1%、5%、10%水平上显著；回归系数下括号内为使用银行个体层面聚类稳健标准误。

表 10-18 第（1）列为基准回归结果与前文结果相同；第（2）列显示，Treat×After 的系数为–2.0095，且在 5% 的水平下显著为负，这表明银行发行绿色债券显著降低了经营成本；第（3）列显示，经营成本（CIR）的系数大小为–0.0255，且在 1% 的水平下显著，表明经营成本的中介效应成立，不需要再做进一步的 Sobel 检验判断中介效应的存在性；第（3）列 Treat×After 的系数不再显著，表明经营成本是一个完全中介效应。综上所述，经营成本的传导机制成立，即商业银行发行绿色债券通过降低经营成本，进而提高银行的盈利能力。

二、多元化盈利

进一步从银行盈利多元化的角度探讨绿色债券提升盈利能力的影响机制，现有研究大多以非利息收入来衡量银行盈利模式和业务结构的多元化（吴刘杰、乔桂明，2016）。借鉴张琳、廉永辉（2019）的做法，采用非利息收入/总资产（Niia）来度量银行的收入结构，构建中介效应模型，回归结果见表 10-17。

表 10-17　影响机制之二：盈利多元化

Variables	（1） ROA	（2） Niia	（3） ROA
Treat×After	0.0964**	0.0360**	0.0770*
	(0.043)	(0.017)	(0.039)
Niia			0.5365***
			(0.105)
Lnasset	–0.0807	–0.0749**	–0.0405
	(0.070)	(0.029)	(0.068)
CAR	0.0068	0.0010	0.0062
	(0.008)	(0.003)	(0.008)
Rate	0.0013	0.0011	0.0007
	(0.002)	(0.001)	(0.002)
NPL	–0.2057***	–0.0306***	–0.1893***
	(0.025)	(0.011)	(0.024)
Niir	–0.0010	0.0230***	–0.0134***
	(0.001)	(0.001)	(0.003)
Constant	1.8410***	0.5588**	1.5413***
	(0.520)	(0.230)	(0.508)
个体效应	控制	控制	控制
时间效应	控制	控制	控制
Observations	1,519	1,519	1,519
R-squared	0.605	0.856	0.646
Number of id	174	174	174

注：文中***、**、*分别表示在 1%、5%、10% 水平上显著；回归系数下括号内为使用银行个体层面聚类稳健标准误。

表 10-17 第（2）列中 Treat×After 的系数和第（3）列中 Niia 的系数均显著为正，且均通过了显著性检验。结果表明，盈利多元化是绿色债券作用于盈利能力的作用机制，中介效应成立。上述结果表明，银行发行绿色债券，不仅提高了银行的非利息收入，实现业务结构的多元化，而且通过收入多元化提升了银行的盈利能力。

三、关于中介效应的进一步讨论

通过实证检验，我们证实了降低经营成本和盈利多元化两个作用渠道。基于郭品、沈悦（2019）的做法，构建模型（2），运用多重中介效应模型定量探究两个渠道中介效应的相对贡献。

$$\text{ROA}_{i,t} = \alpha_0 + \alpha_1\, \text{Treat}_i \times \text{After}_t + \alpha_2\, \text{CIR} + \alpha_3\, \text{Niia} + \alpha_4\, \text{Controls}_{i,t} + v_i + v_t + \varepsilon_{i,t} \quad （2）$$

表 10-18 第（4）列为上式模型(2)的回归结果，第（2）列和第（3）列为前文中介效应模型的回归结果，第（4）列结合第（2）列和第（3）列共同构成多重中介效应模型的方程组。

表 10-18　多重中介效应检验

Variables	（1） ROA	（2） CIR	（3） Niia	（4） ROA
Treat×After	0.0964**	−2.0095**	0.0360**	0.0396
	(0.043)	(0.831)	(0.017)	(0.034)
CIR				−0.0230***
				(0.002)
Niia				0.2524***
				(0.078)
Lnasset	−0.0807	−6.9570***	−0.0749**	−0.2240***
	(0.070)	(1.718)	(0.029)	(0.050)
CAR	0.0068	−0.2531	0.0010	0.0005
	(0.008)	(0.156)	(0.003)	(0.006)
Rate	0.0013	−0.0312	0.0011	0.0003
	(0.002)	(0.036)	(0.001)	(0.001)
NPL	−0.2057***	1.7390***	−0.0306***	−0.1584***
	(0.025)	(0.500)	(0.011)	(0.021)
Niir	−0.0010	0.0274	0.0230***	−0.0062***
	(0.001)	(0.018)	(0.001)	(0.002)
Constant	1.8410***	84.3018***	0.5588**	3.6572***

续表

Variables	(1) ROA	(2) CIR	(3) Niia	(4) ROA
	(0.520)	(12.450)	(0.230)	(0.419)
个体效应	控制	控制	控制	控制
时间效应	控制	控制	控制	控制
Observations	1,519	1,518	1,519	1,518
R-squared	0.605	0.126	0.856	0.729
Number of id	174	174	174	174

注：文中***、**、*分别表示在1%、5%、10%水平上显著；回归系数下括号内为使用银行个体层面聚类稳健标准误。

从绝对贡献来看，经营成本的中介效应（-2.0095）×（-0.0230）= 0.0462，多元化的中介效应为 0.0360 × 0.2524 = 0.0091，且两个中介效应均通过显著性检验。将经营成本中介效应和多元化中介效应相加得到总的多重中介效应为 0.0462 + 0.0091 = 0.0553，由此，绿色债券提升银行盈利能力的总体效应为 0.0396 + 0.0553 = 0.0949，且在列（4）中加入中介变量后，核心变量 Treat×After 变得不再显著，说明本文所寻找的两个渠道是银行发行绿色债券提升盈利水平的关键渠道。从相对贡献来看，经营成本的中介效应与多元化中介效应的比值为 0.0462/0.0091 = 5.077，即经营成本的中介效应是多元化的 5.077 倍，表明经营成本的降低对提升银行盈利能力起到了更大的作用。究其原因，可能在于虽然绿色债券的发行有助于绿色保险、绿色基金、碳金融等多元化产品的创新，但是由于这些中间业务尚处于起步探索阶段，绿色金融产品还不够成熟完善，还不具业务规模，对银行绩效尚未发挥明显的效应。

第六节　结语与政策建议

一、结语

实证结果表明：①绿色债券发行之后，虽然并没有改变银行盈利水平总体下降的趋势，但是确实缩小了实行此项政策的银行与没有实行此项政策的银行之间盈利能力的差距，这表明在银行利润空间下行的大背景下，发行绿色债券的政策对银行盈利水平的提升具有显著作用。②通过影响机制分析，银行发行绿色债券通过降低经营成本和扩大盈利多元化两个渠道来提升银行的盈利能力，其中降低经营成本为主要渠道。③发行绿色债券对银行盈利能力的影响在不同类型的银行之间具有明显的异质性。实证结果表明，一方面，规模较小的银行即非国有银行及区域性银行受到绿色债券的影响更大，其盈利能力得到了显著提升，而发行绿色债券对于规模较大的银行没有明显政策效果。另一方面，与上市银行相比，非上市银行受到绿色债券发行的政策效果影响更大。

二、政策建议

第一，商业银行应积极开展绿色债券业务。实证检验发现，商业银行发行绿色债券，不仅能够提升自身的品牌形象，而且能够切实带来经济效益。因此，商业银行除了认识到绿色债券的环保公益社会属性以外，还要意识到其对银行绩效的正向影响。要切实从宣传和行动两个方面，打造自己的绿色品牌形象，丰富绿色金融产品体系，开拓绿色经济领域新的利润增长点。

第二，制定差异化的绿色金融激励政策。由实证结果可知，发行绿色债券对于不同类型的银行作用效果具有明显差异。有关部门应因地制宜，针对不同类型的金融机构实施不同的激励政策。例如，绿色债券对小银行及非上市银行作用效果更大，可以给予其更加便利的发行条件，政策优惠适当向小银行及非上市银行倾斜，放宽其审批条件。同时可以与普惠金融政策结合，对小银行及非上市银行提供更加优惠的贴息政策支持，提升其参与绿色债券市场的积极性。

第三，进一步完善绿色债券市场信息披露机制，商业银行发行绿色债券时应公开绿色债券战略和举措，加强绿色数据披露，对绿色债券所筹集款项的用途、项目进展情况要进行及时公开，便于公众及投资者掌握和监督银行环保责任履行情况。政府应通过督促市场主体披露绿色经济行为信息，并根据信息披露情况对其社会责任的履行情况做进一步考核，根据考核结果给予表现优异的银行与企业更多的优惠政策，推动绿色债券市场良好发展。

参 考 文 献

[1]　巴曙松，丛钰佳，朱伟豪. 绿色债券理论与中国市场发展分析[J]. 杭州师范大学学报(社会科学版)，2019, 41(1): 91-106.

[2]　詹小颖. 绿色债券发展的国际经验及我国的对策[J]. 经济纵横，2016, (8):119-124.

[3]　王康仕，孙旭然，王凤荣. 绿色金融发展、债务期限结构与绿色企业投资[J]. 金融论坛，2019, 24(7): 9-19.

[4]　Sean Kidney. Bonds and climate change[J]. Energy Policy, 2015, 13(4): 33-42.

[5] David wood, Ben Thomley. Institutional impact investing: practice and policy[J]. Journal of Sustainahle Finance and Inwestment, 2013, 3(2).

[6] 郑春丽，罗传建. 发行绿色债券对上市公司经济效益的影响——基于双重差分模型的分析[J]. 武汉金融，2020(10): 38-44.

[7] 马骏. 论构建中国绿色金融体系[J]. 金融论坛，2015, 20(5): 18-27.

[8] 曹明弟，王文. 绿色债券发展前景[J]. 中国金融，2015(10): 14-16.

[9] 王遥，徐楠. 中国绿色债券发展及中外标准比较研究[J]. 金融论坛，2016, 21(2): 29-38.

[10] 吴晓迪. 中国绿色债券发展概况及问题研究[J]. 时代金融，2018(23): 186-187.

[11] Prag K, Andersson S. Green bonds: doing well by doing good[J]. Journal of Financial Economics, 2015, 78(1): 329-332.

[12] Petrova A. Green bonds: lower returns of higher responsibility[J]. European Financial Management, 2016, 19(2): 80-96

[13] Baker M, Bergstresser D, Serafeim G. Financing the response to climate change: the pricing and ownership of us green bonds[J]. National Bureau of Economic Research, 2018(35): 71-83.

[14] Zerbib O D. The effect of pro-environmental preferences on bond prices: evidence from green bonds[J]. Journal of Banking & Finance, 2019(98): 39-60.

[15] 龚玉霞，滕秀仪，赛尔沃，等. 绿色债券发展及其定价研究——基于二叉树模型分析[J]. 价格理论与实践，2018(7): 79-82.

[16] 张丽宏，刘敬哲，王浩. 绿色溢价是否存在？——来自中国绿色债券市场的证据[J]. 经济学报，2021, 8(2): 45-72.

[17] Febi, W, Schafer D, Stephan A, Sun C. The Impact of Liquidity Risk on the Yield Spread of Green Bonds[J]. Finance Research Letters, 2018, 7(2): 53-59.

[18] Reboredo JC. Green Bond and Financial Markets: Co-Movement, Diversification and Price Spillover Effects [J]. Energy Economics, 2018, 7(4):13-22.

[19] Karpf, A, and Mandel, A. The changing value of the"green"label on the US municipal bond market[J]. Nature Climate Change, 2018, 8(2): 161-186.

[20] Sheng, Q, Zheng, X. & Zhong, N. Financing for sustainability: Empirical analysis of green bond premium and issuer heterogeneity[J]. Natural Hazards, 2021(9): 1-11.

[21] 周新苗，唐绍祥，刘慧宏. 中国绿色债券市场的分割效应及政策选择研究[J]. 中国软科学，2020(11): 42-51.

[22] 陈淡泞. 中国上市公司绿色债券发行的股价效应[J]. 山西财经大学学报，2018, 40(S2): 35-38.

[23] Tang D. Y, Zhang Y, Do Shareholders Benefit from Green Bonds?[J]. Journal of Corporate Finance, 2018, 12(1): 265-274.

[24] Flammer C. Green bonds: effectiveness and implications for public policy[J]. Environmental and Energy Policy and the Economy, 2020, (1): 95-128.

[25] 马亚明，胡春阳，刘鑫龙. 发行绿色债券与提升企业价值——基于 DID 模型的中介效应检验[J]. 金融论坛，2020, 25(9): 29-39.

[26] 王倩，李昕达. 绿色债券对公司价值的影响研究[J]. 经济纵横，2021(9): 100-108.

[27] 朱俊明，王佳丽，余中淇，等. 绿色金融政策有效性分析：中国绿色债券发行的市场反应[J]. 公共管理评论，2020, 2(2): 21-43.

[28] Marcel Jeucken. Sustainable Finance and Banking-Slow Starters are Gaining Pace[J]. Greener Management International, 2001, 4(1): 242-253.

[29] 王麟. 城市商业银行拓展绿色金融研究[J]. 银行家，2017(12): 15-17.

[30] 王刚，贺章获. 中国商业银行发展绿色金融的现状、挑战与对策[J]. 环境保护，2016, 44(19): 18-21.

[31] Schafer H. Green Finance and the German Banking System[J]. University of Stuttgart Research Report, 2017, 54(2): 199-212.

[32] 孙红梅，姚书淇. 商业银行经营风险与财务绩效——基于绿色业务影响的视角[J]. 金融论坛，2021, 26(2): 37-46.

[33] Jeucken M. Sustainable Finance and Banking: The Financial Sector and the Future of the Planet[J]. Earthscan Publications Economics, 2002, 71(3): 226-238.

[34] 王馨，王营. 绿色信贷政策增进绿色创新研究[J]. 管理世界，2021, 37(6): 173-188; 11.

[35] 何凌云，吴晨，钟章奇，等. 绿色信贷、内外部政策及商业银行竞争力——基于 9 家上市商业银行的实证研究[J]. 金融经济学研究，2018, 33(1): 91-103.

[36] 张琳，廉永辉，曹红. 绿色信贷如何影响银行财务绩效——基于地区绿色发展异质性的视角[J]. 贵州财经大学学报，2020(3): 22-32.

[37] 胡荣才，张文琼. 开展绿色信贷会影响商业银行盈利水平吗?[J]. 金融监管研究，2016(7): 92-110.

[38] 刘忠璐，王鹏英. 绿色信贷对商业银行盈利的影响研究[J]. 山东工商学院学报，2019, 33(2): 22-31.

[39] Marcel Jeucken. Sustainable Finance and Banking-Slow Starters are Gaining Pace[J]. Greener Management International, 2001, 4(1): 242-253.

[40] 易金平，江春，彭祎. 绿色金融发展现状与优化路径——以湖北省为例[J]. 华中农业大学学报(社会科学版)，2014(4): 112-118.

[41] 姚明龙. 绿色债券发行利率折价因素实证分析[J]. 浙江金融，2017(8): 55-59.

[42] 张雪莹，吴多文，王缘. 绿色债券对公司绿色创新的影响研究[J]. 当代经济科学，2022(8): 1-11.

[43] Stiglitz J. E, Weiss A. Credit rationing in markets with imperfect information[J]. American Economic Review, 1981(3): 393-410.

[44] Flammer C. Corporate green bonds[J]. Journal of Financial Economics, 2021, 142(2): 499-516.

[45] 李春涛，闫续文，宋敏，杨威. 金融科技与企业创新: 新三板上市公司的证据[J]. 中国工业经济，2020(1): 81-98.

[46] Lyon T P, Maxwell J W. Greenwash: corporate environmental disclosure under threat of audit[J]. Journal of Economics & Management Strategy, 2011, 20(1): 3-41.

[47] 祁怀锦，刘斯琴. 中国债券市场存在绿色溢价吗[J]. 会计研究，2021(11): 131-148.

[48] 沈艳，蔡剑. 企业社会责任意识与企业融资关系研究[J]. 金融研究，2009(12): 127-136.

[49]   Dhaliwal D S, Li O Z, Tsang A, et al. Voluntary nonfinancial disclosure and the cost of equity capital: The initiation of corporate social responsibility reporting[J]. The Accounting Review, 2011, 86(1): 59-100.

[50]   Chava S. Environmental externalities and cost of capital[J]. Management Science, 2014, 60(9): 2223-2247.

[51]   Hong H, Karolyi G A, Scheinkman J A. Climate finance[J]. Review of Financial Studies, 2020, 33(3): 1011-1023.

[52]   Heinkel R, Kraus A, Zechner J. The effect of green investment on corporate behavior[J]. Journal of Financial and Quantitative Analysis, 2001, 36(4): 431-449.

[53]   Renneboog L, Ter Horst J, Zhang C D. The price of ethics and stakeholder governance: The performance of socially responsible mutual funds[J]. Journal of Corporate Finance, 2008, 14(3): 302-322.

[54]   Riedl A, Smeets P. Why do investors hold socially responsible mutual funds?[J]. Journal of Finance, 2017, 72(6): 2505-2550.

[55]   马骏, 朱斌, 何轩. 家族企业何以成为更积极的绿色创新推动者?——基于社会情感财富和制度合法性的解释[J]. 管理科学学报, 2020, 23(9): 31-60.

[56]   张琳, 廉永辉. 绿色信贷、银行异质性和银行财务绩效[J]. 金融监管研究, 2019(2): 43-61.

[57]   项后军, 曾琪. 期限错陪、流动性创造与银行脆弱性[J]. 财贸经济, 2019, 40(8): 50-66.

[58]   Chen, N., H. Huang and C. Lin, Equator Principles and Bank Liquidity[J]. International Review of Economics & Finance, 2017(7): 1-18.

[59]   宁金辉, 王敏. 绿色债券能缓解企业"短融长投"吗?——来自债券市场的经验证据[J]. 证券市场导报, 2021(9): 48-59.

[60]   Stiglitz J. E, Weiss A. Credit rationing in markets with imperfect information[J]. American Economic Review, 1981(3): 393-410.

[61]   陈志远, 郭凯, 闫实. 中国绿色债券发行利差及影响因素的实证研究[J]. 地方财政研究, 2022(4): 92-104.

[62]   李佳. 资产证券化与商业银行盈利能力研究[J]. 证券市场导报, 2020(7): 38-51.

[63]   吴刘杰, 乔桂明. 多元化盈利模式对商业银行绩效和风险的影响研究[J]. 苏州大学学报(哲学社会科学版), 2016, 37(4): 116-122; 191-192.

[64]   Weber O. Sustainability Benchmarking of European Banks and Financial Service Organization[J]. Corporate Social Responsibility & Environmental Management, 2012, 12(2): 73-87

[65]   刘小瑜, 彭瑛琪. 利率市场化条件下中国商业银行盈利能力影响因素测度[J]. 江西社会科学, 2019, 39(1): 58-65.

[66]   薛晴, 刘湘勤. 利率市场化对商业银行盈利能力的影响——基于利率风险暴露视角的实证分析[J]. 人文杂志, 2017(3): 47-53.

[67]   Li Pei, Lu Yi, Wang J. Does flattening government improve economic performance? Evidence from China[J]. Journal of Development Economics, 2016, 123: 18-37.

[68]   张莉, 皮嘉勇, 宋光祥. 地方政府竞争与生产性支出偏向——撤县设区的政治经济学分

析[J]. 财贸经济，2018, 39(3): 65-78.

[69] 吕朝凤, 毛霞. 地方金融发展能够影响 FDI 的区位选择吗? ——一个基于城市商业银行设立的准自然实验[J]. 金融研究，2020(3): 58-76.

[70] 邹晓梅, 张明, 高蓓. 资产证券化与商业银行盈利水平: 相关性、影响路径与危机冲击[J]. 世界经济，2015, 38(11): 144-167.

[71] 郭江山, 解亚. 信贷资产证券化对银行盈利能力的影响——基于双重差分法的分析[J]. 武汉金融，2019(9): 74-81.

[72] 辛兵海, 陶江. 银行异质性、经营模式和风险——基于中国银行业微观数据的实证[J]. 武汉大学学报(哲学社会科学版)，2018, 71(1): 175-184.

[73] 胡文涛, 张理, 李宵宵, 王子姣. 商业银行金融创新、风险承受能力与盈利能力[J]. 金融论坛，2019, 24(3): 31-47.

[74] 熊启跃, 赵阳, 廖泽州. 国际化会影响银行的净息差水平么?——来自全球大型银行的经验证据[J]. 金融研究，2016(7): 64-79.

[75] 彭建刚, 王舒军, 关天宇. 利率市场化导致商业银行利差缩窄吗?——来自中国银行业的经验证据[J]. 金融研究，2016(7): 48-63.

[76] 武佳琪, 焦高乐. 利率市场化与商业银行净利差[J]. 西安交通大学学报(社会科学版)，2018, 38(4): 57-63.

[77] 王欢, 郭建强. 利率市场化、非利息收入与银行净利差[J]. 金融论坛，2014, 19(8): 3-12; 49.

[78] Baron R M, Kenny D A. The moderator-mediator variable distinction in social psychological research[J]. Journal of Personality and Social Psychology, 1986, 51(6): 1173-1182.

[79] 郭品, 沈悦. 互联网金融、存款竞争与银行风险承担[J]. 金融研究，2019(8): 58-76.

[80] Heinkel R, Kraus A, Zechner J. The effect of green investment on corporate behavior[J]. Journal of Financial and Quantitative Analysis, 2001, 36(4): 431-449.

[81] Roslen S N M, Yee L S, Ibrahim S A B. Green bond and shareholders' wealth: a multi-country event study[J]. International Journal of Globalization & Small Business, 2017, 9(1): 61-69.

后 记

本书系作者 2021 年所承担的河北省社会科学基金项目（项目编号：HB21YJ018）的主要研究成果。本书的作者是郭江山、师琪、刘自凡、吴晓晗、郑晓慧、马娇阳。本课题以企业创新为主要研究对象，重点分析绿色金融如何支持企业绿色创新。在过去的两年里，课题组成员紧紧围绕课题孜孜不倦地开展工作，经过共同努力，终于按照原定计划高质量完成了课题研究任务。相关成果先后在南京大学核心期刊（CSSCI）、北京大学核心期刊等重要期刊发表并得到大量引用。具体成果如下：

[1] 王重润，郭江山，郑晓慧.绿色债券对银行盈利的影响及作用机制[J].会计与经济研究，2023（1）：117-134.

[2] 郭江山，师琪. 碳排放强度与企业研发产出——高管学历与薪酬激励的联合调节作用[J]. 华北金融，2023（2）：37-50.

（本论文在天津市金融学会、南开大学金融学院、华北金融杂志社联合主办的 2022 年度第三届"致知"主体有奖征文活动中获得三等奖）

[3] 郭江山，师琪. 碳排放权交易政策影响企业绿色技术创新吗?[J]. 金融理论与实践，2023（5）：105-118.

[4] 王文清，郭江山，马娇阳. 所得税优惠能促进先进制造业技术创新吗——来自固定资产加速折旧政策的证据[J].财务管理研究，2023（7）.

本书的顺利出版得到了河北省社会科学基金项目"金融资源配置视角下环境规制驱动企业绿色创新的机理与政策研究"（项目编号：HB21YJ018）资助。本人所在工作单位河北经贸大学为本课题研究的顺利开展提供了便利条件，同时也得到河北经贸大学科学研究与发展计划基金项目（项目编号：2020ZD01）资助、河北经贸大学学术著作出版基金资助、河北经贸大学金融与企业创新研究中心出版基金、河北经贸大学金融学院学术文库出版基金资助。

　　特别需要说明的是，本书所涉及的金融机构活动、企业经营与政府政策仅是从学术及教学的角度开展相关研究，不存在任何商业利益行为；同时书中所调查的部分省份数据不含我国西藏以及港澳台地区。鉴于篇幅所限，书中所引用参考文献未全部列出，有需要的读者可以向作者索要。

　　感谢清华大学出版社编辑老师的辛勤付出。

郭江山

2023 年 4 月